清流远去

文化名人的背影

张昌华 著

凤凰出版社

图书在版编目（C I P）数据

清流远去 : 文化名人的背影 / 张昌华著. -- 南京 : 凤凰出版社, 2014.7（2024.12重印）
ISBN 978-7-5506-1371-3

Ⅰ. ①清… Ⅱ. ①张… Ⅲ. ①文化－名人－传记－中国－近现代 Ⅳ. ①K825.4

中国版本图书馆CIP数据核字(2014)第114205号

书　　名	清流远去—文化名人的背影
著　　者	张昌华
责任编辑	倪培翔
出版发行	凤凰出版传媒股份有限公司 凤凰出版社(原江苏古籍出版社) 发行部电话025-83223462
出版社地址	南京市中央路165号,邮编:210009
出版社网址	http://www.fhcbs.com
经　　销	凤凰出版传媒股份有限公司
照　　排	南京凯建图文制作有限公司
印　　刷	唐山楠萍印务有限公司 唐山市芦台经济开发区场部
开　　本	718×1005毫米　1/16
印　　张	21
字　　数	299千字
版　　次	2014年7月第1版　2024年12月第2次印刷
标准书号	ISBN 978-7-5506-1371-3
定　　价	88.00元

(本书凡印装错误可向承印厂调换,电话:022-69381996)

目　录

收藏落叶

根深叶茂

自序

余告退编席十余年来，孜孜于“文化名人背影”的写作，素描了民国乃至当代一百四十余位名流雅士的背影，结集在《曾经风雅》（广西师大出版社）、《民国风景》（东方出版社）、《故人风清》（广西师大出版社）和《百年风度》（广西师大出版社）四部书中。近年又续写了四十余篇，翻新旧作若干，辑成这本册子，权作自己写人物类作品的一个终结。本书内容承袭“背影”系列，“风”韵犹存，但仍有别；故书名用首篇名，以《清流远去》冠之。

“旧时月色”部分，月色虽旧，光彩依然。李瑞清、蔡元培、史量才、王福庵、马君武等，他们名气有大小，从业不尽同，但传统文化人固有爱国情怀、凛然风骨和澡雪精神，同样令人推崇和敬佩。“收藏落叶”是一组怀人的篇什，多应报刊邀约，所写都是一群与笔者有过从的师友：苏雪林、张中行、萧乾、季羡林、杨宪益等，不颂其懿德，旨在温故，重在感恩。“根深叶茂”着墨一群健在并仍活跃在当代文坛的骚人墨客，上有一〇九岁老而弥坚的周有光，其“根”不谓不深矣；下有冯其庸以及三四十年代以降的余光中、董桥等传承，“叶”不谓不茂矣；以他们的吉光片羽充当代文坛盛景，不谓不当矣。

从“旧时月色”到“根深叶茂”亦可看出一点文学薪火传承的鸿爪。

必须要作说明的是，基于笔者想为所写人物类作品的终结“全本”，收了几篇十多年前旧作，故篇幅长短体例不一；但与已出版的“背影”系列所记内容并不重复。为阅读方便，删去了“旧时月色”部分的引文出处。

《清流远去》的出版，得益于天时地利人和。感谢九二高龄的冯其庸先生为本书题端，感谢周有光先生等传主及其家属们提供了不少历史图片，感谢凤凰出版社老朋友姜小青、倪培翔兄鼎力支持。因作者水平有限，书中或有这样或那样错误，祈读者批评指正。

是为序。

张昌华

二〇一四年二月于秣陵

舊時月色

李瑞清，清流远去

李瑞清

他像一条清溪穿越时空顺流而下，从我们身旁默默流过，渐行渐远，渐行渐远……但他没有消失，在南京大学、东南大学、南京师范大学校史上赫然名列于首，校园内有他的塑像，东南大学他传道授业与友人雅集的梅庵保存完好，书香依然。其弟子张大千、胡小石、吕凤子的书画作品正受世人追捧。他，就是两江师范学堂（南大、东大、南师大的前身）创始人、我国现代师范教育的先驱、现代美术教育奠基人、著名书画家李瑞清。

李瑞清，他是一位由奉职之臣到食薇之民的特立独行者，具体地说是位“耻食周粟”“冥行孤往”集鸿儒怪杰于一身的人物。民前他叫李瑞清，民后易为清道人。此“清”者，是“清者自清”的清，是李瑞清之清，还是殉清之清，抑或兼而有之？本文或可成为一把解读他的钥匙。

家事凄凉

李瑞清（1867～1920），字仲麟，号梅庵。民国后署“清道人”。生于广东，祖

梅　庵

籍江西临川。出身于书香世家，高祖李宗瀚是清中叶著名的书法家、文学家，祖辈中李秉绶、李秉礼等四兄弟都以书画名世，有“临川李氏”之称；父李必昌人称荣禄公，先后在广东、湖南等地做官，曾任武陵县令三十年，青少年时代的李瑞清随父在湖南生活。李瑞清幼承家训，家中藏书丰富，受家学熏陶，嗜颂秦汉文，又研习《说文》、《三礼》、《公羊》何氏学，富有深厚的小学功底和儒学修养。他特别喜读图画书，家中藏有大量的金石拓片以及《山海经》、《尔雅》等图。七八岁时候便“每夜秉烛依几，按图而问”，父亲对他要求严格，令他每日临池摹碑帖。李瑞清尤喜习篆，取法商周金文，得力于“散氏盘”。据史料载，三十岁前他已临遍钟鼎碑刻，以至后来他的书法与曾熙并称，有“北李南曾”之誉。评论家说，若点将清末民初书坛，前五人中必有李瑞清。少年李瑞清方面大耳，身材魁梧，器宇不凡，且绝顶聪明，深得塾师（外舅）余祚馨赏识，将其长女玉仙许给他，遗憾的是玉仙尚未出阁即病逝。之后，余祚馨又将二女（行六）梅仙许为继配。那时，李瑞清年方十六，籍籍无名。婚后夫妻琴瑟情笃。梅仙事父母至孝，常女扮男腔讲故事逗婆婆开心，一家人其乐融融。令人扼腕的是梅仙在分娩时难产，母子双亡。李瑞清悲痛欲绝。岳父太钟爱这个女婿，毅然又将小女儿嫁给他。李瑞清命运多舛，不到一年，续配的新娘又患病撒手人寰。这一次次短暂的婚姻，这接二连三亡妻的悲剧，令李瑞清觉得人生无趣。是“天将降大任于斯人也”？是时年方二十一岁的他，誓不再娶，从此鳏独终身。一八九一年，二十五岁的李瑞清援武陵籍在湖南长沙入试，中副榜第一。武陵学界认为他本江西人，以此为“冒籍”而攻讦，李瑞清通达，“是区区，何足争议”，一笑了之。但他对仕途没有失望，“哀群葩之易零，异松柏之自全”，遂于第三年在原籍入试，金榜题名，中举人。次年入京会试。他因不善院体书，加之其时母病卧榻，急于探母，只得于次年补行殿事。试卷中他多用通假字，光绪皇帝看到试卷中“长治”写成“常治”，便生疑问，后经常熟文恭公翁同龢上奏，云“长、常声假，如长沙郡本作常沙也”，方获认可。李获钦点翰林院庶吉士。一时为其说媒许婚者踏破门槛，李瑞清一概谢绝。

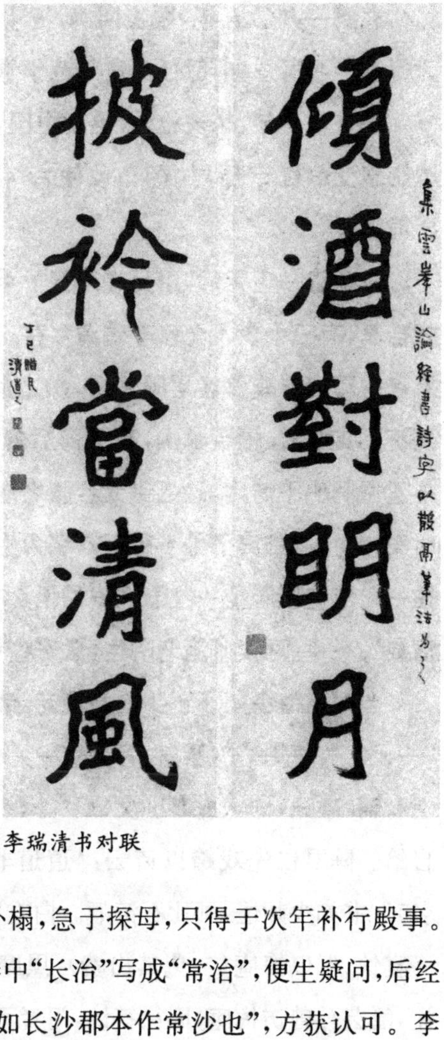

李瑞清书对联

李瑞清受家庭熏陶，忠、孝、廉、节，中国传统文人的德操渐入骨髓。母亲病时，他曾仿古法“割股煎汤”，乞上苍佑母。因母病，在京会试的他尚未殿试，匆匆回家探母，刚到家听到母亲去世的消息，他“堕舆下，踊抢呼几绝，哀毁过性”。父亲病重时他又“割股焚香”，以求父病康复，当时割股身体受伤之状以至达到无法行走的程度。他这种“盲举”，一是与受封建教育有关，一是个人憨直的秉性所致。

直到一九〇五年，服丧期满，三十九岁的李瑞清才入仕，任江宁提学使，先为师范传习所总办，后任两江师范学堂监督，致力于教育事业。

一九一一年，辛亥枪响，晃动中国，苏浙新军兵临城下，南京岌岌可危，李瑞清临危受命江宁藩司(即布政使)。俄顷，大清落幕。李瑞清黄冠束发，亡命上海。

李瑞清一生无后，由兄瑞祖五子承侃及弟瑞荃次子承俊过继为嗣。李家食指浩繁，有三十余人全赖李瑞清生存。李瑞清为官得禄不薄，然为人素向清廉，又有一帮穷亲戚食客尾随其后，加之此前他私人创办的上海留美预备学校，因经济不支解散，债台如山，到上海后囊中如洗。一大家人蜗居在上海三牌楼吉祥里两间小平房内，逼仄到无容膝之地。"偷生伏穹巷，久与人世绝"、"愧无济时策，当作尚书宾。"他不得不鬻字为生，"成了造米机器"，"一日仅饱三餐粥，墨饮一升难饱腹"，他一位十八岁的侄女在贫病中丧生。哀叹"吾已成天地间一赘瘤矣"。一些两江师范老门生，常寄些钱米来，他只得"勉收"。

当时上海麇集了不少前朝遗老，诸如王闿运、樊樊山、郑孝胥等。他们组成"一元会"，每周一次雅集，每人交一元钱，然而这也令李瑞清尴尬。当时《时报》上有篇《杂记》详记此事。文曰："李梅庵君光复后，以黄冠隐居沪渎，卖书画以自给。陈君仁先戏赠以诗云：'道道非常道，天天小有天(原注，小有天，酒馆名)。书如少师怪，画比石涛颠。白吃一元会(原注，樊山诸人有一元会，每星期一宴饮，群以梅庵贫，免其出费)，黑摩两鼻烟。有时访朋友，门者说无缘。(原注，潘芸孙曾访梅庵，因往答访，门者不肯通报，挥出门外云：此地僧道无缘！梅庵怅怅而返)'"当笔者杀青此稿时，喜得一通清道人居沪期间致友人的信，云："今日为贫道斋期，未能躬到，送上三元，一补从前之不足，一为今日之费用，其不足在(再)当补足之。"寥寥数语足见清道人之"清"。

李瑞清为人正直、友善，结交了一批挚友，陈三立(散原)、曾熙、吴昌硕等。在朋友们的援手下，他的字画销路渐渐打开。时黄宾虹在《神州日报》主笔政，他在报上推介李瑞清，为其登广告，也有友人为其广揽客户并代为收件，一时生意红火到席不暇暖。他的侄儿李健的字逼似他，谭延闿建议让其侄儿代笔增加

李瑞清画作

收入，李瑞清不肯。他说：“我以心血易人金钱，不可欺也！”李瑞清的日子好过了，麻烦也来了，对上海滩泼皮无赖，李瑞清深恶痛绝。他声名大噪时，仿冒者蜂起，他曾见一幅水货，在上面批道：“笔笔死，笔笔不入纸，非贫道所书也。”并将下款“清道人”三字和新盖的三枚图章用墨笔圈去。更有不良之徒托名“维良会”投书，索三百大洋。李瑞清不卑不亢，复函也风趣：“贫道鬻书人也，非有多数之金钱储之箧笥也。有一日而得数元，数日而不得一元者。……近日银根紧急，十余日来无一元收入，自顾不暇，何能为贵会之助？……请贵会切实调查。如有谎言，手枪炸弹，引领甘受，而无悔焉。”有版本传，“维良会”后来居然送他三百大洋。一九一五年，上海震亚书局出版李的字帖《玉梅花庵临古》，声名鹊起，受到海内外推重。张大千等人亦在此时拜其门下。

时来运转，然好景不长。一九二〇年七月李瑞清中风，八月去世。享年五十有四。前安徽都督冯煦等人联名奏请溥仪，予谥“文洁”。

国事悲怆

李瑞清留名《清史稿》与他“居官廉政”、“颇负时望”密切有关。“廉”为次，“正”系主。正者，忠也。他是在封建文化氛围极其浓厚的家庭中长大的，自幼便深植了忠君报国的种子。忠、孝本一脉，他事父母之孝是忠君报国的原点。亲亲齐家与忠君辅国本一整体。八岁时，父亲给他讲述文天祥、史可法为国殉难事，李瑞清忽问：“何时更朝耶？”父呵之：“我朝享祚正长，安所得此不祥语？”李瑞清马上回应：“儿固愿师文文山（文天祥）、史可法耳。”一八九五年，补行殿事后，李瑞清被钦点为翰林院庶吉士，时值康有为作二万言的《上今上皇帝书》（公车上书），反对《马关条约》割让台湾、辽东，赔款二亿两白银。建议“拒和、迁都、练兵、变法”。全国有十八省举人响应，一千两百多人联署，李瑞清积极参与其中。一九一一年八月他到北京开全国教育会议，将在北京鬻书得款悉捐皖湘饥民。

十月十日，武昌辛亥枪响，山雨欲来风满楼，东南大震。江苏松江、无锡光复后，十二月江浙联军攻占南京天堡城、雨花台。兵临城下，南京危如累卵。时两江总督张人俊、江宁将军铁良请和不成。南京城内鸡飞狗跳，人心惶惶，风传将军铁良和藩司樊增祥大小官员已作鸟兽散。在此一片狼藉中，惟李瑞清闻风不动，他主持的“两江师范学堂弦诵未辍也”。张人俊见之，颂他“好男子是诚可寄命任重者”。旋召李瑞清于北极阁，授藩司一职，替补樊增祥。

李本是一介书生，此差美其言是临危受命，说穿是代人受难或替人送死。国家兴亡，匹夫有责，忠君的李瑞清推却不过“勉力任职”。他刻一木印，用一老吏作文书，办了几件青史留名的大事。他应变方略是以保障市民生命财产的安全为第一。李瑞清念危城宜先足食，“立从间道运米三十万石，又平粜以济难民”，使全城局势在慌乱中得到短暂的平息。当时提督辫帅张勋下令拘杀倾向革命的剪辫子的青年和学生。李瑞清和张勋是同乡，有点交情，“请得令帜”并出资将那些已剪辫子的青年学生护送出城，以至于城里的革命党人见到这一幕后相互告诫：攻下江宁后，不要伤害李瑞清。十二月二日，南京光复。此前李瑞清要出逃并不难，更况驻江宁城内美、日领事及外国传教士鲍文均曾派员欲接他到兵舰上避难，李瑞清谢绝，一语掷地：“托庇外人吾所羞，吾义不欲生，使吾后世子孙出入此城无愧可矣！”又说“弃城他去，如臣职何？托庇他族，如国体何？吾宁与阖城百姓同尽耳。”李瑞清着官服，抱大印端坐藩司府正堂上。镇江都督（江浙联军）林述庆说，你不走，我要用兵劫掠你。李朗然答道：“吾惧死者，一手枪足矣；不尔，千万人何畏焉？”十二月六日，前江苏都督程德全被公推为接任的新都督抵南京，程获知李瑞清为官清正，素得民心，诚恳挽留，希他出任新政府顾问。李瑞清复函：“清本亡国贱俘，难以图存”、“赞扬盛化，宣布和风，非清财力所能供给。”进而又说：“如必相胁迫，愿甘沸鼎。”语坚意决，誓不与新政府合作。程德全没有加害他。李瑞清召集城中父老缙绅，将他任职时库存十万两黄金与两江师范学堂账务清册悉数移交后，卖掉一辆破马车充作路费，着黄冠道服，两袖清风离开南京。他的朋友释道培一语道破：“黄冠托迹以求志，不降不辱臣自保。”此后，他仿明末遗民寿道人万寿祺而自署清道人。

其实李瑞清当时也很矛盾，很痛苦。他本可宁为玉碎，以一死保全节。无奈他有一大家几十口人赖他而生，“亲亲齐家”，他是一个家庭观念很重的人，不得不苟且偷生。对此，他深深自责：“有清之罪臣也。偶漏天网，苟全首领……不复愿闻人间事矣。”

春花秋月何时了？李瑞清到上海后，大隐隐于市，与老友陈三立是近邻，常

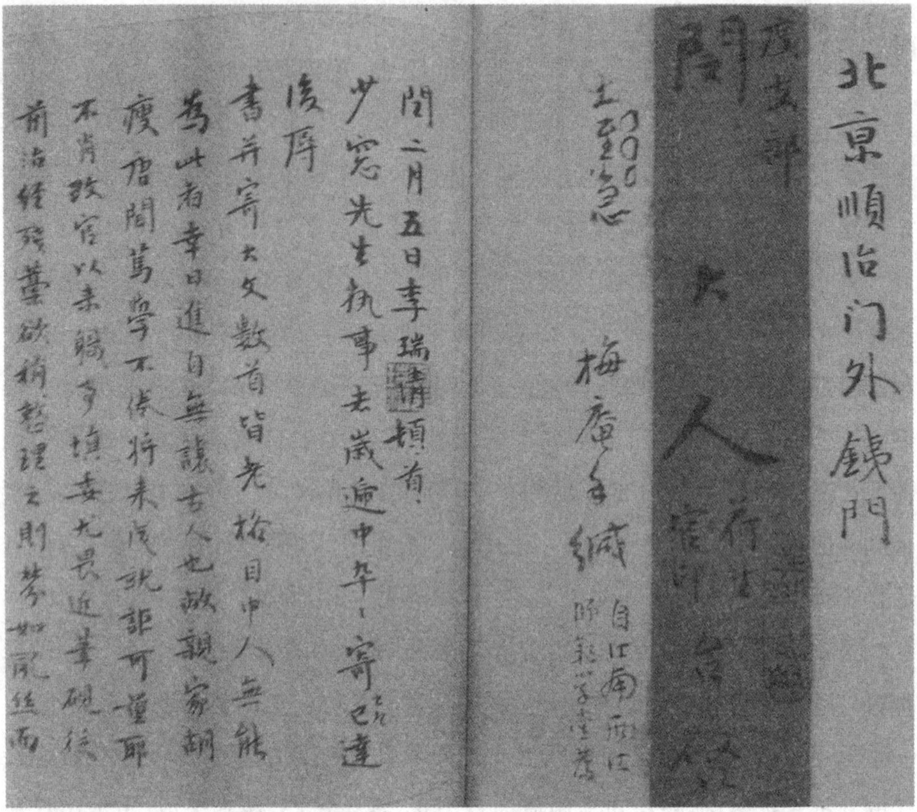

李瑞清手札

唔聚缅怀“往事知多少”，作“故国不堪回首月明中”的追忆，以诗文遣怀，表达亡国之臣的“草木有枯荣，臣心终不死”的哀叹。他初到上海常为升米发愁，时有“吊锅”之困，也常有怀着各种不同目的者来“助困济危”。袁世凯称帝后，派员奉银一千二百两，希他复出。袁世凯本是一个窃国贼子，他耻于为伍，当来人的面将银子掷于地，将来者“请”出门去。后张勋复辟，溥仪再度登位，授李“学部左侍郎”。李、张有旧，一是同乡，二为当年曾并肩守南京。他接受了。有版本说辫帅也送白银六百两，李瑞清认为那是民国政府的饷款，以“不予间接接受民国政府之赐”为由固辞。此事也引来非议，沪上有心术不正的前清遗老，见他的字画行情火爆而妒火中烧，攻其不接受张勋之助是“故作清高”。当然也有正直之士为其打抱不平，陈散原（陈三立）在一次聚会上，直指那造谣者：“我真想代清道人赏你一个大嘴巴！”

李瑞清隐居上海期间，曾有多个社会组织希他能出任领袖，他一概谢绝，包括桑梓临川教育会。不做官或不出头，这是他此时做人的底线。但他对家乡的感情异常深厚，虽生长在湘，但常回故里。他的功名毕竟是临川所赐，故常自署“临川李瑞清”，人或称之“李临川”。一九一四年临川修县志，其时他正卧病在床，怕“上负父老之名，下愧子弟之望”，在辞教育会会长职同时，慨允担任修《临川县志》主编工作，并表示今后“或幸不即填沟壑，必贡烛火之微明，上助日月之末光。”

李瑞清的从政思想，在他的诗赋中可窥一二。如在《日赋》中，他借相如之口，道出帝王如太阳：“炳其明，煦其温则天下君；丧其明，失其春则天下焚。”期冀帝王清明造福社会。他爱梅、松，并自喻，彰显传统文人高洁、坚贞的理想。他以梅、松明志：“挺贞固之亮节兮，支之孤芳，志清洁而纯粹兮；枝连卷而纵横，参天地而独立兮。”

杏坛果硕

一九〇五年李瑞清为双亲服丧期满，求职改官道员，摄江宁提学使。两江总督周馥聘其为师范传习所总办。世人慕李氏家族是书画世家，报名的学子甚多。而三江（苏、皖、赣）师范学堂因省界与经费问题，改为两江师范学堂。李瑞清以江宁提学使身份兼“两江”总监督（校长），开始他辉煌的教育生涯。

李瑞清的办学信条是：“视教育若性命，学校若家庭，学生若子弟。”他一上任，首先提高教师水准，广延名师；团结同仁，大兴土木，广建校舍；改革学制，增置设备，使两江师范成为东南最著名的大学府。

他认为师范教育是为人师者，事关“风化所由”，因此对教师水平要求甚高。为人师表不仅是言教，还注重身教。李瑞清贵为校长亲自上课，平时与老师、学生沟通交流，没有架子，一次上课途中遇雨，工友执意为他撑伞，他拒绝。平时自奉甚俭，常年穿仿裘粗葛衣，怡然盎然，在全校养成一种“俭朴、勤奋、诚笃”的校风。在教师配备上择贤任能，曾延聘王伯沆、柳诒徵、刘师培等名家执教。鉴于自然科学落后，实用技术缺乏，他亲赴日本考察，择聘了以松本孝次郎为首的十二位有真才实学者做教习。原有教师中有冬烘先生，如担任舆地科（地理）教员讲的不是舆地内容，回答问题荒唐可笑，好多问题自己也不清楚。学生强烈要求他"下课"。当时中国此类人才缺乏，他四处求贤。后获悉嘉兴姚明辉先生专治舆地学，但此公恃才傲物，不肯轻诺于人。李瑞清礼贤下士，请友人书函引荐，自己写了言辞恳切的劝驾书，派专人到嘉兴礼聘。姚明辉到校后，李亲自备宴接风竭尽礼遇之仪。姚氏深为感动，愿以己善报知遇之恩。

他拟的校训是"嚼得菜根，做得大事"。"匡时而振俗"是李瑞清办学的另一超人之处，中国传统教育向来漠视劳动教育和生产教育，为改变学生四体不勤、五谷不分的现状，他将博物科改称农业博物，硬性规定学生必须兼习农科。学校置农田百亩，耕牛数十头，专供学生实地实习用。尤值一提的是，在学校开设融通中西美术教育的"国画手工科"，这是我国第一项美术教育专业，是在高校中的创举。故后人称他是中国美术教育奠基者。李瑞清亲授书法，一改私塾式课堂旧习。李瑞清书法素有盛名，求者踵至，李瑞清有求必应。在校期间，学生常环侍书案，手捧浓墨碗，按次求书。李瑞清边挥毫边讲解用笔用墨手法，有时积纸存案头太多，他只能令高徒胡小石代笔，但落款署名与钤印坚持自己为之。有则趣事，某年学校请马良来校讲演，题为《阐明民主的意义》，这在皇权时代是个轰动性大题目。全校师生争相去听，地点在东饭厅，会场小听众多，前拥后挤，人声嘈杂，李瑞清非常不满，下一手谕训诫。手谕长达一丈，文辞谆谆，书法朴茂，贴在饭厅墙上，学生争相去看。可第二天，半张手谕不翼而飞。事后得知，有人为那书法优美收藏了。三十年后，抗战期间这半截手谕现身上海文物市场，为刘海粟购得珍藏。

就美术教育而言，硕果喜人。先后拜在他门下的有胡小石、张大千、吕凤子等，再传弟子有潘天寿、吴梦非、李苦禅、丰子恺、俞剑华等。且说胡小石，一次李瑞清出试题，题目出自《仪礼》。胡小石幼时读过清人张惠言的《仪礼图》，文章写得很精彩，李瑞清大喜过望，备加青睐，并亲自授以传统国学。李退隐上海后，经济稍好时，他生怕当年一些天资过人的学生被埋没，命胡小石等住他家。一面让胡小石教其子侄，一面授经学治《公羊春秋》、史学治《史记》以及书画鉴赏。胡小石得力于李的精心培养，不负所望，不仅成为国学大师，且书法成就亦很高。再说张大千，由曾熙引荐拜李瑞清门下，时张才二十岁。张大千不仅在绘画上得益匪浅，在做人上也受到教育。李瑞清在沪上结交不少社会名流，地产大亨程霖生喜欢收藏石涛的作品，常与李瑞清过往。程霖生一次造访，主人不在，大厅里有幅"石涛"的山水，那本是张大千临摹品送与李瑞清指正的。程霖生一见甚喜，以为是撞上石涛真迹，于是不告而取，疾驰回家的路上还暗自连呼"侥幸"。之后，程遣人送上七百银元画款以示无欺。李瑞清心知那赝品误当真品已被程拿去，断然没有索回之可能。但对朋友不能行此道，李瑞清遂从自己珍藏中取出一件价值七百银元的石涛真迹派张大千送去。后面的故事很长，很有趣，限于篇幅不赘述。

张大千喜作名山游，黄山看云，泰山观日，完全受恩师李瑞清的启迪。李瑞清逝世数年后，张大千名满天下，在追忆恩师时，多有孺慕敬仰之情。每每称"先师李文洁公"，尤令张大千难忘的是大千习字，李瑞清教他去看谭鑫培的戏，要他体味谭的唱腔昂扬顿挫与结尾的韵致。李瑞清的书品、画品和人品影响了弟子们的一生。

"教育救国"是李瑞清不懈的追求，他除操办两江师范学堂之外，一九一〇年在上海自费开办留美预备学堂，旨在想造就"中国之培根、笛卡尔"，期盼"选一人，即将来救中国多一人之力"。李瑞清本一介寒士，自奉极俭，冬不衣裘，更无可典质长物，全靠自己的薪俸办学。杯水车薪实在有限，开办不久，即入不敷出，支撑不到一年便宣告解散，欠了一屁股债。李瑞清愧疚不已，"泪流被面，汗流竟踵"。但他仍向同仁表示"至所欠教习薪金，今不能还，一两年内随时归清，决不食言。"独自办学，这种明知不可为而为之的精神，正是他孤忠亮节忠君思想的具体体现。辛亥枪响，革命军逼近藩司府，发生他抱印坐堂，坐以待毙的"壮举"，也就顺理成章，不难理解了。对李瑞清的忠君思想，学界研讨或批判，似不为推许。学者王东林等人认为："李瑞清绝不是固守的顽固派，他希望通过改革延续清王朝的寿命。其政治态度大体上处于顽固派与激进派之间。”他同情剪辫子的革命党人，却又不赞同革命，显示他思想深处的矛盾。王东林认为“他不仕民国，并不等于不承认接受民国，只是所用的方式不同”。李瑞清曾嘱弟子一是“忠于职守”，再就是“振兴新国”，这就是一种顺应时代发展的表白。

李瑞清在书画上成就斐然，当年他与沈曾植、吴昌硕、曾熙并称“上海四家”。李瑞清尤精书法。他的书法上追周秦，博宗汉魏，诸体皆备，尤工篆隶。评家说他的书法“秀者如妖娆美女，刚者如勇士挥槊”，潇洒、俊逸、遒劲。书件的内容高古、清朗，多为心声：“倾酒对明月，披衿当清风”、“大隐在朝市，余事作诗人。”人品、书品相为表里。他也作画，且擅以篆入画，合画、篆为一体。穷源揽胜，成为金石派一代宗师。

为纪念亡妻，他号梅庵、梅痴，自篆名章“阿梅”，斋名也易为玉梅花庵，以志隐痛。他与第二位妻子梅仙感情最深，曾作《亡室余梅仙墓志铭》、《春日元配余梅仙墓下作》和《梅庵悼文》等诗文缅怀。他在诗文中写道：“梅仙性痴憨如婴儿，既嫁犹不任妇事，然能明大义，无妇人琐琐状，与筑里以诚质。”慨叹：“眷眷想蕙质，凄怆促愁肠。夙夕誓同穴，永永毋相忘。”李瑞清供职两江师范学堂（故址在今南京成贤街东南大学）时，在校内梁武帝手植六朝松旁搭建“梅庵”，足见一腔痴情。当年的梅庵不过是竹篱茅舍，他在周边植各色梅花十余株，时邀诗友来此雅集，或诗酒唱和，或谈文论道。岁月不居，梅庵后经两次翻建改建，今之存者是一九三三年新建砖木结构平房，由大学者、书法家柳诒徵题匾，现存完好，成为东大的一道风景。

李瑞清毕竟是个文人，少不了诗酒风流。他是有名的食蟹饕餮，且食量惊人。有“李百蟹”雅号。某年重阳节，大闸蟹上市，他囊中羞涩，便画一幅“百蟹图”悬于堂，望蟹解馋。由于他在饮食上缺少节制，长期案牍生活缺少运动，健康受损，突发中风而殒命。友人曾熙、门人胡小石为其主持丧事。海上名流纷纷送挽联致哀，达百人之多。有：康有为、沈曾植、陈三立、吴昌硕、章士钊等。其中有一首挽诗基本概括了李瑞清的一生：“文章道德耀神州，富贵浮云任去留。学有渊源成一代，才兼书画足千秋。”

李瑞清生前有言“遗爱在江宁”。遵其愿，曾熙、胡小石将其安葬在江宁牛首山雪梅岭罗汉泉旁。宜兴门人吕国铨出资在墓旁植梅花数百棵，并筑“玉梅花庵”守灵小屋。李瑞清一泓清泉在此定格。

梳理李瑞清五十四年的生命旅程，无论怎么说，他以“遗老”的身份成就了他自己忠孝节义的品格。他不失为一道清流。

蔡元培，"无壳蜗牛"

蔡元培

住房问题，折射着世态的炎凉和人情的冷暖。"耕者有其田，居者有其屋"，历来是"脸朝黄土背朝天"、"背纤打铁磨豆腐"没能耐贩夫走卒、引车卖浆者之流的梦想；而历朝有"本事"的人，非但有屋、有华屋，甚而有几套，十几套豪宅者，时下大有人在。所谓"三年清知府，十万雪花银"也。然而，历史上绝非位高权重者人人有其屋的，蔡元培(1868～1940)先生就是"无壳蜗牛"。

蔡元培是具传统功名者。他以清末翰林高官之身献身革命，曾任民国教育总长、北京大学校长、中央研究院院长，在当下社会评个部级高干谅不为过。蔡先生一生甚为清苦。十一岁失怙，家道中落，全赖母亲周太夫人典质衣饰，克勤克俭维持生计。家底薄，家累重。据蔡元培研究专家陶英惠先生说，一九〇七年蔡元培赴德留学的费用，还是托请新任驻德公使孙宝琦的兄弟孙宝瑄及叶瀚为之关说，由孙氏津贴而玉成。蔡元培与商务印书馆签约，以代为译书预支些微稿费，贴补家用。抵德后，蔡元培任唐绍仪四个侄子的塾师，得若干束脩购置书籍、杂用。他自言其时过的是煮字疗饥"半佣半丐"的日子。吴稚晖云："先生处境之困，社会有人，当引为罪。”蔡元培是一九〇五年入同盟会的老会员，追随孙中山革命。一九一三年宋教仁遇刺，南北恶感日深。为革命，蔡元培决定由欧洲返国，没有路费，不得不临时向李石曾、张静江筹借。二次革命失败，蔡元培再度赴欧。一九一七年始，蔡元培出任北京大学校长、大学院院长、中研院院长，先后寓居京、宁、杭等地，一直是赁屋而居，寄人篱下。故陶英惠先生称其是“无壳蜗牛”。

蔡元培毕生致力于教育、文化和学术事业，德高望重。若以桃李满天下说，他堪足为近代中国第一人。归隐田园后，蔡元培寓居上海华山路，其屋也是租赁的。这令他的众多的已获声名、位居庙堂的门墙们于心不安。一九三六年是蔡元培七十寿诞。当时教育、文化、学术界编印《蔡柳二先生寿辰纪念集》(柳亚子，五十岁)以资纪念。刘海粟创设“孑民美育研究院”，孙科为筹委会委员长。编个集子纪念，不过是“秀才人情”，倒是以胡适为首的北京大学旧师生蒋梦麟、王星拱(抚五)、罗家伦(志希)、赵畸(太侔)和丁燮林(巽甫)等以务实的精神策划了一个“献屋祝寿”活动，让他们敬爱的老校长在暮年有处自己的栖身之所，可庋藏图书、潜心著述、颐养天年。门生们很认真，于蔡元培七十寿辰的前一年郑重其事地致函蔡先生表达这一意愿。该信由胡适起草。据亲睹此信原件的台北胡适纪念馆馆长陶英惠先生说，胡适为此祝寿函措辞的妥帖，还专事给王世杰、罗家伦等写信，要他们修改。王、罗字斟句酌作了增删、润饰。其言辞之恳切，情感之真挚，境界之高远，令人回味无穷。信中强调献屋祝寿之举“这也看作社会的一座公共纪念坊”、“是几百个公民用来纪念他们最敬爱的一个公民的”，纪念一个一心为公“不及其私的”公民的。原文如下：

孑民先生：

我们都是平日最敬爱先生的人，知道明年一月十四日，是先生七十岁的寿辰。我们都想准备一点贺礼，略表我们敬爱的微意。我们觉得我们要送一件礼物给师友，必须选他最缺少的东西。我们知道先生为国家，为学术，劳瘁了一生，至今还没有一所房屋，所以不但全家租人家的房子住，就是书籍，也还分散在北平、南京、上海、杭州各地，没有一个归拢庋藏的地方。因此我们商定这回献给先生的寿礼，是先生此时最缺少的一所可以住家藏书的房屋。我们约定这次赠送的参加，由个人自由决定：任何人的赠送，都不能超过一定低微数目；而且因为时间和地点的关系，对于先生许多的朋友学生，并不及普遍的通知。可是各地的响应，已超过了我们当初的期望。

现在我们很恭敬的把这一点微薄的礼物献给先生；很诚恳的盼望先生接受我们这一点诚意！我们希望先生把这所大家献奉的房屋，用作颐养、著作的地方；同时这也可以看作社会的一座公共纪念坊，因为这是几百个公民用来纪念他们最敬爱的一个公民的。我们还希望先生的子孙和我们的子孙，知道社会对于一位终身尽忠于国家文化而不及其私的公民，是不会忘记的。

我们很诚心地祝

先生的健康！和

先生一家的健康！

蒋梦麟　胡　适　王星拱

丁燮林　赵　畸　罗家伦

中华民国二十四年九月七日

蔡元培收到信后，"惭悚得很"。他经过三个月时间熟虑，终于接受了弟子们对于他奖励的美意。他用毛颖书了八页长函以表谢忱。全文如下：

适之、抚五、巽甫…诸先生暨梦麟、太侔、志希……诸同学公鉴：

接二十四年九月七日惠函，拜读以后，惭悚得很！诸君子以元培年近七十还没有一所可以住家藏书的房屋，特以合力新建的房屋相赠；元培固没有送穷的能力，但诸君子也不是席丰履厚的一流；伯夷筑室，供陈仲子居住，仲子怎么敢当呢？

诸君子的用意，在对于一个终身尽忠于国家和文化而不及其私的

胡适等献屋祝寿函

蔡元培复函

公民,作一种纪念。抽象的讲起来,这种对于公而忘私的奖励,在元培也是极端赞成的。但现在竟以这种奖励加诸元培,在元培能居之不疑么?

但使元培以未能自信的缘故,而决然谢绝,使诸君子善善从长的美意,无所藉以表见;不但难逃矫情的责备,而且于赞成奖励之本意,也不免有点冲突。元培现愿为商君时代的徙木者,为燕昭王时代的骏骨,谨拜领诸君子的厚赐;誓以余年,益尽力于国家对文化的义务;并勉励子孙,永永铭感,且勉为公而忘私的人物,以报答诸君子的厚谊。谨此申谢。敬祝

诸君子健康!

二十五年一月一日蔡元培敬复

天有不测风云。据《蔡元培年谱》述:“嗣因全国对日抗战,淞沪沦陷,建屋之举未能实现。”日寇的炸弹摧毁了胡适等“献屋祝寿”之梦。蔡元培得到的仍是一纸空文,而这种尊师重道的精神,崇颂“不及其私”公民的佳话必将传之久远。

晚年的胡适也是“无壳蜗牛”。据陶英惠先生说,胡适一九五八年由美赴台,接任中研院“院长”时,也没有一所可供住家和藏书之所,是蒋介石将其《苏俄在中国》一书外文版税之四十八万新台币拨出,在南港为胡适筑一平房作办公和栖身之地。胡适去世后,“中研院”将其改为胡适纪念馆。

史量才，“煮酒谭史”

——史量才殉职八十周年祭

十三，一个不吉利的数字。

一声枪响，一个伟岸的身躯应声倒在血泊中。时为一九三四年十一月十三日，距今八十年矣。

独裁者枪口的青烟在瞬间散去，志士的热血板结在泥土中成为化石。八十年过去了，再过八百年，乃至八千年又何妨，历史永远记住了他的名字：史量才。

天生我材必有用

史量才

己亥（一八九九）年松江童子试，十九岁的史量才拖着一条长辫、夹着文房四宝应试。金榜题名，他中了秀才。一家人沉浸在欢乐中，谁知题名旋被注销。有人揭发他是“冒籍”，江宁县人氏在娄县（今松江）报考。史量才（1880～1934）生于江宁（今南京市江宁区）杨板桥村，原名史家修。父史春帆为了生计，经年累月背井离乡、走街串巷以贩卖人参等药材谋生。资本稍丰后，他与邻村友人庞品三合伙在松江泗泾镇开了爿泰和堂药铺。史春帆四十三岁得子，视宝贝儿子为掌上明珠；可史家修命途多舛，七岁时母亲因产妹妹家瑞四十天后患溽热不治，撒手人寰。小家修先由外婆养育，九岁时随父到松江读书，师从宿儒戴葵臣。师称其聪慧无比，读书有过目不忘之功。“冒籍”受挫，后经其父“活动”，才准予为附生。适康、梁改良派在呐喊：“变法之本在于人才；人才之兴在开学校；学校之立在废科举。”史家修看到衰世科举的穷途末路，决定弃举子业，从新学，报考新学堂。世事难料，父亲惨淡经营的泰和堂药店因邻居南货店失火而殃及，毁于一旦。史家修以一年时间与接受新文化的友人雷继兴等青年朋友研究日文、理化，雷与其郎舅陈景韩因事，中途去日本留学，史也曾萌留学之想。但二十岁的史家修决定以自己的肩膀为父亲分担火灾后的家庭重担，他选择了学杂费全免，每月还有三元零用钱的以“振兴实业”为职志的杭州蚕学馆。这是新式学堂，学习科学新知识。学校新式的学以致用教育，使他耳目一新，受到启发，他梦想建功立业，于是，在年假回泗泾时，在泗泾镇米商与马相伯（1840～1939）支持下，在镇上创办了第一所“米业养正小学”。牛刀初试，成果不俗，史家修对未来充满信心。他是个负雅志于高云的不甘屈于人下的青年，决定到上海滩闯荡一番。在上海，他先为一私塾校长王培孙（著名教育家）聘为教习。因他敬业，工作出色，又为兵工学堂、务本女校聘为兼职。他教学得法，声名鹊起。金山首富、明强小学校长黄公续慕名，打算邀他振兴自己的学校，慨赠二千元庄票。不料，在一九〇五年一月九日《时报》上看到了公立“上海女子蚕业学校”校长史家修的大名，只得徒叹落空。该女子蚕校乃我国近代第一所女子职业技术学校。史量才亲自执教，将当年在蚕学馆所学用于实践，并革新课程，开设中文、西文、医学、女红四课。一九〇六年，该女校在“江苏学政考查”时，因“校长史家修管理规则之获肃指授蚕法，昕夕勤劳，学生进步甚速，课本教科均佳。学生国文有清气，绣工精致，奖给匾额”。

一九〇四年，《时报》在上海望平街创刊了，因当年松江好友、现任《时报》编辑的雷继兴、陈景韩郎舅介绍，在《时报》的“息楼”结识了《时报》的主持人狄平子和一群留学归来有识之士、名流士绅如沈恩孚、黄炎培（1878～1965）、叶誉虎和张謇等。一九〇八年，馆主狄平子聘请史家修为《时报》主笔。《时报》“息楼”的宾客多为江苏籍乡贤，志同道合、倍感亲切。他与黄炎培等于一九〇五年，发起成立江苏教育总会，专门研究教育工作，公推张謇为会长。

张謇(1853～1926)，清末状元，南通人，翰林院编纂，康、梁变法追随者，近代著名实业家。他以重教育名闻遐迩，在学界、实业界威望一时无人出其右。张謇本是立宪派人物，一度寄望袁世凯；后袁氏称帝，使他大失所望，改辙以实业兴国。这一时期史家修追随张謇左右，积极参加保路权、立宪公会等革命活动。史家修的思想敏捷，办事干练，深得张謇欣赏。这是他毕生致力报业的起点。包天笑后来回忆说：“史量才办事有决断，各方咸器重，张謇尤为倚重。史量才有今日，图有其才气志气之足以自展，张四(謇)之功不可磨灭。”有人曾问张謇因何独钟史家修，张说：“我是量才录用。”此后史家修索性易名史量才，以此名行世。

嚼得菜根，不一定做得大事。做大事，需资本。史量才毕竟家底有限。俗言谋事在人，成事在天。“天”真助了史量才一臂之力，助他成就了《申报》的宏业。

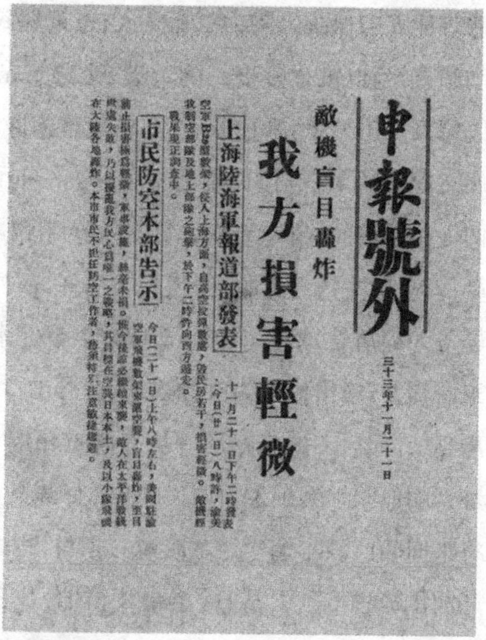
申報號外
三十三年十一月二十一日
敵機盲目轟炸
我方損害輕微
上海陸海軍報道部發表
十一月二十一日下午二時發表
市民防空本部告示

《申报》号外

上海《申报》，是中国最悠久的报纸之一，一八七二年创刊，是英国人安纳斯脱·美查创办的。外国人在租界办报，受钳制少，报道比较客观，消息灵通，见报又快。《申报》创刊一年，发行量超过早它十一年的《上海新报》，报馆旗下还有不少实业，赚得满钵金子。当行则行，当止则止。一八八九年美查兄弟渐入老境，决定歇业打道回国养老，将名下在华所有资产整合为七万五千两银子，转给为报纸服务二十五年勤勉敬业的老会计席子眉。不久，席子眉病逝，由其弟席子佩承继。席氏办报只讲守业，不求创新，四平八稳，又由于它跟不上辛亥前后激荡的革命，竞争不过雨后春笋般创刊的政党报，销路日衰，以致从一万多份直线下滑七千份。席子佩步履艰难已无力维系报业。一九一二年他决意抽身而退，将《申报》资产的股份作价后抛盘，公告转让。在《时报》当主笔，渐入佳境的史量才认为是天赐良机，积极活动，联合张謇、赵竹君等联手接盘。经一番讨价还价，终以十二万元成交。史量才出任总经理，老《申报》就此翻开它崭新的一页。

史量才何以来此巨资接盘，不能不作交代。

民国时代的知识分子多风流名士，视出入青楼寻花问柳或娶妾并非不名誉之事，报界也是如此，史量才亦不例外。一九〇四年他与发妻（表妹）庞明德结婚，七年后得子。是年他“双喜临门”，迎娶佳人沈秋水做二房。

沈秋水，原名沈慧芝，与灵芝、采芝并称上海四马路上青楼三枝花。三人中又数慧芝为最，除色貌娇人，性情温润外，琴技棋艺堪称一绝。青楼岁月，她初遇丹徒人陶保骏。陶为革命党人，正策划武昌等地起义。他郑重许诺等军事行动结束，当以重金赎娶。陶走后，沈慧芝先后结识泗泾的史量才和钱有石。钱氏家有良田三千，米栈若干，亦给沈慧芝许诺不久会以重金赎娶；可沈的芳心却属意腹有诗书、英俊倜傥的史量才。一时两人通款曲、叙衷肠，相互钦慕；只是两人碍于情面，疏于表白。青楼女子素情场多变，命运多舛。某日京城来一贝勒爷，见慧芝这一尤物，爱得死去活来，横插一杠子，一举携沈北上。孰料，这贝勒爷无福消受，纳新不久一命呜呼。慧芝本系一风尘女子，出身卑微，新寡后为王府福晋、格格们视为红颜祸水，羞辱虐待。在一个月黑风高的夜晚，沈慧芝逃离京城，回沪上四马路迎春坊挂牌重操旧业。恰当年陶保骏北伐归来，重温鸳梦。陶保骏一到沪上，便应上海都督陈其美（1878～1916）之邀赴宴。行前，陶将带回的巨额军饷交慧芝收藏。不料，陶的马车刚入都督府便遭暗枪毙命。慧芝闻讯惊恐不已。某日，史量才访旧，沈氏便将陶托匿巨额军饷事和盘告之。史淡定地说：“有人来问，就交出去；无人问，不要声张。”并表示请她放心，他会保护她的安全。如此这般，慧芝与巨款一并委身于史量才。沈氏进入史门后，史将其更名为沈秋水，意“春风大雅能容物，秋水文章不染尘”。这就是人们传说的史量才淘得的“第一桶金”始末，一块奠定接盘《申报》的基石。对史量才来说，是福是祸，谅谁也说不清。

一九一一年，辛亥枪响，震惊全国。沪上立宪派审时度势，由变法而倾向革命。史量才将蚕桑学校借给陈其美作攻打制造局的勘察据点。上海光复，史量才被都督陈其美委以重任：上海海关清理处长，由张謇任命他为松江盐政局长，都是肥缺。史量才毕竟是个有良知的知识分子，看不惯官场尔虞我诈、徇私舞弊种种。不平则鸣，他开罪了不少人，诸如英籍律师冯炳南、商界闻人虞洽卿，这也为他后来的官司埋下祸根。史量才刚正不阿的性格不宜为官，遂从官场激流勇退，选择走“新闻救国”之路——创造《申报》的辉煌。

新官上任三把火

清末民初是中国报业的黄金时代，上海独占鳌头。人们将上海报业集聚地望平街与世界最早拥有报纸的英国报街旗舰街并称。那时上海报馆多设在租界，以期洋大人的庇护，因而产生了流派。《申报》似英派，《新闻报》似美派，《时事新报》似德派，而《晶报》又似法派。报纸“四大金刚”的风水也轮流转，竞争十分惨烈。

年轻的史量才时下作为《申报》掌门人，他自觉肩头担子的沉重。他锐意改革，走马便放“三把火”。第一件令他头疼的是《申报》已办四十年，却无一套完整的资料。上任伊始，他登广告重金征收全份《申报》，反复刊登，持续两个月。沪南张仲照先生将收藏四十年仅缺七张的《申报》慨赠，谢绝史量才重金酬谢。史十分感动，于报纸“五十周年庆典纪念刊”上刊了张先生照片和题词，与创办者美查呼应并列，以示“彼与此报同永”。其二，在留聘报社老员工同时，必须要网罗自己可靠的心腹人担任要职。经营经理与总编辑是当家人的左臂右膀。他聘圣约翰大学毕业的张竹平为经营经理。张不负所望，设广告科，分内、外勤，改变以往守株待兔坐等广告上门陋习，主动去商店、公司、工厂拉广告，业务大增；又成立“速递公司”，购买许多脚踏车配备报贩，让《申报》订户大清早看到新闻，目的是与同行对手们抢速度争销量。史量才知道，物色到一个优秀的总编辑，报纸就成功了一半。为此，他不惜代价，以酬薪翻一番为先决条件，悄悄将《时报》总编辑陈景韩“挖”了过来。为此《时报》老板狄平子“几乎”与他拳脚相向，斥骂他过河拆桥。史量才智慧、客气地申辩说：你手下人才济济，走一个没关系，我是初来乍到，需要帮手……狄平子信佛，讲慈悲，加之友人缓颊，终获成功。新闻，是办报根本所在，记者是报人的最大财富。史量才大手笔，开民间报纸先河，向国外各大国首都如伦敦、巴黎、华盛顿、罗马、东京等聘特约记者，增加信息量，以扩大《申报》的发行和影响。又向国内各省会派驻记者。在记者群中，值得一提的是驻京的两位报界奇才黄远生和邵飘萍。

首任黄远生，字远庸(1885～1915)，清末进士，留日，热爱新闻事业，他宁弃官甘当记者，醉心于新闻事业。“他认为报纸必须立足民众，支持正论公理，严厉监督和批评政府”。他称访员为新闻记者，故有中国“新闻记者祖师爷”之誉。他曾是梁启超麾下“三少年”之《少年中国周刊》创办者之一。史量才聘他为《申报》写的“远生通信”专栏，那是《申报》最受欢迎的招牌栏目。可是，在复杂动荡的时局中，黄远生最初没认清袁世凯的面目，指望袁氏“再造共和”，稀里糊涂上了“筹安会”的贼船，曾任鼓吹帝制的《亚细亚报》总主笔。后舆论声讨，他幡然醒悟，撰文与《亚细亚报》一刀两断。史量才将黄氏脱离《亚细亚报》“启事”，用大号字在头版连刊九日，以示声援。袁威逼利诱黄写劝其称帝的“鸿文”，黄不为，并斥袁为“吾国历史上终将为亡国之罪魁”。黄远生忧虑袁报复，于一九一五年远走美国。不过他还是被杀了，“误杀”。林森领导的同盟会欧洲支部，不知他已迷途知返，以为他是为帝制派奔走呼号赴美的，狙杀了他。死时年仅三十五岁。

邵飘萍(1886～1926)是继黄远生之后的《申报》驻京特派记者。原名邵振青，笔名飘萍。友人曾戏言“飘萍”不吉利，他反驳：“人生如断根的飘萍，有何不可?”他十四岁中秀才，后入浙江高等学校与邵元冲、陈布雷同窗。在校期间就被《申报》聘为特约通讯员。他是"新闻救国"的倡导者。最初笔名阿平，即"平不平"之意，剑指袁、段军阀。他在《申报》开的"北京通讯"，一炮打响。邵的文字明快、犀利，见解独到，对京城时事报道迅速，分析判断准确，受到不同层次读者的欢迎。邵飘萍有颗骚动的心，他与史量才一样桀骜不驯。在《申报》干了两年之后，他自立门户，在北京创办《京报》。他撰的发刊词《本报因何出世乎》被视为最著名的"自由主义宣言"。他主张新闻记者应将"尽自己的天职"、"平社会之不平"为己任。他以"铁肩、辣手"为座右铭；他做人行事以高调著称，文字辛辣。讽袁世凯为"猿猴子"，骂段祺瑞"狗屁不通"，斥张作霖是"奉民公敌"……在《京报》元旦特刊上登各路军阀照片并揭露其斑斑劣迹；同时刊出自己的照片，自署"本社社长邵振青"，颇有两阵对垒之势。他挥毫泼墨，指点江山，纵论时局，锋芒逼人；剖析透辟，言行疾利；动人心魄，振聋发聩。他的文章，毛泽东很推重。一九二四年四月二十六日他被独裁者秘密处死，罪名是"勾结赤俄，宣传赤化"。据传临刑时，他向监刑官拱手"诸位免送"，后仰天大笑。时年四十二岁。从黄远生喋血，邵飘萍之殁，以及后来的林白水(1874～1926)亡命，有人说记者历来就是"高危人群"，谅此言不虚。

此外，《申报》还有一群出色记者，继黄、邵后，还有康通一、金华亭(被暗杀)、钱华等，其中蒋介石女婿陆久之也以秘密地下身份，为《申报·自由谈》提供过在日本时的消息报道，他去日前夕到史宅，史送他二百元。

铁肩辣手写春秋

"铁肩担道义，辣手著文章"。

史量才肩之铁，手之辣，我们可以从他操持《申报》二十二年间在重大历史事件关头的表现略知一二。

史是一九一二年接手《申报》的。他深知办报之艰："当局要钳制，国人要非薄"，有一种戴镣铐跳舞的难堪和痛苦。然而他认定"此非寻常业务，是庄严伟大公共之事业，需要极大无畏之精神，抱大牺牲之决心"。《申报》新生之初，有陈景韩、张竹平两员大将鼎助，他无须事必躬亲。然事业蒸蒸日上当口，忽飞来横祸。留聘的原报主席子佩因经济问题（史未及时还款），一纸诉状将史量才告上公堂。席联络《申报》的宿敌《新闻报》汪某，以及当年史在海关、盐政局任上斥责的营私舞弊者虞洽卿等，合伙围剿史量才。他们一伙还聘外籍律师活动至法院，将一普通经济纠纷变成刑事案件，致史量才被刑拘。后由史的老友溥益纱厂老板徐静仁将纱厂作抵押，才将史"智赎出狱"。法院天平失衡，判罚史赔付席二十万五千两银子。一个绝对的天文数字。就在史量才日坐愁城焦头烂额时，天上掉下一块"馅饼"！

一九一五年，袁世凯阴谋复辟帝制。他深知舆论重要，在上海这方宝地，他首选影响力巨大的《申报》。袁派人携十五万巨款游说史量才。史眉都不皱，凛然不为所动，将来人轰出门外。次日，即一九一五年九月三日，在《申报》上将袁这一丑行昭示天下；同时连日刊登梁启超《异者，所谓国体问题者》及他人等数十篇反对袁称帝的评论文字。这是史量才在最高当局与办报原则发生冲突时，第一次无畏地、鲜明地亮出为社会、历史办报的坚定立场。袁世凯一意孤行，八方鼓噪，终于头顶"洪宪皇帝"的顶戴，将一九一六年一月一日改为"洪宪元年"，要求全国报纸以此纪年。史量才不听"招呼"，照例沿用民国年号。上海当局令示：报纸不改年号将"禁止发卖，并没收报纸也"。史量才智慧地用西历纪年，（也有人说只将"洪宪元年"用小号字附后）并在报头刊发警察局的通知。袁世凯倒行逆施天理难容，他只穿了八十三天龙袍，便呜呼哀哉。史量才"逆龙鳞"总算逃过一劫。

再说那场偏颇的官司。史量才不服，"以毒攻毒"，也聘名气更大的英籍名律师麦克劳爵士，唇枪舌剑据理力争，史量才反败为胜，法院最终以改判赔付四万两银子作结。当时购买《申报》是期票形式，这场官司一打，令持期票者们揪心，包括张謇等纷纷收回期票。史量才借此契机，登报声明退还期票独立经营，为他后来的特立独行创造了条件。这真叫塞翁失马，焉知祸福。

史量才骨头硬，气魄大。决定以大手笔的豪情在沪上建一幢世界一流的欧式《申报》大楼，软件、硬件双俱备，跻身世界一流报业之林，从容地与世界报业泰斗对话。他惊人之举的业绩，令英国《每日邮报》创办人、《泰晤士报》主人北岩勋爵、“新闻学之父”、美国密苏里大学新闻学院院长、世界报业大会主席威廉博士等刮目相看。《申报》大厦建成三周年，史量才还意外接到时任美国总统（记者出身）哈定的贺电，称他的事业“能发扬共和之光于中国”。

“不偏不倚，为民喉舌，言论自由”是史量才办报的不懈追求。

当历史翻到一九一九这一页，五四运动发生。敏感的《申报》成了率先并持久报道支持学生运动的大报之一。它这时的评论和由此阐发的价值观念，已鲜明打上自由主义烙印。

五四运动发生三天后，《申报》在时评《解散大学之无识》中愤然写道：“民气当激愤之时，不能保无越分之举，在位者苟能善用其气，而范围之，则国家兴盛之基，即在于此。若欲消灭，不但横溢而愈盛，且于国家本原大有所损焉。此次北京之事，决非发始者之本意，政府中人苟能平心静气以处置之，断不至因一时之激触，而有解散大学以军法处置学生之说。何则？事有轻重，法有界限，不能径情而直行也。苟其不然，后祸尚有穷期哉？政府其深思之。”

翌日，又在《北京之示威与教育》中再次慷慨陈词：“北京政府苟以此示威之举，而摧残教育，是诚政府自杀中国之策。……毁国家之根本，以与一二人报仇泄恨，岂尚得谓有国家观念之政府哉！国人必并弃之矣！”

史量才（左五）和蒋介石（左六）

史量才与蒋介石，一个桀骜不驯，一个拥兵黩武，喻之为“秀才”与“兵”似无不可。他们的对垒，是活生生的一个文化自由战士与独裁者的博弈。

北伐功成天下一统后，蒋介石到上海对报界挺友好，当夜接待记者，还单独接见《申报》，另捐记者会千元。一九三一年十一月八日，蒋介石特招上海工商、银行、报界等各路名流到南京洽谈国是，合影时前排居中者竟是史量才，蒋列于右侧。是蒋礼贤下士，还是“意在史公”？殊不知此前他们已有过激烈交锋。

一九二九年初，史量才秘密购买《新闻报》股权，引起轩然大波，其报幕后操纵者国民党上海市党部，明知买股人是史量才，却指桑骂槐，公告天下：“对该反动分子等反动行为不能容忍，特予警告……若故意违抗，本会自有严厉处置。”其目的担心《新闻报》为好发“异声”的史量才控制。

一九二八年，蒋介石以“取缔反动报纸维护公正舆论”为由，在公共租界大楼设立新闻检查机构。各报须先将稿件送派驻员审查获准后再用。惟《申报》拒绝派员，但仍须送大样给审读机关终审。时有通不过者，上有政策，下有对策，《申报》以开“天窗”处理。新闻检查因审查者多为外行，常闹指鹿为马、穿越时空的常识性笑话，遭报界强烈反对，当局后来只得尺度渐宽；最后由各报互查，三年后即行撤销。

实事求是，史量才办报最初是走“开启民智”、“教育救国”、“实业报国”之路，比较保守，中立。直至“九·一八”事变、“一·二八”淞沪抗战，令他猛醒，真正成为一个要求抗战、反对内战，要求进步的爱国人士。他的“人有人格，国有国格，报有报格”的“三格”思想，在此期间得到充分展现。

“九·一八”事变爆发第二天，《申报》自己就采写四十七条电讯，以《日军大举侵略东三省》为题详细报道事件真相。十二月，全国爱国师生到南京请愿、示威，遭到镇压，《申报》毅然不顾最高当局禁令，二十七日向全国真实报道南京“珍珠桥惨案”，发表时评，旗帜鲜明地支持学生爱国运动。

“一·二八”事变，上海人民万众一心，慷慨解囊，箪食壶浆，以资抗日将士。作为地方名流，史量才与黄炎培、王晓籁等三十二人发起成立“上海市民地方维持会”，史被公推为会长。史量才常对《申报》内部高层人士语重心长地说：“报纸是民众的喉舌，除了特权势力的压迫以外，总要为广大人民说话，才站得住脚。”他在“维持会”成立大会上作掷地有声的即席演讲：“十九路军已奋起抗战，吾人伸头一刀，缩头一刀。我年近花甲，行将就木，他无所求，但愿生前不做亡国奴，死后不做亡国鬼耳！”史量才作为“维持会”会长，他一早到报社处理报社事宜，旋到“维持会”主持会务，发动捐款，组建中国“红十字会”，创立伤病医院、难民所，调剂金融，维持商会，异常忙碌，以至胃病发作，仍抱病工作。这个自发的“市民”组织，在整个淞沪抗战中肩负起国民党地方政府理应负担却被放弃了的职责，史量才的风头一时盖过党国要员。当宋庆龄在杨杏佛陪同下前往史宅与史量才商量十九路军军需吃紧怎么办时，史立即将《申报》购纸备用款十万美元兑成银元捐出，实践他所说“毁家纾难”也不做亡国奴的意愿。《申报》鲜明举起抗日救国大旗，持续牺牲停登文艺栏广告收入，以晨、日、夕一日三刊滚动报道战事动态，连续发表陶行知撰写的《敬告国民》、《国家的军队》等时评，揭露当局的软弱与无能；言辞激烈，令蒋介石如坐针毡。史量才居然敢在邓演达被害之际，义无反顾地刊出宋庆龄的悲情文字《国民党不再是一个革命团体》，剑指蒋介石。面对军警宪特的威吓，他在集各报编者的日报公会会上公开演说：“宋庆龄是国父的夫人，她的宣言为什么不能发表？”还及时向当局发出《为十九路军乞讨》的呼声，出资为地维会出版《救国通讯》……可是，一纸屈辱的“停战协议”，浇灭了淞沪抗战的烈火。史量才大失所望，与国民党离心倾向越发明显，对其安外必先攘内的“剿共”政策和一党专制极为不满。集中表现在一九三二年六月底七月初，《申报》针对蒋的所谓“第四次围剿”发表了三篇时评《论剿匪与造匪》，鲜明地提出反对内战的主张。时评说“举国之匪，皆黑暗政治造成”、“剿匪军队，剿匪其名，剿民其实，兵之扰民，尤甚于匪，民之畏兵，亦甚于匪。杀一贪官污吏，实胜动兵一师剿匪军队；整饬一师军纪，则又胜于动员十万大军。政治不清明，民生不安定……”七月初《申报教育》栏内报道南京中央大学学潮，揭露教育部长原中大校长朱家骅挪用三万救灾款丑闻，锋芒直指蒋介石政权。教育部长朱家骅与上海教育局长潘公展联手向蒋汇报说：“上海报阀史量才利用他的报业权威，勾结上海的一般无聊文人，专做危害党国的事……”连同一些

“欢送”他(按:蒋)“下野”的时评剪报,一并送给蒋介石。蒋勃然大怒,在密告信上批“申报禁止邮递”六个大字。史量才在收到邮局内部职工“史之名”的读者来信始知,上海警察局将大批发往外地的《申报》扣压,于夜间拖到龙华焚烧的事实,愤怒不已。他不惜成本,加印报纸,动员全体员工将报纸打成包裹,邮往各地。史量才明白禁邮要害的所在后,急忙指令《申报》驻南京采访部主任秦墨哂疏通关节。秦利用在蒋介石行营秘书处老同学杨永泰的关系,见到了“领袖”。蒋介石开列三个条件:一撤换总编辑陈彬和设计部主任黄炎培,由张蕴和替代;二不准再登陶行知的文章;三由中宣部派员指导《申报》工作。史量才接秦墨哂电报后,几经考虑后回复:第一、二条可以接受,第三条绝不同意。史量才申辩说《申报》自力更生,向不接受政府津贴,如政府执意派员指导,《申报》宁可停刊。史量才的强硬蒋也有所顾虑,他不敢让影响巨大的老牌《申报》葬送在自己手上而给人口舌,便网开一面,解除了邮递禁令。此停邮历时三十五天,报社损失惨重。

蒋介石惯使两手,一手打一手拉。慑于《申报》在读者中广泛影响,设法笼络史量才,指使国民党上海市党部,向史封官许愿,让史在上海临时参议长和上海复兴委员会中任选一职。史不理睬,或虚以委蛇,或沉默以对。“梁子”已经结下,且越结越深,难以解脱。一九三二年十二月,当宋庆龄、蔡元培、杨杏佛等在上海成立“中国民权保障同盟”时,史量才竭力支持,在中外记者招待会上,史以记者身份作即席演讲,坚决拥护“同盟”提出的保卫人权、保卫出版言论自由等政治主张,强烈谴责政府钳制铰杀言论自由的行径,同时委派记者陈彬和、钱华加入“同盟”,协助撰写文件及报道新闻。《申报》同时参与营救廖承志、罗登贤和余文化的工作。事已如此,史量才已决心与蒋介石决裂。在此前后,社会疯传的“我有百万军队”与“我有百万读者”的段子,版本很多,意思大致相同。黄炎培也有一篇回忆:有一天蒋召史与他去谈话,交谈甚洽。临别时,史量才握着蒋介石的手说:“你手握百万大军,我有申、新两报百万读者,你我合作还有什么问题?”——不论此说准确度如何,可推测,史办报宗旨是要确保其报纸不为任何强权干涉的独立报格。蒋介石立即变了脸色,甚为不悦。杀机已立。黄炎培在剖解史的悲剧时认为:“这位自由主义者在‘领袖’召见时气宇轩昂,睥睨孤傲,颇有孔融冒犯曹瞒之概,而这正是他招致杀身之祸的直接原因。”

史量才追悼会

煮酒谭史,大话《申报》,不能不写《自由谈》。一九三一年后,《申报》增设了许多社会服务机构,设总管理处。史量才有胆识,将被蒋介石通缉逃亡日本,后潜回上海的陶行知藏在自己家中,聘他为《申报》顾问,陶行知建议要切实加强报纸与读者的联系,改革《自由谈》。他在《申报》“自由谈”以不除庭草斋夫笔名写了百余篇文章,宣传民主科学。《自由谈》创办于一九一一年,最初的“自由”是随便谈、率性谈。前几任主编刊发的都是“游戏文章”。周瘦鹃主编时代旨在“鸳鸯蝴蝶”,不在革命。“茶余酒后消遣的趣味主义”,有鸳鸯蝴蝶派的同人刊物性质。一九三二年,史量才锐意改革《自由谈》,聘留洋归来的青年黎烈文(1904～1946)担任第六任主编,要求他不要把《自由谈》办成茶余饭后的消遣录。黎烈文去国六年,文坛人脉仅与郁达夫、叶圣陶、施蛰存有旧谊,邀约他们供稿;郁达夫、茅盾促请鲁迅等加入,这支杂文队伍像滚雪球一样越来越大。影响最大最广泛的当属鲁迅。茅盾在《多事而活跃的岁月·自由谈》中回忆:“在《自由谈》上写的杂文,却是数量最多最集中,影响最广的。而且,在鲁迅的带动下，当时写杂文蔚然成风。”鲁迅发表了百余篇，分别辑在《伪自由书》《准风月谈》和《花边文学》中。鉴于《自由谈》的锋芒，当局登门劝史量才撤换主编，遭史拒绝。他对友人说：“《申报》能有今天的业绩，都靠朋友相助而来，我岂能昧着良心，不讲事实欺骗读者……玉碎我也自愿，苟且取巧我素耻恶！”黎烈文不使史量才为难，自动请辞，后去台湾执教，终老台岛。

蒋介石与史量才的矛盾日深，一句话摆平天下的杜月笙亲自出马，也无济于事。令人觉得颇费解或滑稽的是，前面所提的蒋与史的那张合影，是在一九三二年报纸禁邮事件之前，是蒋介石显示他的大度还是作秀？是礼贤下士套近乎，还是示其威？恐怕一言难尽。学者蔡晓滨指出：“九·一八事变是史量才人生的分水岭，从这一刻开始，他由被动抵制专制、独裁，转向主动倡导民主、救亡、自由、独立的民族意识和民族精神。”人们称史量才办报是“史家办报”，此誉

史量才江宁故居前广场　张昌华摄

不虚。他曾对主编们反复声明，他办报“纯以服务社会为职志，不挟任何主义，亦无任何政治背景”、“非为私而为社会国家树一较有历史之言论机关。”他的办报写史宗旨，为报界树立了一种样式。

学者张育仁对史的评价更为经典。他认为，“史量才不是要做政治秩序的颠覆者，而是与要做政治权威的批评者和政治失范的整饬者。”

秀才遇到兵，倒霉的自然是秀才。一九三四年十一月十三日，秀才史量才倒下了，而他与《申报》的名字镌刻在中国新闻史上，谅谁也不能将其抹去。史量才倒下八十年，尚未纳入主流研究行列，无一本正式的《史量才传》(网上搜索)不免令人纳闷。所幸，二〇一三年三月九日“上海史量才研究专业委员会”成立，大会在其第二故乡松江区泗泾镇史量才故居举行。笔者期望，在结束“单打独斗”、“游兵散将”局面后，能出现一派研究史量才的欣欣向荣的大好局面。

（本文与吴晓梅合作）

王福庵，“山鸡自爱其羽”

西泠印社，中国传统文化一叶最靓丽的名片。一九〇四（光绪甲辰）年创始西湖孤山，她以保存金石研究印学为旨，“人以印集，社因地名”。西泠的史册上除镌着吴昌硕、马衡等社长们的芳名外，叶铭、丁仁、吴隐和王福庵四位创始人当名列其中，垂之久远。

王福庵（1880～1960），我国近现代著名金石文字学家、书法篆刻家。浙江仁和（杭州）人，初名寿祺，后易为禔，号福庵。以号行。七十后自号持默老人。斋名麋研斋。别署颇多，最有趣味的是锄石农、石奴和印佣。佣者，仆也。先生擅书法，尤精篆隶。凡金文、碣、玉箸、秦权、汉碑额无不涉及。小篆结体典雅朴茂，用笔遒劲馨逸，其所篆《说文部目》向为行家肯定，是习秦篆的津梁。他擅以小篆笔法书大篆书体，节涩不滑，刚柔相济，错落有致，别有风韵。其隶书取自汉碑，参以篆笔，故蚕头蓄敛，燕尾不露，外观苍古，内蕴隽秀。他的印学成就与贡献，前贤早有定评：“精熟西泠旧八家，却从秦汉返清华。”（柳北野句）“端容振铎江湖下，砥柱中流一大家。”（沈茹菘句）

王福庵

“印继八家传一脉，书工二篆卓千秋。”（姚羲民句）“并时吴（昌硕）赵（叔孺）能相下，鼎足会分天下三。”（沈禹钟句）誉其为一代宗师是名至实归。

王福庵生于世代诗书之家，祖父王言是嘉庆戊寅举人，其父王同伯是光绪丁丑进士。王福庵幼承家训“十二即解，爱好印章”，以弄翰、奏刀为乐，对金石书刻之好渐入骨髓。光绪晚期他进为秀才，曾任教钱塘学堂即崇文书院。随西学东渐，王福庵亦精算术兼土木工程。一九一三年辞教席，以测绘技术供职铁路局，奔波沪杭、湘鄂间。间或为友人写字治印。毕生六十年的治印生涯，前效八家，后溯秦汉，融通皖浙诸派，于不惑之年铸就自己的风格。他广采百家，篆之印白文醇厚蕴藉，朱文秀逸圆劲，特别是铁钱篆，凝练委婉如洛神临波，嫦娥御风，上世纪二十年代名震京华。

一九二〇年，缘唐醉石之荐，王福庵被北京政府聘为印铸局技正，与唐醉石、冯康侯诸公同供职国民政府印铸局。据资料“中华民国国民政府印”及行政院等五院之印皆为王福庵所篆。王福庵的篆刻一时如日中天，受到名流极大推崇，清室遗老、墨客雅士、学人藏家纷纷乞墨求印，门限为穿。王福庵缘印结交了陈宝琛、宝熙兄弟，溥氏兄弟，陈仲恕、叔通昆仲以及罗振玉、马叔平等名流。溥儒求刻“旧王孙”、“西山逸士”和“腰下宝玦青珊瑚”等。庄慕陵、台静农、魏建功等筹办的“圆台印社”聘其为导师。一九二四年由故宫博物院院长马叔平推荐，为“清室善后委员会”古物陈列所鉴定委员。傅增湘是大藏书家，家藏二十万册典籍，以藏珍本《资治通鉴》、《洪范政鉴》而称“双鉴楼主”。历代藏书家十分讲究藏书印，以工整秀丽为要。傅氏一直未觅到中意治印者，七十衰年最终选定王福庵。时王已定居沪上，两人不熟。傅氏遂写信给沪上老友陈汉第，托陈代求。曰：“弟藏宋本千余卷，专待福公之章已十余年矣！今年垂七十，不可再缓，故特以相烦耳！”言恳辞切，如此求贤，当为印坛佳话。沙孟海在《印学史》中评王刻时有“所作多字词句印和鉴藏印，更见本领”之美誉。专家评论，王氏一生治印万余

“双鉴楼珍藏印”印文

方，皆精美绝伦“无论其先贤或后俊，在此领域能与他比肩者寥寥”。谅此言不虚。

王福庵十分勤奋，矻矻以求。盛年时闻鸡起舞，每日五时起床或挥毫或奏刀。俟上午弟子们来请益时，他已将新作悬于壁上或案头，与众门生品评。一九二五年他不幸手触电扇开关触电卧榻两年。愈后，每伏案即感头晕目眩。之后，每刻印必仰卧于藤榻，左手握石，小手指上悬一小镜，双手擎空操作，边刻边用小镜照示。其时胸间遍布石屑，全不暇顾。因印面向下，刀锋取势颇费工夫。先生嗜烟，无论作书刻印，唇间必含一烟斗，因专心忘情，烟之熄灭与否不计，人称“刀不离手，烟不离口”。他说此举惬意，且有助文思。

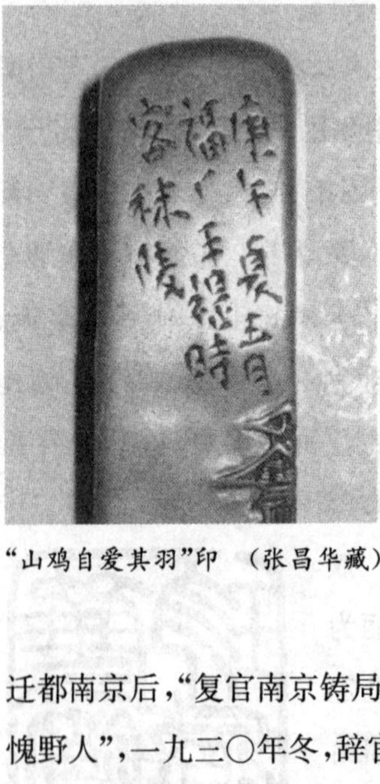
“山鸡自爱其羽”印 （张昌华藏）

王福庵清操自守。作为西泠创始人“四英”之一，他与友人约定终身不任西泠社长，为此作了一方印“但开风气不为师”。他寡言，曾号持默居士，七十岁（一九五〇年）后忽自称“持默老人”。曾篆“不须计较与安排，领取而今现在”（宋朱敦儒《西江月》词句）自勉，显示云舒云卷中的淡定。“面壁思幽古，挑灯总乐今”乎？先生秉其父之风，崇尚闲云野鹤自由生活。其父王同当年曾授刑部闽、赣主事，无意仕途，后辞官归隐，考证校勘金石碑版，并以教书为乐，先后操持杭州书院、紫阳书院。一九二八年王福庵随国民政府迁都南京后，“复官南京铸局技正 ”，但他已倦仕游生活，自刻“苦被微官缚，低头愧野人”，一九三〇年冬，辞官携眷赴沪寓四明村，以鬻印为生，自食其力，“不使孽泉”。曾取香山句“秋月春风等闲度”入印，边款跋曰：“余股官白下，非我之志，年复一年，若被束缚，真如浔阳儿女，老大徒伤，因作此印以志恨。”农夫土中刨食，石佣石中求生，他与农夫无二。自言谓“青鞋布袜从此始”。上海沦陷时，汪精卫派人邀王福庵去南京汪逆伪政府任职。王严词拒绝，并刻“山鸡自爱其羽”一印以表心迹，曾轰动一时。此后，自耕自足，自娱自乐。不看天颜，不观人色，全身心投身于艺事。遂印艺日臻炉火纯青。

作为一代宗师，王福庵德艺双馨，对前辈谦虚敬重，于后学诲教不倦。王福庵尚未弱冠时与长他十四岁的金石家钟以敬结金石忘年交。钟氏时被推为浙派巨擘，对王嘉惠甚多，刻印逾百钮。钟因穷困潦倒，早逝，王痛惜不已。在钟为其篆“福庵书翰”印侧，王福庵补款曰：“越生社兄为刻此印未及署款已归道山，丁巳冬日福庵补记，时距公殁正一祺矣。”王福庵成名后，对晚辈后学奖掖提携甚多，不独悉心传艺，即对生活困苦者，亦竭力相助。弟子中韩登安、吴朴堂等，尤以顿立夫沾惠为最，堪足为近现代印坛第一佳话。

“山鸡自爱其羽”印文

顿立夫(1908～1988)，原名群，祖籍山东，早年丧父，随母流寓北京，少时家贫，在某王府充役。王福庵任印铸局技正时，雇立夫为人力车夫兼杂役。福庵先生居家治印，立夫喜侍奉在侧观摩，渐萌兴趣，福庵弃纸篓废纸片、修印钤稿，立夫悄悄悉心收藏，暗自揣摩、研习。有时向先生讨教印艺，但不敢言学印。一九三〇年，王福庵在金陵决意退职赴沪，拟辞立夫。顿立夫恳求留用。福庵说“上海没有人力车，你去何用?”顿立夫始说出想学治印的心事。福庵心慈，知孺子可教，不忍拒。遂允同去沪并收为徒。王福庵以弟子视立夫，先授以六书之要，后传其运笔奏刀秘笈，耳提面命。立夫聪慧，又极勤奋刻苦，印艺层楼日上。俟顿立夫印艺出手不凡时，王福庵大力为其揄扬。立夫声名鹊起，王又助其独立门户，并为亲撰润格。一九三八年顿立夫首部印稿手拓面世，王福庵亲自题端，由雪鸿馆刊行。立夫印艺深获张大千欣赏，大千一次求印十数方，弟子有镌印者，悉为推荐。一九三九年大千将还巴蜀，绘《松荫高士图》以赠，并跋云：“立夫为予治印十数方，直追元人，明秀当令文(彭)何(震)失色也!”如此推许，顿立夫大名遂不胫而走。

一九四九年，北京中央政府各机构须治印。陈叔通受周恩来总理委托，至沪物色人选。陈属意王福庵，驾轻就熟北行指导。自谓“持默老人”王福庵转荐顿立夫，谓立夫已得衣钵之传，足以当之。顿立夫重返京华，传承恩师旧业，服务社会。

一九四九年后，王福庵先后被聘为浙江文史馆馆员、上海画院画师，并任中国金石篆刻研究社筹委会主任。为弘扬书艺印学这一中华国粹，让后学有资可鉴，一九五九年先生亲捧他的《福厂印稿》七十八册，内存印八千八百七十五方捐赠上海图书馆。馆长顾廷龙对先生嘉惠后学义举，感慨万端，称可敬可佩。嗣后先生又将毕生所篆精品印三百余方捐上海博物馆。一九六〇年先生作灵山之归，其夫人遵其遗愿将其书、画、印、谱、扇面共二千七百六十八件捐给他梦魂萦绕的西泠印社。

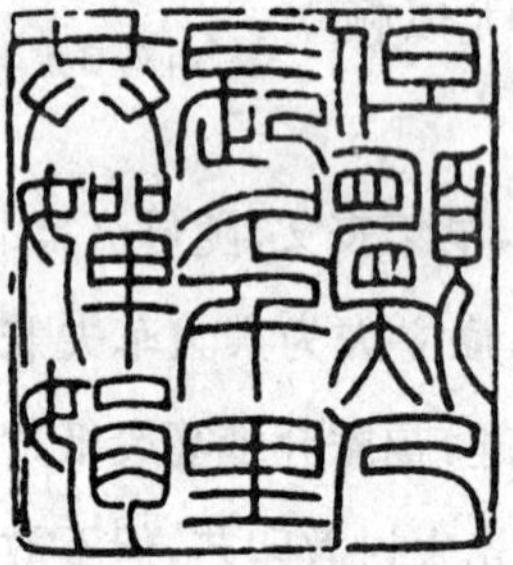

“但愿人长久、千里共婵娟”印 （张昌华藏）

王福庵自篆收藏印 （董桥藏）

王福庵有《说文部属检异》一卷、《麋研斋作篆通假》十卷；《福庵藏印》十六卷等，以及自刻印稿、印存多卷传世，津梁后学，造福中华。

马君武，“一代宗师”

马君武先生头上的光环夺目：辛亥革命元老，中华民国政府首任秘书长，著名学者，中国留德工学博士第一人，著名教育家。他也是书法家、翻译家和诗人。说到诗，那首风靡一时的《哀沈阳》（二首）一度沦为他人的谈资，一阕缠绵哀婉的《扫妾墓》，迄今落为后世的笑柄。然而，谁也不能否认，他是“一代宗师”（周恩来语）。

家事：“鸡唱午”、“鸟鸣春”

马君武（1881～1940），原名道凝，字厚山。广西桂林人，祖籍湖北蒲圻县（今赤壁市）。其曾祖马利文，道光进士，曾任福建道监察御史，因参劾鸦片战争中误国大臣耆善，开罪满族权贵而被贬谪。家境随之日渐式微，及至君武父辈已为寻常人家，父衡臣充县衙幕宾。马君武六岁入蒙馆读书，聪颖过人。塾师汤荫翘命他做对子，先生出上联“鸡唱午”，马君武续下联“鸟鸣春”。先生激赏，用红笔在下联

马君武与孙中山（右）

画双红圈以资鼓励，并对君武父亲说："这个孩子你得好好教养，将来必成大器。"衡臣觉得孺子可教，在读书做人上以身示范。天有不测，君武九岁，父丧九泉。君武是长子，下有弟妹。一家五口全凭母亲一双手帮裁缝店翘边，为爆竹店插爆竹引子挣钱糊口。一家人常年围着"一碟臭咸菜"度日。母亲通文墨，对马君武的功课要求极严，每晚亲督君武的功课，稍有懈怠，戒尺以对。君武十二岁时寄居在陆以县做幕僚的舅舅家读书。舅舅除教习《诗经》之外，还令他读《雍正上论》、《大清律例》，见他的字不错，叫他抄写批词和公文。舅舅认为，马君武没有广西籍贯，不能参加科举，不如授以"刑钱"之学（县衙内小职员），将来能混口饭吃。可马君武对此毫无兴趣，伺舅舅不在家，登山越岭，捉蟋蟀，私采邻家的李子，一次偷吃有毒的野果差点丧命，还结交一伙同龄少年，打"天九"，斗"纸牌"，以赌博为乐。舅舅训斥，君武当耳边风。舅舅一气之下，将他遣回桂林。母亲耳闻君武种种劣迹，怒不可遏，一顿痛打。君武幡然悔悟，任打任罚，决心今后要"拼命读书，立志做人"。

马君武后来被送到一位姓陈的表舅家。陈家藏书丰富，他发愤苦读，对《史记》类史书特别钟情。十三四岁已读完《纲鉴易知录》、《圣武记》等，能写像样的八股文章和试帖诗。陈家藏有《快雪堂法帖》，他整日临摹，没有足够的纸墨，他就用笔蘸水在芭蕉叶上或阶砖上习字，终日手不离卷，笔不停挥，学问大有长进。一八九九年马君武考入原台湾巡抚唐景崧在广西创办的体用学堂，他的刻苦，深受校长唐景崧的垂青。君武这时开始接受西方科学文化，他已渐悟"非精研西学，不足以至中国于富强"的道理。他为

马君武（左）与蔡元培（中）、胡适在上海

自律和防人干扰，读书时自己把房门反锁，往往读至深夜，无奈此时学校因学潮停办。母亲把他带到广州入法国教会办的丕崇书院学法语。因家里太穷，为每月缴三元钱学费，马君武常以烂芭蕉充饥，没钱买灯油，常在路灯下温习功课。为了深造，一九〇一年他考入法国人在上海办的震旦学院专攻法语。君武这只小鸟渐离母翼，尝试自飞。他一边学习法语一边译书，以稿费补贴学杂费用。但收入有限，仍不能维持学业，不得不暂回广州，在一家学校教英文。时值国家多难，八国联军攻占北京。社会贤达呼吁“学习日本，走明治维新之路”。马君武始有探寻救国之路，幸得到友人刘子瞻（东莞县令）的四十块大洋资助，东渡日本。在日本横滨他给鼓吹革命的《新民丛报》投稿，以谋自给。此时他由日本志士宫崎民藏介绍谒见孙中山先生。

一九〇七年马君武转往德国柏林工业大学，攻读冶金专业。一九一一年获博士学位，成为我国留德学生获工科博士第一人。是年十月武昌起义，马君武毅然回国，投身革命。

一九一三年袁世凯准备称帝，捕杀国民党人。马君武遭通缉，他再次“亡命异域”，到德国入柏林大学攻读农科。其学费靠译述稿费支撑，当时中华书局总经理陆费逵与马君武签约，马每月为书局译四万字，书局提供二百元，为期三年。其间，马君武孤军奋战，以一人之力，日以继夜，废寝忘食，在两年内编辑完成我国第一部《德华字典》……

马君武这只先天不足的小鸟，通过后天的努力，经一番社会风雨的历练，羽翼渐丰，开始鸣叫生命的春天。

国事：“同盟会章程是我起草的”

马君武长广西大学时，国民党曾叫他填一份登记表，表内有“何时入党”一栏。他信手写上“同盟会章程是我起草的”。此话有点滑稽、玩世的味道，但确凿。据《马君武年谱简编》（曾德珪编）载：“一九〇五年七月三〇日，参加在东京召开而由孙中山先生主持的中国同盟会筹备会议。马君武与黄兴、宋教仁等六

马君武（中左二）和李四光（中右二）、马保之

人被选出起草中国同盟会章程。”时年二十五岁。

马君武早年受维新思想熏陶深巨，醉心于康有为的“大同”之学。十七岁时更名为马同，以明志。百日维新失败，康、梁流亡国外。一九〇〇年马君武到新加坡，执弟子礼拜见康有为，寻求救国之计。“康氏以八桂起事重任委君武，资遣回桂，待机大举”。

一九〇二年，马君武与章太炎、冯自由等拟在东京举行“支那亡国二百四十周年纪念会”，缅明抗清，鼓吹革命。日本政府徇清驻日公使之请禁止集会，被迫作罢。

一九〇三年春节元日，千余名中国留日学生在东京举行团拜会。会上马君武与刘成禺相继发表演说，言辞慷慨激昂，历数清廷罪恶历史，抨击清政府，呼吁“不推翻清政府的反动统治，就不能挽救中国的危亡”。案发后，清廷通缉马、刘。刘在武昌的家产被查没。马因是自费留学生，查不到其档案侥幸免难。是年末，他由宫崎民藏介绍结识孙中山后，对革命的认识顿有提高。马君武说：“康、梁是过去人物；孙公者，则未来人物也。”遂毕生追随。后孙中山以兴中会为中心，联合光复会、华兴会等筹组“同盟会”，马君武被推为同盟会章程起草人。由于日政府压制中国留学生的排满活动，马君武回国。秋瑾也在此时回国。马君武到上海创办中国公学。郑孝胥时为校长，马为总教习（教务长）。因马君武在中国公学仍高调倡言革命，被两江总督端方侦知，清廷欲拘捕。传他为友人陆繁霜（女）掩护，脱险。旋再度赴德国留学。

辛亥革命爆发，马君武积极为《民立报》撰写社论、杂谈，为共和国建立做舆论准备。其文《记孙文之最近运动及其人之价值》影响甚大，为推举孙中山为临时政府总统奠定了舆论基础。一九一二年元旦，孙中山就任临时政府大总统。马君武被任命实业部次长。同盟会改为国民党时，马君武为参议。时至一九二一年“中华民国政府”在广州成立，孙中山为“非常大总统”，任命马君武为总统府秘书长。孙中山对马君武十分器重，不久又任马为广西省省长。孙中山亲率胡汉民到南宁，在公众大会上说：“我派了一位不贪财，也不怕死，既能文又能建设的世界有名的工学博士来做你们的省长。”当时孙中山令陈炯明、马君武主理广西军政。由陈致力收编散居各地的桂军残部，马主政行政建设。一介书生马君武，抱着“知其不可为而为之”的态度赴桂就职。就任之初，他雄心勃勃，很想造福桑梓。他励精图治，制定了一套禁烟、禁毒、整顿金融、发展事业、兴办教育、建立新军计划。新旧交替，五色杂陈，各种新旧势力盘根错节，致使政令难行。是年冬，马君武委任贵县人梁世昌为贵县县长，梁衔命上任。因此事没有事先征得粤军驻贵的游击司令杨坤如的同意，杨暴跳如雷，以武力拒绝，声言“马君武省长算是什么东西”……马一时举步维艰。省政府命令，一出南宁犹如废纸。马君武自己没有武力，自知在南宁难以立足，遂以巡视为名，打算将省长公署迁往梧州，靠近孙中山以便联络并得到支持。他携眷属、职员及卫队五百人及数万元现款乘一电船（小火轮）东下。船至贵县有人劝告：“军人嚣张，武人横行，作为一名文弱书生在这局面中不可能起什么作用。”马君武答：“革命党人，死且不避，世固有知其不可为而为者。”电船夜间行驶中，果遭李宗仁部下李石愚袭击，卫队死十余人，伤三十余人，余全被缴械，损失惨重。马君武的如夫人文蟾为掩护丈夫而中弹身亡……

校事：“欲救尔祖国亡，尔先自强”

一九二一年，孙中山委任马君武为广西省省长。他在省长任上只干了十个月，军阀枭雄称霸，他只能黯然退位。他想起老友陆费逵的忠告：“你是文学家、工业家，我国应该做的事多得很，我主张本位救国。你的脾气，不宜做政治生活，何不去做本行的事业呢?”他一度退居上海宝山，置地二十亩，种水稻、植果树、养蜜蜂。躬耕自娱。朋友们说他是真隐士，“达则兼济天下，穷则是独善其身”。

马君武没有停鞭。在探索革命、实业救国(曾办农场、工厂)都遭失败后，他改弦易辙致力于教育救国。从此“中国政坛少了一个勇猛的政客，却多了一位学界宗师”。几度春秋，几度磨难。他先后(交叉)长上海中国公学、大夏大学、北京工业大学、广西大学和广州培桂中学。

一九〇六年他就出任中国公学总教习(教务长)，亲撰校歌，以宣传他的办学宗旨：

众学生，勿徬徨。
以尔身，为太阳。
照尔祖国以尔光。
尔一身，先自强。
修道德，为坚垒。
求知识，为快枪。
……
欲救尔祖国亡，尔先自强！

在中国公学，他为国家培养一批非凡人才、革命志士。计有胡适、任鸿隽、朱经农、蒋翊武、杨杏佛以及吴健雄等。

当时的中国公学成为革命者的避难所。章太炎、戴天仇、陈其美等都曾匿难于此。马君武聘罗隆基等进步教授来校执教；他反对纪念周、升旗等一套形式化章程。为此，他曾专到南京找蒋介石要求取消纪念周和党义课，遭蒋冷脸严拒。蒋要他解聘进步教授，马也一口回绝。因他倡言革命声烈，当局罗列罪名欲加其罪，闻讯后他愤而出国。果然，在其出国三日后，国民党上海第八区执委通告指责他不设党义课、污蔑本党总理、不挂党国国旗、包庇反动分子、反对以党治国等五大“罪状”。一九二七年马君武受命筹办广西大学。一九二八年中国公学改由胡适任校长。时局层变不穷，一九三〇年胡适辞职，由蔡元培等坚请，马君武改任（复出）中国公学校长。他在大会上为己正名，公然说：“国家之败由官邪也，官之失德由宠赂也。有人诬我‘包庇反动’图谋不轨，真是滑天下之大稽。想当年，我追随孙总理中山先生首倡革命之时，他们父母的精子和卵子还没结合，他们还没有形成人的胚胎呢！”他的辩白和幽默赢得学生的掌声，但又引起当局的不满。不久，他又被撵下台去。学生们为其鸣不平，在致于右任的公开信中诘问当局：“举目全国各大学校长，其肯矢忠矢信任劳任怨若马校长果有几人？”据史料，马君武勤政廉洁，当时月俸仅二百元，此数却在学校教职员之下。

一九二四年马君武出任大夏大学校长时，草创之初，学校以弄堂房子为校舍，校长室设在亭子间。校舍破旧，修建要的资金迟迟不到位，马君武只好用自家的地契向兴业银行抵押，才得以与建筑商签约。他凭自己的人脉请了何炳松、朱经农等一批名教授，还礼聘郭沫若、田汉来校上课。他办学注重向学生灌输民主爱国思想和西方先进的科学文化。次年他长北京工业大学，一身正气。汪精卫到学校讲演，他托人招待，自己避而不见。当时无论南花园右派或翠花胡同新成立的所谓左派党部，他概不参加，埋首教育。“三·一八”惨案发生，工大有三名学生遇难，他亲自奔走，觅回尸体，亲临主祭。不久，他任司法总长。数月后，段祺瑞政府又改任他为教育总长。马君武接受北工大学生代表的建言，不当段祺瑞的马前卒，拒任，辞职后回上海大夏大学。

马君武曾两度任广西大学校长，一为一九二八年广西大学创立之初，再为一九三九年改为国立大学时。广西大学的校歌也出自他的手笔：“保卫中华，发达广西，是我们立校的本意；为国牺牲，为民工作，是我们求学的目的。”他号召全校师生“一致团结起来，拿书本，拿锄头，拿枪炮去救国。”

广西大学筹建时，马君武对“一木一石，一瓦一椽，一几一席，悉心擘划，手胼足胝，虽在疾中，未尝少息。”（居正撰碑铭）学校设在梧州，地处偏远，他仍设法聘名教授来校执教，竟以月薪八百港币请一德国学者荻卡(音译)，以壮阵容。为培养师资，他选派优秀教师出国深造。对学生他向注重德智并重。学生向他索字，他常写“旧学商量加邃密；新知涵养转深沉”“守身严似犬防贼，治学勤如蜂筑巢”以勉励。他设立“苦学基金”、“奖学金”，对贫困学生提供勤工俭学机会，放宽奖学金尺度。他在全校大会上说：“现在政府官员，一有公款过手，哪个不起歹心？鸡蛋过手轻三分，真可恨！”“国民党官府人员贪污一笔就成几百万，我们即使在发放助学金方面手松一些，多给学生又何妨？”化学系学生秦道坚研究出用稻草制造无烟火药，他亲自出马代向政府申请专利，学校还专制一枚金质奖章给秦道坚以资鼓励。学生们称马君武“敬畏可亲”、“爱生如子”，固有“北蔡南马”之誉。

马君武的高风亮节，澡雪精神，被传为美谈。一九三四年访欧，马君武向德国商行订购一批贵重教学仪器，代理人李某问他要多少回扣，他大怒。最后令商家将回扣款全部纳入，多买了几件仪器。粤桂军阀战争时，学校将一些贵重物品存美国人办的梧州思达医院。归还时，美方匿藏了四只白金锅，狡赖不还。马君武派员清查，据实力辟其诈，悉数追回。任内，他不满白崇禧一些军阀作风。当时白大搞“三自”(自卫、自治、自给)、“三寓”(寓兵于团，寓将于学，寓征于募)，马不时讥讽。一次会上白崇禧大吹“三自”、“三寓”，马君武当即反唇相讥：“广西无棉花，拿什么织布，没有布，拿什么自给？”白怀恨在心，竭力排挤，要拔掉这根眼中钉。白崇禧先采取对学生突击考试来考核校长政绩为由头下手，结果学生们考得不错。马也坚不辞职。白又生一计，改组学校，将学校分若干学院消减马的影响力。在军人的屋檐下，马君武只要求改任理工学院院长，白崇禧仍不同意。马君武悲伤地说：“我一生做了许多工作，都是别人求我做的，只有办西大才是我求别人的。创办时，我求黄绍竑多拨经费，一九三一年请李宗仁恢复西大。现在又向李、白请求，我可以不当西大校长，当一个理工学院院长也行，但他们不答应。”马君武只好在一九三六年七月沉痛离开。其实马君武为西大的生存、发展，曾屈身求过张学良。他知道张学良资助过南开。他叩访张学良，张拒见。他在张府门前整整守了一夜，次日张始接见。无果。马君武还到新加坡为西大募捐……

一九三九年西大改为国立。蒋介石任命他重振广西大学河山。当时教授奇缺，他令由金陵大学毕业的儿子保之回西大教书。为他定的月薪一百二十元，较同资历外省籍者少四十元。儿子不满，马君武晓以大义开导他，广西罗致人才不易，应优惠外省人才，本籍人士应多尽义务。

马君武的后半生一直躬耕教坛，宵旰勤劳，带病工作。马君武当初回桂林创办广西大学时，师生赞扬他是“老马识途”，第二次回桂复办时，大家誉他“马到成功”。他去世前一周，老友李四光拜访，他以土烟和六洞茶招待。他说：“到广西大学一年，我的胃病发了三次，每次痛得要死……”此后不几日马君武遂归道山。家人清点他的遗产，只有六千港币。

马首是瞻。

轶事：“放狗屁！打狗！打狗！”

自古名士多风流。马君武也不能免俗，他一生有若干个红粉知己。一九〇一年在广州，拜倒在簪缨名门才女张竹君的石榴裙下，张小姐一心致力于女权运动，终身未嫁，空捧一枚无花果。在日留学岁月，马君武以卖文为生，向《新民丛报》投稿，被“羽衣女士”捉弄得神魂颠倒，原来是朋友们导演的一场恶作剧，徒费心血；后有“雄心渐与年俱老，买得青山伴汝埋”的如夫人彭文蟾，亡于非命；以及“百看不厌古时装，刚健婀娜两擅长”的女伶小金凤。这些故事多为“儿女情长”，众人已耳熟。笔者今述几则另类轶事，彰显这位“铁血博士”英雄气概。

马君武的脾气大，喜欢骂人，一骂就狗血喷头，甚而动武。

一九〇三年元旦在日本东京留学生团拜会上，自费生马君武跳上讲坛，指着在场的清廷驻日公使蔡钧的鼻子大骂：“一群废物，一帮蛀虫，贪污成风，贿赂公行，割地赔款，丧尽廉耻……”骂得蔡钧恼羞成怒，捉其问官；一九一二年袁世凯暗中制造“兵变”，作为反对南下的借口，孙中山主持会议研究对策时，宋教仁提出实行责任内阁制，可限袁的权力，如讨伐势必引起战争。马君武指责宋教仁为袁做说客，“出卖革命”，一拳打伤宋教仁的左眼，以致孙中山责令他当场赔礼道歉。同年在国会讨论对德关系问题上，李肇甫赞成绝交。马君武大骂“放狗屁”，并持杖击李，连声说“打狗！打狗！”当时康有为、梁启超也极力鼓吹对德宣战，马君武也置师道不顾，公然提出质问书，“批评其干涉外交，请政府注意”。

为广西大学，他骂过白崇禧。为革命，他痛斥过汪精卫：“卑鄙污浊，虚伪可耻。”一九四〇年二月，汪在南京粉墨登场，成立伪组织，马君武伸大义，秉正义，作诗声讨汪逆。诗曰：

潜身辞汉阙，矢志嫁东胡。
脉脉争新宠，申申詈故夫。
赏钱妃子笑，赐浴侍儿扶。
齐楚承恩泽，今人总不如。

真是入木三分。对不积极抗日者，马君武一个也不放过。他曾以诗讥讽张学良，即流传久远、影响极大的《哀沈阳》二首，仿李义山北齐体。诗曰：

赵四风流朱五狂，
翩翩蝴蝶最当行，
温柔乡是英雄冢，
哪管东师入沈阳。

告急军书夜半来，

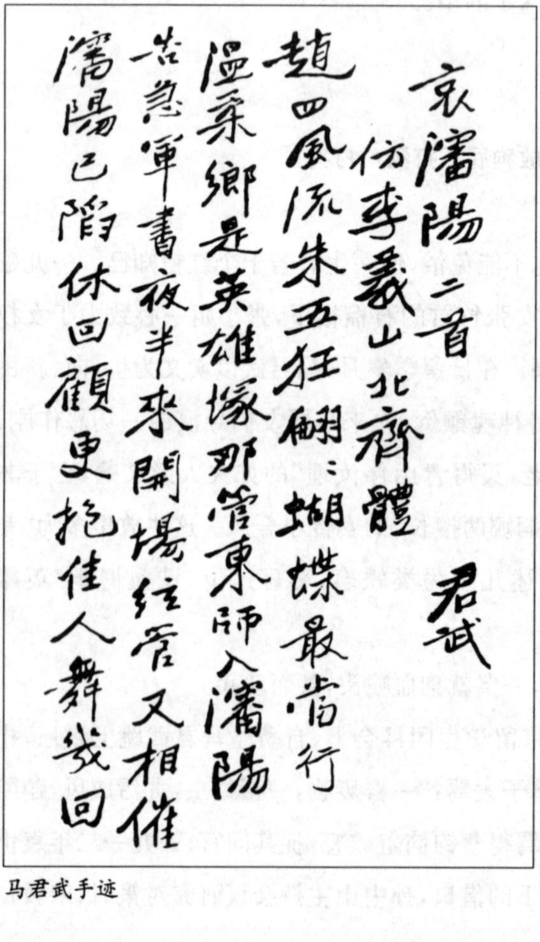

马君武手迹

开场弦管又相催，
沈阳已陷休回顾，
更抱佳人舞几回。

此诗一出，全国哗然。张学良一时成众矢之的。“西安事变”后，马君武在桂林乐群社的茶话会上，曾公开就此事向张学良及有关人士表示歉意。此首诗为马君武据上海某小报一条不确实消息而引发创作的。张学良一辈子耿耿于怀，晚年在接受唐德刚采访时说：“我最恨马君武的那句诗了，就是‘赵四风流朱五狂’……我跟她（朱五）不仅没有任何关系，我都没有跟她开过一句玩笑。”

胡蝶一九七二年访问台湾，与媒体见面首先辩诬。说“九·一八”事变，她正随《啼笑姻缘》剧组赶赴北平拍外景，火车堵在天津。另一当事人朱五，在她八十岁时曾对文史作家高阳说过，她曾在一次应酬酒会上遇到马君武，端着酒杯向他敬酒：“您是马博士马君武不是，我就是朱五。”马君武尴尬之极，席未终即离去。马君武开错了炮。但那诗之所以流传广远，或正是马君武出于对不抵抗将军的义愤，贴切了国人抗战的心理。后人不妨当“另类”的抗日趣话来读。

“马君武像一位幽默大师，当他轻松的时候，谈笑风生，诙谐不绝；当他严肃的时候，那份幽默感就消失到九霄云外去了。”他的老友黄炎培如是说。

一九三六年中国六个学术团体聚南宁开联合会，马君武祝酒时妙语如珠：“明天诸位乘轮溯西江而上，此江水浑浊如泥浆，不过请各位注意，此水来自邻省”，话音一落，引起哄堂大笑。马君武晃了晃手中的酒杯又说：“各位开会完毕，欢迎到桂林玩，‘桂林山水甲天下’，诸位是否受宋代诗人范成大之骗，广西全不负责。”此话一出，顿时把酒会推向高潮。

次年的孔子诞辰日，马君武对桂林全市中小学教员演讲，对广西的文化教育深表忧患，开首几句很痛心，但很幽默：“广西好像一张桌子，四大建设——经济、政治、军事、文化——好似桌子的四只脚，有三只很肥大，一只很短小，若不想办法，一撞就会倒。”有人评论，称他的此说与梁漱溟的“铁钩豆腐”说同样令人痛心、心折。

马君武在广西大学任内，当局热衷搞军训。军事教官每天给新生举行升降旗仪式、唱国歌什么的，很烦。学生不认真做，有一平时就很跋扈的教官，向马君武递辞呈以抗议。马君武在大会上首先让那教官读辞职书，毕。马君武对学生们说："军事教官吃饱了饭，职务就是每天带你们升降旗的，你们体谅他，就唱国歌，你们能唱的，就跟着唱吧。"学生报以掌声。马君武转而对教官们说："他们不唱，你们也不唱吗？你们有几十个人也可以唱嘛，你们成百人唱起来不也成唱歌队吗？"说得教官们自己也窃笑。马君武转而又对那要辞职教官说："把辞职信拿回去吧，我已交代学生们帮你唱了。算是我帮你处理了。"

书法家的马君武的字有个性，瘦挺苍劲，自创一格，深受欢迎。一九三八年，广西美术会组织义卖，筹款慰劳前方将士。马一气写了三十多幅。因求墨人多，有的墨迹未干就拿走了。有些人要加盖印章。马说："我写的字从不盖章，盖图章的，是假的。"非故弄玄虚，确实如此。后来他请林半觉为他治了两方印"马君武"、"桂林人"。林半觉送印时马君武哈哈大笑："从今以后我写的字，无图章的，又是假的了。"当白崇禧送来文房四宝求字时，他拂袖不书。

马君武性耿直，烦矫情。在大夏大学任内，一国学专家要出版一本题为《待焚诗稿》的诗集，托人请马题签。马君武翻了翻诗稿，见满纸一堆陈腔烂调，他对来者说："什么'待焚诗稿'，焚了去吧，无病呻吟，颓丧！"不客气地拒绝了。

马君武的廉、俭名闻遐迩。他喜欢剃光头，终年一袭长袍，一双布鞋，不修边幅。不故作潇洒，一任自然。

据他的医生梁治群说："他的生活是十分朴素的，穿的蓝布衣布鞋，有些衣服还有补丁；吃的也十分省俭，多是一荤一素，小小的一条鱼肉也分两天吃。在当时的社会风气中，特别是国民党上层社会中能保持这种朴素的作风，真是十分可贵的。"省长任上，接待法国驻龙川领事，马只饷以清茶一杯，连香烟也不备，反赢得对方的尊敬。他素不喜请客。六十寿辰，广西大学不少同事、同学到他家去祝贺，谈到中午还不想离开。马君武觉得盛情难却，一人招待一碗面完事。在总统府任秘书长时，胡汉民开过他一次玩笑。胡私自假马君武的名义，向相关友人发请柬，告×月×日在×酒店备薄酒餐叙。同时胡汉民又以自己的名义给马君武发请帖。席终，客人都向马君武道谢，弄得他丈二和尚摸不着头脑，最后才知是胡汉民的恶作剧，敲了他一记竹杠。马君武在北京政府任司法总长期间，住的是养蜂夹道一所小四合院，家中陈设极简单。秘书廖仲翼鸣不平，寓所距司法部远，房子又矮小，问何不改善一下？马君武说："不必。住这个房子我觉得很好，出门就是养蜂场，我时常可以去看，我打算学养蜂啦！"那时他配有专车，但不常坐，倒喜雇人力车，甚而有时步行。秘书笑话他："你是嫌汽车跑得太快？"马君武说："步行可以运动身体。没有急事，何必坐汽车，浪费国家汽油。"故有人说他是"平民总长"。

马君武注重对子女教育。为儿子保之上哪所中学合适，他特地征询胡适意见，还为此举家搬迁。保之爱踢足球，他就培养他练字，"以静制动"。他主张科学救国、科学强国，也希望儿子学理工。保之在金陵大学农学院毕业后，他令其回广西为桑梓服务，到广西大学执教。保之后来去美国康奈尔大学深造，不靠父亲资助，全凭自己半工半读获博士学位。马君武的家乡观念很重，连儿子娶媳妇，都希望找一个广西籍的。保之结婚费用全部自理，马君武只掏一百元给儿媳作"见面礼"，并另撰一联以贺："诚实为做人初基，勤俭乃立家之本。"保之后来任台湾大学农学院院长，晚年回故里广西定居，仍遵其父"为广西培养人才"

马君武之墓

蒋介石、宋美龄与马保之(中)

的遗训,以九十高龄风尘仆仆于桂林、南宁之间,坚持为广西师大和广西大学农学院培养研究生,完全是义务的,直至逝世。次子马卫之曾留学德国,先学医,后改学音乐,一九四六年在广西创办艺专(今广西艺术学院)任校长,后执教于武汉大学。

马家父子毕生倾心广西的教育事业。马保之(1907～2004)、马卫之(1912～2010)兄弟先后在广西大学、广西师大和桂林君武小学设立了"马君武校长与夫人马周素芳奖学金"、"马保之奖学金"、"马蓝乾碧女士奖学金"。从一九九一年开始,马保之和子女为广西教育捐资一百七十万元。二〇〇二年,马保之又引进新加坡支显宗基金会一千五百一十四万元,在广西农村新建教学楼、宿舍七十六栋。二〇〇四年马保之去世时,还给子女留下遗嘱,要求他们捐助广西大学、广西师大和广西柳州畜牧兽医学校三十名贫困生十年……

马君武晚年住宅相当简陋。当时广西省政府为酬劳他对国家的贡献,在桂林杉湖畔建一栋两层的小楼送他。大门上刻有"以彰显德"横匾,马君武自撰自书门联:"种树如培佳子弟,卜居临对好湖山。"他在门前栽了些果树,还养了几箱蜜蜂，自理果树，自收蜂蜜，自得其乐。

一九四〇年六月十日，广西大学师生为他祝寿，他很激动。他在致词中一再强调此生要："堂堂正正做人，清清白白做事。"孰料，八月一日骤然去世。

马君武逝世后，周恩来、朱德、彭德怀、冯玉祥、李济深、柳亚子、叶恭绰等一大批社会贤达、名流雅士都送了挽联。冯玉祥挽联写的是："大雅云亡，击铎临风思国士；寇氛日亟，挥戈洒泪哭先生。"

周恩来写的是："一代宗师"。

（感谢马桂芬女士接受我的采访并提供大量文献资料及图片）

乱谭阎锡山

阎锡山故居，本不在我们的旅程表中，可导游说到山西不看阎锡山旧居，就等于到五台山不拜佛，到平遥不看旧县衙，到灵石不看王家大院一样遗憾；于是来了个“补课”。

阎锡山于一九一三年在河边村建“都督府”。一九二五年修建西汇别墅，费时十年，一九三八年毁于日本人战火。现存的故居解放后为荣军疗养院等单位征用，文革中曾遭到破坏。但主体建筑保存完好。一九八六年山西省政府将其列为省级重点文物保护单位，民俗馆设在其内。现对外开放，成为晋北著名旅游景点。

阎锡山故居规模之宏大，气势之恢宏，建筑之豪华令人瞠目结舌。一进大门的影壁上有孙中山为阎氏题写的“博爱”两个大字。东西两座花园相对，建筑全为中国传统宫殿式，飞檐抱厦，雕梁画栋。“五脊六兽排山瓦，挑檐插飞挂铁马。立栏卧栏露明柱，鼓墩岩石接出厦。”牌楼、影壁、假山、喷水池一应俱有。数百间楼宇、房舍连成一片，门门相通，暗道互接，幽静而神秘。前后院过道及东厅顶部建筑都是罗马教堂式尖顶前脸，墙壁上砖刻图案人物、花卉、绶带栩栩如生，既富当地

孙中山为阎锡山题字

传统风格又有外国情调。特别值得一提的是“得一楼”(袁世凯称帝时封阎为“一等侯”)高三层,青瓦红壁,飞檐凌空,登临鸟瞰,四周景色尽收眼底。据《阎府史话》介绍,当年府内设施配套,铺有现代化暖气管道,双层电影放映厅等,豪华到独资建设的小发电厂。为府第安全,四周筑有十八座碉堡,戒备森严。游人纷纷啧言:这岂是一座官府,分明是活脱脱的“二皇宫”。

对山西人来说,阎锡山与老陈醋一样,家喻户晓。

阎锡山(1883～1960),山西五台(今定襄)人,早年读过私塾,受到较好的启蒙教育。其父阎书堂曾在五台县城开爿小钱铺,在放高利贷同时兼做金融上买空卖空投机生意,业绩不俗。阎锡山在钱铺做小伙计。一九〇〇年阎书堂下错大赌注,家产赔光还欠了一屁股债,不得不逃回老家躲了起来。数九寒天,十八岁的阎锡山不得不提篮卖烧饼糊口,还时被支官差给清军担水、切草喂马遛牲口,稍不小心,便吃皮肉之苦。

阎锡山

一九〇二年,阎锡山考取太原武备学堂。他好学上进,人缘也不错,深受教官赏识。一九〇四年被清政府选送日本东京陆军士官学校(六期)留学,与日后侵华的土肥原贤二同学。在日本,阎锡山结识孙中山,入同盟会并为铁血丈夫团的骨干,积极从事反清斗争,受孙中山欣赏。一九〇九年毕业回国,先在山西陆军小学执教,经清政府陆军部会试后,被擢升为八十六标的标统(相当于团长)。一九一一年武昌起义,各省响应。太原起义成功,山西巡抚陆钟琦被击毙。

组建军政府时，阎锡山被推举为山西都督，时年二十九岁。袁世凯欲恢复帝制，阎锡山善溜须拍马，请愿“劝进”，还捐二万元给“筹安会”做经费。袁世凯称帝后，即封阎为“一等侯”。一九一七年段祺瑞执政，任命阎锡山为山西省长兼都督，军政一把手，一手遮天。故人称阎为山西“土皇帝”。

“远看成岭侧成峰，近看高低各不同。”

阎锡山虽一介武夫，但他留过学，接受过新思想，又有旧学功底，非一般军阀可比。他奉行“中庸之道”，自言“中是治事之极，则得中乃存，失中即毁。”在风云变幻的民国，易帅换将如走马灯，而阎锡山掌山西竟达三十八年之久，堪称奇迹。人称他是“集五千年权术于一身，翻云覆雨堪称第一人”。阎锡山一手拉着同盟会，一手攀着袁世凯，脚踏两条船，左右逢源，成了见风使舵的“不倒翁”。他畏蒋、反蒋，后又从蒋；他防共、反共，又一度容共；他反日，但不称抗日，而提“守土”。他奉行“三不二要主义”：“不入党、不问外省事，不为个人权利用兵；要服从中央命令、要保卫地方治安。”口号是“保境安民”。他独霸山西，把晋地当作一个国中之国来统治。他有自己的一套政治、军事、经济、文化、教育思想。蒋介石控制他，他为摆脱山西的经济危机，倡导“物产证券”，试图通过货币改革求生存，追求一种以“土地村公有”、“兵农合一”、“现代井田”为前提的“农业社

冯玉祥、蒋介石(中)、阎锡山

会主义”。复出后的阎氏，一度“放下枪杆子，埋头搞生产”，喊出“造产救国”的口号，壮大自己的实力，掌控山西。

阎锡山这座“山”“独特”，国民党、共产党、日本人都关注并在意他。

阎氏反蒋，张学良、李宗仁、汪精卫竞相派代表趋阎府拜访，意在联手倒蒋；为联络冯玉祥反蒋，他竟把冯软禁在府内。蒋介石、宋美龄也作礼贤下士状，趋往阎府作客，还虔诚地叩拜阎父（1934）；日寇大兵压境，朱德也到阎府造访，共商抗日大计（1937）；日本人土肥原贤二也心怀鬼胎拜访老同学（1935）……阎府一度成兵家必争之地，是风云际会之所，其关系复杂而微妙，各自都想借阎锡山这块他山之“石”，作自己的文章。今合纵，明连横，朝握手，夕踢脚。时风时雨，阴晴不定。阎锡山老谋深算，面对蒋介石、共产党和日本人，他使出马戏团丑角的技艺，在这三个鸡蛋上跳舞，战略是一个也不踩破！

阎锡山毕竟是一个封建军阀，曾任国民党军政委员，长期坚持反共、反人民，从政治上讲是反动的。但作为一个历史人物，在复杂微妙的历史背景下，他也曾做过一些好事。据相关新史料显示，在蒋、共、日三方力量中，他曾选择了共产党，形成联共、拥蒋、抗日的思想，曾大张旗鼓搞救亡运动，成立“牺盟会”，集训部，准备抗日。为抗日壮大自己的实力，他营救同乡薄一波出狱，并请其回晋抗日。薄一波主持“牺盟会”，起草《民族革命大纲领》，组建新军四十个团，“走活抗日一盘棋”。当老同学、老朋友，日本大特务土肥原贤二拜会阎锡山，要求他同意日军借道绥远，进攻蒙古和西伯利亚时，阎锡山洞察其奸断然拒绝，说他“不能做出损害中华民族利益的事来”。土肥原贤二乘兴而来，败兴而归。阎氏主政山西时，亦曾为民请命。现存故居内一方石碑可以作证。碑文“督军兼省长阎示：贪官污吏劣绅土棍为人群之大害，依法律手续非除了他不可。”现存平遥旧县衙内一方石碑，是平遥知县吴洁己民国十一年立，正是阎主政山西时，碑文为：“吃烟（鸦片），缠足，赌博，民生三害，非改不可。”阎“聪明”，能顺应潮流，着手进行一些社会改革，令男人剪辫子、戒鸦片，要女人放足，倡办新学。他令五台、定襄各村扳倒庙里的菩萨，改作教室，让学童上学。守旧者有顺口溜骂他：“初三十三二十三，河边（村）出了个阎锡山。阎锡山，会拾翻（胡折腾），剃了辫子留了洋，扳倒神像立学堂。”

阎锡山喜敛财，其父阎书堂更是敛财的高手。用公款办私企，经营高利贷，垄断山西金融，无所不用其极，堆积阎家的金山银山，大兴土木修建“二皇宫”。但也得承认，阎锡山或出于真心或出于装门面，在乡梓热心公益事业，造福一方也是事实。

一九一五年，阎锡山在河边村创立两间小学、一所中学（川至中学）。中学设备齐全，可容千名学子。初期不收费，还给学生发制服和鞋。一九二四年改收费，但价廉，穷苦子弟也有学上。还招河北、陕西、黑龙江籍学生。一九二〇年山西遭旱灾，十室九空，饿殍载道。阎府捐银开仓赈灾。那年月，穷人养不活孩子，“小贫溺女，大贫溺男”现象普遍。鉴此，一九二九年阎锡山以父亲阎书堂（子明）的名字，创办“子明慈幼院”。草创初期，无院舍，以“寄养”方式。每招一儿童，给生身父母三十块银元。生母如有奶水，自己愿抚育者，每月另发三元奶水费。一九三三年借用新建成的西花园收养幼婴一百多个。后日寇入侵，阎府人连夜逃跑，已无“慈”可言。主体工程已建的慈幼院停办，房舍被日军拆毁。

一九二九年，阎锡山以继母陈秀卿为名字创办“秀卿医院”，医院颇有规模，除门诊外，还有住院处。最初治疗对象是阎氏族人，后发展到川至中学师生和阎氏企业员工，以至河边村村民；但只限女性。同时耗资二十万银元，修建济胜桥，方便滹沱河两岸五台、定襄、崞县三县人的出行与交通。一九二九年农历己巳年，出资三十万银元，开凿己巳渠，三年后修成，沿渠大多数村民受益。阎锡山的夫人徐竹青也参加社会公益活动，北伐胜利后到医院慰问伤病员，曾获社会好评。

阎锡山故居之一角

在阎府鼎盛期，财力雄厚。阎锡山在河边村大兴土木，为本村穷人修建新民堡，同时成立“娶妻助进会”。凡本村无房无地贫苦农民，每户花一元银元可领购半亩宅基地，无房但有十亩地者，按地价一半购半亩宅基地。由村公所实施建房，三十五户为一堡（社区）共为二百一十户无房农民解决了住房。所谓“娶妻助进会”，旨在帮助穷人成家，安定社会。凡二十五岁至五十五岁无妻男子，可向阎府借一百元做为婚娶费，八年还贷。但须由三人以上或两家殷实的商号作担保。此举让一百多个单身汉有了家室，过上人的日子。

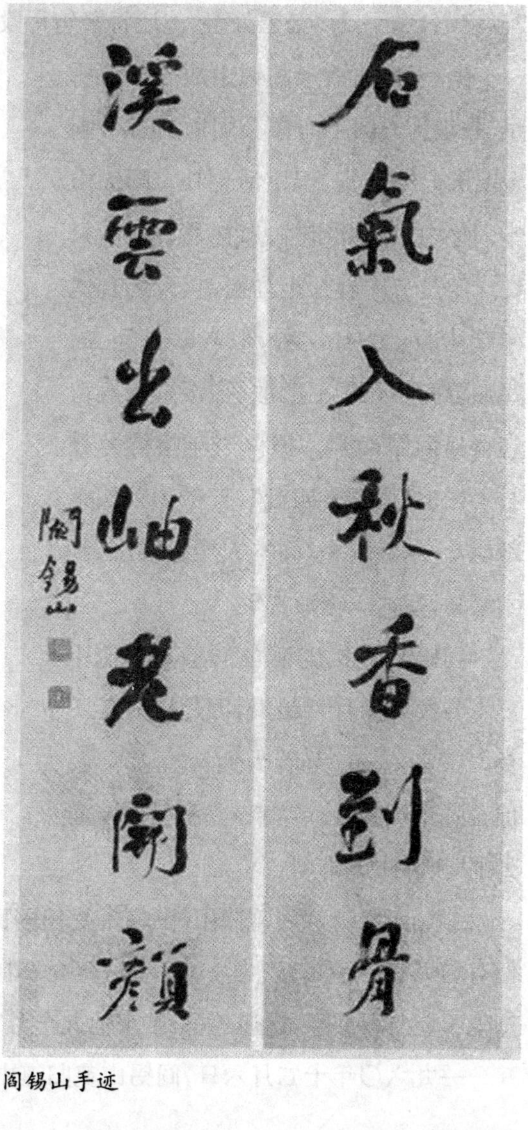

阎锡山手迹

对阎氏本族族人优厚有加。阎锡山本人编撰《阎氏家族自治规章》中明定，由阎府出三千银元，成立“协济会”，用利息济助族人中的穷困者。

为繁荣本土经济，增进村民收入，阎锡山推广植棉。由阎府购进棉种，调入技术员，教村人植棉。为免除村民怕失败亏本的顾虑，阎府出告示安民：如失败，阎府以每亩一石（300 斤）高粱包赔。还辟十亩苗圃，从山东引进树苗，免费供村人移植，绿化荒山秃岭……

阎锡山读古书不算多，但思想很传统。他十分看重“立功”、“立德”、“立言”，希望自己的言行能流传于世。他在日记中说：

"记事是主观的，记理是客观的；记事是为自己留痕迹，记理是为人类贡献做准绳。""余不配为自己留痕迹，愿对人类有所贡献，故记理不记事。"他的日记大多以记理为主。阎虽是一介武夫，也致力于著书立说。他著有《物产证券与按劳分配》、《中的哲学》、《阎百川先生言论集》等。他对子女教育尤为看重，写有《阎氏家训》，多为由历史经典名句为本，加上自己的思想"混合"而成，不乏给人以哲理启迪。对族人进行修身、持家、交友、治学等教育，要求族人"以恕道处人"、"以忠道自处"，"以公道处事"。还将警句片段铭刻在砖上。

据《阎府史话》（阎锡山故居文管所编，香港天马图书有限公司版）记载，阎锡山的府第豪华，但生活俭朴。阎锡山本人穿中式绸缎褂裤、布袜、家做鞋，只在逢年过节才着长袍马褂，重大场合偶尔穿礼服。一日三餐，似与常人无二。每顿饭离不开黄豆散散（稀饭），一般待客也只两荤两素。据说当年招待蒋介石夫妇也只"五盔四盘"（五个热菜四个冷盘）。阎府阔大，阎本人居室狭小，红木家具，室内少珍稀古玩。

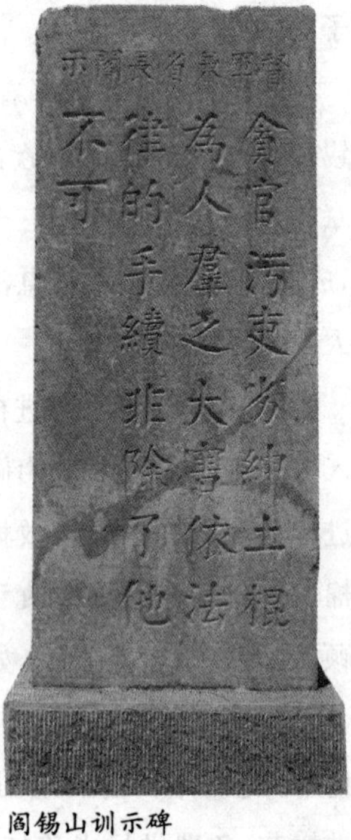

阎锡山训示碑

阎锡山的私生活也尚检点。他十五岁与发妻徐竹青结婚，因徐氏多年不育，"不孝有三，无后为大"，在其父督促、强迫下纳妾（徐兰森）。就目前能看到的史料，未见绯闻。

一九四九年六月，阎锡山在广州就任国民政府"行政院长"兼"国防部长"，但有名无实。一九五〇年三月一日，蒋介石在台北宣布复任"总统"。阎锡山自知他不能与蒋共事，遂递辞呈，结束他九个月"行政院长"的政治生涯。

一九六〇年十二月六日，阎锡山魂归道山。

赵元任与李济恩怨探幽

友人从台北“中研院”复制一帧赵元任(1892～1982)、李济(1896～1979)两对伉俪在史语所门前的合影惠我。四位老人神态祥蔼淡定面带微笑，比肩相依优雅无比。鬼使神差的我信手在照片的背面写上“泰山北斗 相逢一笑”八个字。

李 济

如果说把赵元任比作汉语言界泰山的话，喻李济为人类学、考古界的北斗，旗鼓相当。他们同为哈佛的哲学博士，同为清华国学研究院(1925)的导师，同为首届中研院(1948)的院士，在各自的领地享有各自的蓝天。

赵元任，著名的语言学家，会三十三种汉语方言，精通英、德、法、日、希腊多门外语。他谱曲的那首《教我如何不想他》，世人十九耳熟能详，天下谁人不识君？惟李济(字济之)知者寥寥。他是中国现代考古学的奠基者，曾主持安阳殷墟发掘，使殷墟文化由传说变为信史，被誉为“中国现代考古学之父”。然而，半个多世纪以来，李济的名字被吞剥。一九五〇年后版的《中国通史简编》、《沫若文集》，与李济相关的文字统通被删却；鲁迅、李济与杨杏佛的合影，李济也被挖去。李济在大陆几近“消声匿迹”，只在近年又“活”了过来。

笔者将赵元任、杨步伟(1889～1981)与李济列在一起，并非故弄玄虚。盖中研院史语所历史上有一段他们的“故事”。有趣味，耐寻思。

抗战烽烟起，中研院西迁，颠沛流离，长沙、桂林，落脚昆明。流亡岁月的史语所转移时化整为零。赵元任人际关系广，寻交通工具便利，带语言组小分队捷足先抵昆明，与西南联大蒋梦麟、蒋廷黻一行同赁居拓东路；李济率史语所大队人马跋山涉水绕道越南，一九三八年春节后方达昆明，栖居翠华街。史语所同仁历经艰辛，在硝烟中别后重聚，得以重整事业河山理当欢庆，孰料赵元任突然提出要请假出国。此举震惊中研院上下。其个中原因扑朔迷离，无人能言一二。直至三十年后杨步伟《杂记赵家》(《一个女人的自传》)刊布，大家始知赵元任与李济发生了摩擦。据杨步伟说，是因住房安置问题而起：“三月十日，李济之等到了昆明，可是一到就大发脾气，问研究院为何不搬到翠华街去住却住我们那儿(拓东路，笔者)!”……“我一看这种情势不好，不要因人家对付我们一家而害全体，不如离开为两全之计。”而且是剑及履及，说走就要走。赵、李毕竟是有二十多年交情的老兄弟，李济致信赵元任恳切慰留：“甚望兄能等孟真到后再走，此次兄请假出国想有若干重要事(如借款，笔者)必与其面商者，此决非弟所能代也。”赵元任执意并发气话，不接受同仁的饯行与送别。李济听罢“至感不安”，为表多年友情，从旧籍中捡拾殷墟古乐器图片若干相赠，以便赵日后讲音乐史参考。赵元任鸣谢。其间，傅斯年曾来电嘱李济转告赵元任，云他“上旬内可抵滇”。即在此时，赵元任仍举家离滇……

从杨步伟的表述来看，赵之出国纯因安置问题，未及其他，一时意气，而李济本人一直三缄其口，历无文字辩白或叙说。当事者如此，他人无从置喙。此事已过七十多年，成为历史化石了。笔者“好事”翻老账，并以小人之心妄测，这其中是否还有误会抑或其他，李济如何不作只字片语，有愧？不排斥赵元任出国为谋求事业的发展；也不排斥他对抗战前途的迷茫，以及难于忍受当时衣食难安的困顿，诸多复杂而现实的因素。李济背负“对付”之名是责当自负还是有难白之冤，是个“谜”。

赵元任夫妇(左)、李济(右)夫妇

赵元任突然要出国，他站在台前，幕后是否受夫人的点拨也未可知。

殊不知杨步伟毕竟是位大名鼎鼎的“我就是我”，不让须眉寸土的巾帼呢。杨步伟先生的天马行空可从她的“自传”中管窥一二。

她生于皖南望族，是南京著名的佛学研究机构金陵刻经处的创办人杨仁山之后。幼时家人给她取的诨名就有“大脚片”、“天灯杆子”、“搅人精”、“万人嫌”和“败家子”，虽是昵称，但不乏烦言。她追求婚姻自由，自说自话一纸退婚书，休掉“三表弟”;她争取男女平权,在入新学堂考试作文《女子读书之益》时,石破天惊地写道:“女子者,国民之母也。”二十岁充任安徽督军父执柏文蔚北伐队办的崇实学校校长;在北京与友人创办“森仁医院”,是中国第一位女院长。她与赵元任结婚时,请胡适和朱徵大夫作男女方证婚人,自己掌勺做四菜一汤待客,自写结婚证书请两个证人签字,贴上四角钱印花税了事。婚后她与赵元任漂洋过海打天下,剑桥、清华、耶鲁、哈佛没个完。清华岁月与另两位教授太太开办“三太公司”,又办“小桥食社”,结果老本赔光,关门大吉。因清华住远郊进城不便,继而又想办汽车公司。有趣的是试办了个“节制生育所”,更有趣的是有人讽刺她自己生不了育却教别人节育,她赌气三年生了两个女儿。杨步伟自言“我脾气躁,我跟人反就反,跟人硬就硬,你要跟我横,我比你更横;你讲理,我比你更讲理。我最爱替受欺负的人打抱不平,总爱多管闲事。”她正直、热情——她的同学林贯虹病逝,她将其运回老家安葬,背着父母,把自己的一对八两重的金镯子和四只金戒指卖了帮助死者家属,因而得了“败家子”的诨号……

胡适曾戏问杨步伟在家里谁说了算时,她说:“我在家小有权,可大事情还是让我丈夫决定。不过大事情很少就是了。”此言真不虚,信手一例:清华成立国学研究院,拟请赵元任当导师,赵还未表态,杨就说:“元任,你不答应,我得答应了!”

赵元任的为人与风格与太太则有霄壤之别。他天性纯厚,儒雅可亲,豁达幽默,从不与人争长短,是典型的妇唱夫随那一种。朋友笑话赵元任“惧内”,他毫不介意,往往以幽默的语言回答世俗。杨步伟的“自传”要出英文版,赵元任负责翻译并写前言。赵的第一句便说:“我们家的结论既然总归我太太,那么序论就归我了。”杨步伟说她要赶在赵写“自传”之前把好玩的事都写了,赵元任就说也罢,“那我就写那些不好玩的吧。”她本是医师,与赵结婚后放弃自己的事业,一心当专职太太,四个子女后来在事业上也都有成就。赵元任的功勋章理所当然有杨步伟的一半。

据说赵元任与杨步伟结婚,他只向她提出一个要求“别逼我这辈子做官”。难怪胡适评价赵元任时说:“他是一位最可爱的人”。

由上述赵、杨性格来看，笔者斗胆臆测当年所谓“赵李矛盾”，从杨步伟“自传”中叙述“我一看这情势不好”的“我”字妄测，杨抑或为幕后人物或推手。再者，今人所言“清华四导师”一说，典出杨步伟的“自传”：“一九二四年正月，张彭春又来信决定办研究院，拟聘四大教授，梁启超、王国维、赵元任和陈寅恪”，“其余的都是讲师或助教。”显然将李济排在导师之外，值得商榷。此言“许是杨的恣意发挥，文字中不难看出负气的成分”。时年二十九岁的哈佛人类学博士李济，是由丁文江向梁启超推荐入清华的。当时清华设五间研究室，各居其一。李济的薪酬待遇与其他四大教授一样，月薪四百大洋，比吴宓还高一百。只不过李济与美国弗利尔艺术馆签约在前，对方付三百大洋，另一百由清华补足而已。有照片为证：一九二五年清华国学研究院部分教师合影，前排平坐者四位

1925 年李济（前左一）与王国维、梁启超、赵元任等

赵元任、梁启超、王国维、李济，（时陈寅恪尚未到校）后立者才是助教（《清华年刊》1925/26）。有诗为证。美国著名学者杨联陞在一首名为《人文社会学院献辞》中写道，“清华研究院，五星曾聚并。梁王陈赵李，大师能互影……”陈寅恪的助教浦江清和国学院第二届研究生戴家祥在公开发表的文字中提到当时授课的导师是五位。季羡林在“纪念赵元任先生百年诞辰”座谈会上也称“李济是五位导师之一”。

“李济与赵元任都是学术巨匠，个性独特，卓尔不群，加之赵夫人杨步伟个

性强，异于常人。他们这种关系如同一个比喻，两堆篝火不能架得太近，否则彼此燃烧得不充分。”《李济传》作者岱峻这段话值得玩味。

笔者窃以为，杨步伟“自传”中涉及李济的文字，似乎少了点婉约与宽容。这恐是杨行事一贯风格。其实赵、李两家的友谊渊源还实在非同一般，且延续至今。

上世纪二十年代初赵元任家居哈佛，杨步伟又有一手好厨艺。每逢节假日，赵家是中国留学生聚集地，特别是过年。友人都来此觅寻家的温馨。主雅客勤。杨步伟说“济之来得最多，胡玉祥差不多就是我们家人一样。”那时赵家长女如兰还小，大家都爱抱她，李济抱得勤。如兰稍长学音乐，李济教她学古琴，后来如兰就做了李济的干女儿。赵如兰后来成为音乐史家，执教哈佛大学。一九七九年赵如兰到台湾专门拜访李济，向他请益，请干爸爸讲述中国古琴（七弦琴）的发展史和自己早年习琴的体会。“那天李济的活跃超乎寻常”。

一九二五年初，赵、李是清华国学研究院同事，比邻而居清华照澜院旧南院。赵家平时对李家多有关照。一九三六年李济之父李权编《钟祥县志》，请赵元任提供方言内容。后来赵元任的《湖北钟祥方言》反请李权担任钟祥城内的发音人……次年，李济赴山西考察途中，患斑疹伤寒，重至不省人事。李济父亲李权迷信民间偏方而误诊，以致李济命悬一发。杨步伟急得冲着李权大喊：“您再不送他去医院，还要不要您这个独生儿子了？”杨步伟当机立断，自作主张找车将李济送往协和医院抢救，医生说幸亏及时，否则就完了。李济出院后，李权叫儿媳专事到赵家向杨步伟磕三个头致谢。据李济之子李光谟对笔者说：“据说先母确实向赵伯母边哭边下了跪，但赵伯母当然没有受她的叩头礼。”“这以后几十年里，李、赵两家夫妇有过很多亲密的交往，但也有过不少摩擦乃至争吵，有时甚至吵到难以开交的地步。”李光谟说，据他这个当晚辈的看，这种吵，主要是杨步伟与李济之间。吵架原因也无什么大事，主要是杨步伟总要以老前辈或李家“保护神”自居。自尊心极强的李济偏又不吃这一套。“在李济一度代理中央研究院史语所所长的期间里，有些地方可能开罪了赵伯母，由此也引起一些无谓的纠纷。直到上世纪七十年代初赵伯母到大陆来时我还问她：你们见面时还吵架不？赵伯母说：当然！我们一见面总还是要吵一吵的。”光谟对笔者再三强调说：“吵归吵，然他们之间的友谊却也是终生不改的。”

杨步伟正直、热情、大方，待友之诚之殷使她拥有广泛的人脉，当年的老友们到美国去都乐意趋访。某年，周培源携夫人王蒂澄赴美客居赵家，周夫人感慨良多。后来友人问王蒂澄对杨步伟的印象，她说“如同家人”，朋友说如何“如同”不见外呢，王蒂澄说，杨先生招呼我就像招呼她儿媳一样。一辈子争强好胜的杨步伟，她希望别人尊重她或顺着她，稍有所违，便不悦起来。一位前辈曾对笔者说，费正清夫人费慰梅是李济的老朋友。上世纪七十年代李济访美，客居赵府。费慰梅为《李济口述历史》稿赶去作补充采访。机会难得，费慰梅占用李济的时间长了点，杨步伟很不高兴，一本正经地数落费慰梅一番，弄得费慰梅几乎是哭着鼻子败兴而归。

赵元任自一九三八年赴美后，便没再回国内。直至一九七三年他携杨步伟回国，周恩来接见。一九八一年杨步伟去世后，受中科院语言所之邀，赵元任独自回国。他两次回国均向有关方面亲自点名要见世侄李光谟（李济之子），并与其餐叙。在一九八一年的那次餐席上，晚辈李光谟沿用赵家四位千金对父亲赵元任的爱称，亲切称赵元任为“赵家 Daedi”，席间，李光谟试问他的名曲《教我如何不想他》是“教”还是“叫”。九十高龄的赵元任说：“过去也有人问过类似的问题，我是觉得可以随自己的意（爱用哪一个都可以）。社会上好像用‘教’字多一些，我自己有时也顺手写成‘教我如何不想他’了。不过，我倒也觉得用‘叫’字更贴切一些，你说呢？”李光谟认为老人回答很睿智，“高明”，因词作者刘半农的后人，在文中习惯写“教我”。多善解人意的老人。

李济、杨步伟和赵元任都次第而去，李、赵这两堆“篝火”已熄灭，不再有不能尽燃之遗憾了。若在他们九泉下相逢，一定会“相逢一笑”，握手言欢。对我们来说，赵元任的可敬，杨步伟的可爱，以及李济的可人（宽厚）都是值得我们追怀的。

叫我如何不想他们。

（感谢李光谟先生提供文字资料及图片）

岂能忘记陈翰笙

家有书橱十只，藏书千册，而西文书只有一本，且是德文。中文书比肩排列，书脊一律外露，便于查找；而那本德文书鹤立中心书橱中央，封面朝外。显然那不是用来读的，而是用来“看”的；我是一个二十六个英文字母不全识者，遑论德文。与其说看，毋如说是收藏。确切地说，是为了怀旧。这本名为 *Die Amerikanische Politik in Deutschland* 的书，一九五八年德国原版，是作者题赠陈翰笙的。正是“陈翰笙”这三个字，令我以志在必得的决心在一次拍卖会上竞得的。

陈翰笙

陈翰笙（1897～2004），是位必将被岁月越擦越亮的名字。一九一五年为实现“科学救国”梦，他负笈美国，一九二四年获德国柏林大学博士学位，应蔡元培之邀执教北大，时年二十七岁，为北大最年轻的教授，并受李大钊赏识。时适国共合作期间，先后由李大钊介绍加入中国国民党和由苏联驻华大使加拉罕介绍加入第三国际。在“三·一八”反段祺瑞执政府斗争中，陈翰笙与朱家骅扛着大旗走在游行队伍最前列，亲睹身边的爱国青年倒在血泊中，愤而作《三・一八惨案目击记》发在《现代评论》上。李大钊被捕，他避祸苏联，在国际农民运动研究所任研究员，关注中国农民问题。一九三五年因工作需要，经中共驻共产国际代表王明、康生经手转入中国共产党。一九二七年邓演达将他介绍给宋庆龄，后参加宋庆龄、蔡元培等人组织的中国民权保障同盟，多次成功地营救革命同志。一九三九年受命潜入香港，协助宋庆龄搞“工合”运动，被委任“工合”国际委员会秘书，掌实权。在两年半时间内，将国际社会二千万美元捐款，通过廖承志悉数转往延安；多次把国民党对“井冈山革命根据地”进行围剿的重要情报，通过共产国际转给中共中央。他三次历险，为避追捕，出没苏联、日本和印度。虽命在旦夕，然义无反顾，为中共和第三国际做地下工作一干二十五年。他与宋庆龄的秘密通信有“这么多”（手式，尺余）守口如瓶，据说都烧了，不知有多少秘密带入地下。

一九五〇年，陈翰笙应周恩来之邀回国，欢迎宴上，周恩来希望他出任外交部副部长协助他工作。陈翰笙笑着说：“吃中餐用筷子，吃西餐用刀叉，我是个筷子料，请不要把我当刀叉使”。谢绝。陆定一请他到北大当副校长，亦被婉拒。何至如此？近年披露的史料道出原委：“我一九五〇年从美国回来看到的第一件事就使我不高兴，人大、政协委员都是上面派的，不是大家选的，那哪儿成？没有民主。这些迟早会影响未来，所以我不干。”（见于沛主编《陈翰笙纪念文集》，中国社科出版社，二

德国友人赠书

〇〇八年版)归国后,他一直从事“民间外交”工作和学术研究。他耿直,对“大跃进”公开表示不满,贴大字报说是“大跃井”,反右中险被打成右派,终由宋庆龄通过周恩来干预,方逃一劫。他躲过初一,没有逃过十五。“文革”中,他被诬为“反革命”、“特务”,被抄家、批斗、关押,下放劳改。他膝下无子嗣,妻子病危时,专政组还不让他回家。妻子活活被折磨死,直至陈尸榻上,才让他见最后一面。更令他无比愤慨的是,造反派当着他的面,从已死的妻子手上捋下他们的结婚戒指,装进口袋。他再三恳求留给他作纪念,造反派不理不睬,扬长而去!在那艰难的日子里,有人劝说他去找了解他历史的康生。他不屑:“我岂能卑躬屈膝去求他!”活现一个崇气节、尚自尊、有独立人格的知识分子形象。

一九七一年,他赋闲,在家中办“外语学校”,义务教授一群好学青年的外文,包括招收“黑帮”分子刘少奇、万里等的子女。陈翰笙“倔”。北大百年校庆,电视台记者采访他这位老北大,请他为北大说几句祝福的话。陈翰笙说:“祝北大今后办得像老北大一样好。”记者和家人请他重说,说一句“祝北大今后越办越好”之类的话。陈翰笙坚不改口,反而一口气将前面的话连说了三遍!

积厚德,享高寿。茶寿生日那天,温家宝尊敬前贤,专程前往医院为其贺寿并亲切生日蛋糕。二〇〇四年三月十三日他以一百零八高龄仙逝。这只生于丁酉年的鸡(生于鸡年,取名“幼学”上“鸡曰翰生”,小名翰生,后易为翰笙)不再为世人报晓。陈翰笙逝世后半个多月,新华社才发了一则简短的消息,胡乔木对此啧有烦言。

陈翰笙是老革命、国际知名学者、社会科学家、经济史学家和教育家。胡耀邦评价说:“陈翰笙是个好老头。”此话内涵丰富,“好”在永葆书生本色——服膺真理、独立思考、不求名利。用他自己的话说是“求知当宏硕,无心争显赫”。

陈翰笙逝世后,有人称他为“革命前辈,学术宗师”,也有人誉他为我们留下一座丰碑。

著名作家张洁说,“爱,是不能忘记的。”我想,“旧,也是不能忘怀的。”

我之所以写这篇文字,缘自偶然邂逅的那本题赠陈翰笙的德文签名本,它勾起我与陈翰笙的一段未了的文字缘。说起来荒唐，我身为游走于人文历史的编辑人，当时（一九八九年）只知翰老是著名学者，对其“名”的至大至伟全然不知，倒是得了这本签名本后，激起我对他的兴趣，搜罗翰老的回忆录《四个时代的我》、《革命前辈，学术宗师——陈翰笙纪念文集》等有关记录翰老生平的文字来读，越读越觉翰老的“伟大”，越读越想把我与翰老的那段未了的文字缘写出来。

上世纪八十年代末，我是纪实杂志《东方纪事》的编辑。一九八九年暮春的一个下午，出版界前辈凯亚先生在一位出版业同道的引领下到编辑部找我，郑重地交给我一份翰老的文稿《缅怀我的慈母和良师》，还有一帧照片。凯亚说，翰老九十岁了，这篇稿子是他年前亲手向翰老讨来的，转了几家杂志，都未能发出来。又说他已退休了，稿子还在手上，觉得很对不起翰老，希望我……文稿是手写的，不长，三千字，至今依稀记得：翰老幼时家贫，无钱交学费，母亲向人借了两块大头。正巧那天下雨，翰老将大头放在钉鞋里，过桥时跌了一跤，大头骨碌碌滚进小河里。母亲气得捶打自己的双腿，也舍不得打他，只教他“下次当心好了”……匆匆读罢，我深为翰老暮年对慈母的怀念与感戴而震撼，当即表示完全没有问题。那年月，《东方纪事》挺火，所载的口述实录文字如《张宁自述》（首刊林立果选妃子始末）等，颇受欢迎，一时洛阳纸贵。因当时积稿多，我见翰老的稿子没有时效性，压了一期才签发。孰料，当排字房（那时铅印）送来“忆”文清样时，《东方纪事》突然因故停刊。编辑部相当长一段时间处在终刊“善后”的惶恐和混乱中。总编辑易人，编辑作鸟兽散，在重组作者队伍的忙乱中，我疏于与翰老联络，加之后来凯亚先生归道山，此事便不了了之。我记得当时还精心收藏了《东方纪事》部分有价值的存稿，塞进一堆大大小小的信封中。愚蠢的我不知翰老之尊，未精心保管他的文稿。再往后，编辑部数度搬家，杂物一次次淘洗；退休后又搬了次家，有些旧物，想找也找不出了。前年我编《名家翰墨》，在家中“挖地三尺”只找到一份复印件，此刻又翻箱倒柜，仍不见原件踪影。

二十多年过去了，此事本已日渐淡忘，今因这本签名本，从记忆的枯井中捞得这起湿漉漉的一片,甚感不安。做为责任编辑的我,总有一种无奈的悲哀和失职的愧疚。天不时,地不利,过在天在地;"人不和"便责当在我了。愧悔之余,写此铭记,祈愿有一天,翰老的大作原件能从我的旧物中突现眼前,将它刊发出来,让读者分享他的温馨母爱,了却我这段文字缘。

爱,是不能忘记的;旧,也是不能忘怀的。

一代报人成舍我

且看这帧名曰《背影》的老照片：

台北世界新闻专科学校小礼堂里，座无虚席，黑压压的一片，新闻事业的莘莘学子们聚神敛息在聆听老校长讲授“新闻学”。校长时龄九十，垂垂老矣，而他留给我们的背影仍是那样伟岸，直如砥柱，厚似门墙。

他是当代著名记者、新闻出版家、教育家。他躬耕报业七十六个春秋，与女儿成露茜共同构建独立报人一个世纪。他就是一个渐被世人淡忘的老传媒——成舍我。

成舍我

扫描家族　解密私档

成舍我（1898～1991）原名希箕，又名汉勋、平，笔名一丁、成则王、戊戌生等，以笔名“舍我”行世。“舍我”，语出《孟子·公孙丑下》，“当今之世，舍我其谁也”；又解：“舍小我，为大众也。”

成舍我一生萍飘四海，祖籍湖南湘乡，生于南京下关，幼时生活在安徽安庆，求学、创业于北平。先后在京、宁、沪、港、桂、渝、台等地办报、办学。归骨于台。自谓“半生苦辣酸甜味，万里东西南北人。”（六十自寿诗）

成舍我生于书香之家。其祖父成策达曾任湘军曾国荃（曾国藩弟）麾下幕僚，因公携眷居南京。其父成璧，性耿介，亦为人司笔札。成舍我出生前两年，祖父病殁，家道中微。父以九品芝麻官衔候缺，举家移居安庆。成舍我在江城安庆度过童年，识字读书，植下基本的旧学根基。一九〇八年，成璧在舒城县典史（今监狱长）任上，监狱发生“反狱”暴乱，数十名罪犯集体出逃，成璧忠于职守，与众犯殊死搏斗，被殴成重伤。知县陆某，为减轻己身罪责，一边改“反狱”为“越狱”呈报，一边贿二千两银子于成璧，要求成为其顶罪。成拒。为瞒天过海成功，陆某又贿上海某报驻安庆访员，刊布新闻，捏词委罪于成璧。成被彻查，将严谴。成璧不服，旋举证上访，得益于仗义执言的上海《神州日报》驻安庆访员方石荪相助，揭露真相。成璧遂得雪冤、平反。两家后人成为世交至今。

父案的逆转，使幼年成舍我初识报纸新闻的力量——它即可深文周纳，锻

成舍我给世新学生讲“新闻学”

炼人罪，也可伸张正义，讨回公道。这激发他对新闻的敏感与兴趣，立志长大要做一个方正的新闻人。

一九一一年辛亥革命爆发。次年，成舍我报考私立江淮大学，被录取，因无钱交学费辍学，于一九一三年受聘于安庆《民岩报》当外勤记者，同时参加国民党“二次革命”前后的讨袁秘密活动。因同人被捕，避祸远走。他一度任奉天(沈阳)《健报》副主编。一九一六年他与同道相约，拟回安庆办报，不幸被捕，幸得友人裴景福鼎助保释；后赴上海寄住在安徽讨袁机关，时结识陈独秀。同时入叶楚伧主编的《民国日报》当编辑。成舍我在上海报端发表的文章，深得李大钊的赏识。

一九一七年蔡元培聘陈独秀为北大文科学长，李大钊为图书馆主任。在陈、李的举荐下成舍我进入北大。据史料载，成无中学文凭无资报考北大，遂上万言书致蔡元培，表示向学报国志向。蔡欣赏其文采，准以同等学历资格报考北大预科国文门旁听生(与孙伏园同窗)。经考试入学，两年后又转为正式生。是时，经济无着，李大钊推荐他到《益世报》当编辑，半工半读。成晚年回忆说，为争旁听生的“全勤”可加三分，他晚上到报社上班，凌晨四时看完大样，打个盹，便到学校上课，从不缺课，生活极苦。据老友张友鸾说，成在北大求学期间是“东斋吃饭，西斋洗脸”，意为一无所有，“逐水草而居”。

成舍我供职《益世报》期间，报纸大部分社论均出自他的手笔。五四运动发生，他的报纸为其呐喊、支持。

一九一九年五月二十三日，成舍我执笔的社论《安福与强盗》，抨击北洋军阀政府当局。京师警备总司令部以“煽动军队，鼓荡风潮”罪查封报纸，总编辑潘云超被判刑一年。报纸有美国教会背景，停刊三日后复刊。查封后的报纸声誉鹊起，销量激增数倍。社长杜竹萱继续留用成舍我，并委任暂代总编辑。

一九二四年春，时年二十七岁的成舍我，毅然辞去《益世报》职务，以手中两百大洋的积蓄，独资创办《世界晚报》，请皖籍众议院议员陈策当名义发行人，以作“挡箭牌”。聘龚德柏任总编，张恨水任编辑，开始他独立报人的生涯。次年相继出版《世界日报》和《世界画报》，成为中国新闻史上第一个“一人办三报”者。

成舍我与成思危（右二）、成幼殊（左二）、成嘉玲（右一）、成露茜（左一）

成舍我一生有三次婚史。

发妻杨璠（1895～1975），又名杨致殊，湖南长沙人，北女师大毕业，五四时期的活跃人物，曾参加共产主义青年团，成创业的得力助手。一九二一年结婚，因性格不合，一九二九年友好仳离。育两女成之凡、成幼殊。第二任夫人萧宗让（1905～1964），留法生，专攻法国文学。萧伯纳访华时，她任翻译。一九三二年两人结为伉俪，一九六四年萧宗让病逝于台北。育一男两女，长子成思危，三女成嘉玲，四女成露茜。一九六九年七十四岁的成舍我与台湾中兴大学教授韩镜良（1916～?）女士结合，她是他暮年的老伴。

成舍我是一位成功的父亲。他对子女的教育得法，宽严相济。子女们都受过良好的高等教育，他的独立精神、敬业品格和为人处事作风在子女身上得到传承和发扬。

成舍我给时为中学生的儿子成思危的题字是“自强不息”，给幺女成露茜题字是“刻苦努力，一切靠自己”。三女成嘉玲说，他们是在父亲泼冷水中长大的。但成舍我对子女们政治上的追求、专业学习的旨趣和婚嫁绝不干涉。尽管儿女们所走的人生道路大不一样，但都很优秀。

长女成之凡(稚璠)自幼学钢琴，后进上海国立音专，曾在香港和法国开多次演奏会。后赴法进修艺术，对音乐、绘画、舞蹈、服饰和道家学说都有较深的研究。曾三度(1981、1988、1995)参加法国总统竞选。次女成幼殊，早年就读上海圣约翰大学，一九四五年加入中共地下党。上世纪五十年代至八十年代曾外驻印度、纽约、丹麦等使馆或代表团，职业外交官。她还是诗人，近年以《幸存的一粟》获鲁迅文学奖。子成思危，一九五一年十六岁的他背着父母拎只皮箱由港独身回大陆，毕业于华东化工学院，一九八一年赴美深造，获工商管理硕士学位。后以专家身份出任化工部副部长，一九九八年九届全国人大当选为常委会副委员长。三女成嘉玲，台湾大学毕业，美夏威夷大学经济学博士，曾任台湾东吴大学商学院院长和台湾世界新闻大学董事长。幼女成露茜获美加州大学洛杉矶分校社会学博士，教授。女性研究工作者，著名的“公众知识分子”，曾参加保钓活动。一九七二年受到周恩来总理接见。二〇〇五年，她与全球一百位女性共获诺贝尔和平奖提名。晚年继承父业，在台办《立报》、《破报》、《四方报》、《村声杂志》并和嘉玲一起接办《传记文学》，坚持为弱势群体发声。二〇一〇年病逝于台北。

铁肩担道义　妙手作文章

一九二四年四月十六日成舍我的《世界晚报》在北京创刊发行。他确立晚报四项宗旨：“一言论公正，二不畏强暴，三不受津贴，四消息灵确。”他希望把它办成“自我的喉舌”和“社会大众的喉舌”。他任社长，总编辑龚德柏，编辑张恨水。当时条件简陋，印刷、发行都委托他人。

成舍我名贵为社长，但身兼编辑、记者、编务于一身。他以敬业著称，事必躬亲。他常说“一张报纸犹如一把手枪，如果社长或总编辑自己不看大样，就好像把自己的手枪交给他人，万一他乱扫乱射，责任都是自己的。”凡重要社论和时评，他都亲自执笔，敢于报道别家报纸不敢刊发的独家新闻。因是晚报，凡当日午前发生的要闻如军阀战事都力求当日见报，而众多的日报次日才登，炒晚报的冷饭。他经常携带一捆当天的报纸，与伙计一道到城南游艺园叫卖，有时混在人群中争购自己的报纸，同时倾听读者的意见。加之晚报面向大众，副刊具通俗性和趣味性，张恨水的《春明外史》雅俗共赏，光增篇幅，颇受欢迎。

其间有件“因祸得福”的趣事。

一九二四年直奉烽烟起。直系援军总司令张福来由开封进京。《世界晚报》刊的头条标题《前敌总司令张福来今早出发》，手民误将“福”字排成“祸”字，校对未校出，总编辑龚德柏看大样时也疏忽了。闯下大祸，“但没有即刻的反响”。加之十月十日，一条关于吴佩孚赴山海关督师的头条消息，上版时警察厅忽来电话不准登。他们就“开天窗”。据龚德柏回忆，当时“以空白地位发行，并于空白处以二号字声明：‘此处系登某项重要消息，因临上版时，奉警察厅电谕，禁止登载，改排他项消息不及，故留空白于此。’”这只“天窗”引起读者各种猜测、兴趣，报纸不胫而走，满城风雨。十月十八日《世界晚报》遭警察厅查封。

幸运的是，同月北京政变，直系第三军司令冯玉祥倒戈，总统曹锟被囚，冯任“中华民国国民军”总司令。天下易主，《世界晚报》被封五天后又神奇复刊。复刊之日，因“祸”得“福”，报纸发行量由原三千份一跃过万。

一九二六年奉直鲁联军占据北京，不少进步报纸对张宗昌为首的流氓军阀或嘲讽或鞭笞。张宗昌大开杀戒，先以“宣传赤化”罪名枪杀《京报》社长邵飘萍，三个月后又以“通敌有据”罪名枪杀《社会日报》社长林白水。一时万马齐喑，媒体噤若寒蝉。成舍我挺身而出，于枪杀林白水当日“决定将这一不幸消息，以第一条大字标题，加黑边，刊登在下午出版的《世界晚报》上。”第二天深夜，成舍我被捕，拟予枪毙。成夫人杨璠找到成的把兄弟孙用，孙用领着杨璠跪在其父孙宝琦（曾任国务总理，与张宗昌有旧）面前求情，请予营救。孙宝琦当即亲自赶到石老娘胡同张宗昌宅说情。张宗昌碍于情面，由副官送成舍我到孙宝琦住所，附纸条一张，上写“兹送上成舍我一名，请查收。”孙也回复一纸：“兹收到成舍我一名，谢谢。”成舍我回忆此事时说：“在我被捕后的最初十几小时内，北京城中，几乎无人不相信我的命运会与邵、林两先生一样。有些特别关心的朋友，还等在天桥刑场附近，准备对我做最后的辞别。路透社发出第一次电报，说我业已处决，害得国外朋友，还有人打唁电慰问我的家属。”

成舍我逃此一劫后，深居韬晦，寂声一年，决定移师南京。一九二七年四月十八日国民政府成立当天，成舍我在南京创刊了《民生报》。

民生報

停刊經過如此!!!

敬請全國國民公判

「言論自由」固可爲「國家自由」而犧牲

但非法摧殘決不能不依法抗爭

彭某辭職眞相

《民生报》民国二十三年五月二十九日社论

《民生报》以精美细致、简要明了、全面观照的“新风格”屹立报林。评论国事，针砭时弊，臧否人物，锋芒不减当年。一九二八年五月三日发生“济南惨案”，成舍我发表《吾人将何以自处?》的社论，严厉遣责日本帝国主义的暴行。“九·一八”事变发生，他义无反顾全身投入抗日救亡宣传，以“百忧”名发表《国人抗日应有的认识》社论，揭露日寇罪行，批评国民政府不抵抗主义，主张“立止内争，协力御侮”。又连续发社论呼吁“国民党应结束党治，还政于民”“公开政权建立国民联合政府”等言论。一九三三年因报纸披露特务组织蓝衣社成立“华北宣传队”内幕，成舍我被宪兵队拘捕；后又因反对平沈通车，不承认伪“满洲国”言论，日报被勒令停刊三天……一九四五年成舍我在《我们这一时代的报人》一文中掷笔三叹：“三十多年的报人生活”“坐牢不下二十次，报馆封门也不下十余次”，大发报人的辛酸。

尤值得一书的是一九三四年在南京他不畏权贵、大义灭亲的一次壮举义行。

老部属左笑鸿说，成舍我在《世界晚报》时常对记者说：“只要保证事实，对社会没有危害，什么新闻都可以刊登。如果出了什么事，你们不负责任，打官司、坐牢，归我去。”孰料在南京办《民生报》真碰上了。一九三四年五月，时任总编辑的张友鸾，接到记者采访的一条新闻：国民政府行政院盖大楼，建筑商贿买“政务处长”彭学沛，给他盖了座小洋楼。以致在主体建筑上偷工减料，屡次追加预算。张听说彭是成的亲戚（夫人萧宗让的姑父），甚感踌躇，战战兢兢问成怎么办。成回答干脆：“既确有其事，为什么不刊登？”成一生最恨贪赃枉法，营私舞弊。当时也有亲友向成进言望他“网开一面”。成舍我不听，照常签发，报纸出版，社会舆论大哗。行政院提出警告，成舍我不买账，继而又发了一篇《最有趣味的特写报道》，写汪精卫在新办公大楼上厕所，厕所门自动上锁打不开，呼救。借以证实彭学沛舞弊，开发商以次充好。彭学沛无言以对，提出辞呈。《民生报》穷打猛追，又在头条位置以《某院、某处、彭某，因涉嫌贪污案辞职》为题发表文章。行政院长汪精卫大为恼怒，命彭告成“妨害名誉”。当时程沧波、端木恺等新闻界头面人物从中调停，要成刊一更正，彭即撤诉。成觉得事实俱在，为维护社会公正和报社名誉，他拒绝。后来法院公诉，成亲自出庭答辩，侃侃而谈（彭未出庭），因证据确凿，法官被驳得哑口无言。无奈，因系行政院交办的案件，法院判成短期徒刑，缓刑。成舍我不服，写万言书登在《民生报》上，请求社会公评。彭还手无力。汪精卫怀恨在心，后借《民生报》转发了德国海通社一条新闻，硬以“泄露军情，鼓动政潮”罪封了报社，并下令永不准成舍我在南京办报，同时拘捕了成舍我。成舍我被关押四十天后，由李石曾保释出来。后来汪精卫托外交部次长唐有壬捎话给成，云只要成向汪写一道歉信，汪可以收回成命，准予《民生报》复刊。唐又说“新闻记者和行政院长碰，结果总要头破血流。”成舍我执拗答称：“我相信我和汪碰，最后胜利，必属于我。因为我可以做一辈子新闻记者，汪不能做一辈子行政院长。”因为“新闻记者可以坚守自己主张，保持自己的人格；做官则往往不免朝三暮四，身败名裂。”此言在新闻界流传久远，影响深巨。

《民生报》当时的发行量超过国民党第一大报《中央日报》!

北京待不住，南京也不行。一九三五年成舍我转战上海，与友人萧同兹等合办小型报《立报》。他们的合约“决不招半份官股，决不请一文津贴，以‘立场坚定、态度公正’为最高原则。”办报宗旨是：“对内督促政治民主、严惩贪污，对外争取国家主权独立，驱除敌寇。”成舍我一改报纸滥拉广告恶习，申明在《立报》未发行十万份前拒登广告。他在经营版面、内容上下苦功。《立报》以消息的迅速、准确名世。一九三六年十一月二十三日凌晨二时许，沈钧儒等七君子在上海被捕，《立报》遂于当日头版发布消息《今晨七人被捕》，采、编如此快捷，让其他大报大吃一惊。苍天不负，仅半年时间，《立报》发行十万份，“八·一三”事变时《立报》发行达二十万份之巨，创我国有日报以来最高纪录。到是年十一月十三日上海弃守，十五日《立报》停刊。

一九四六年十一月，成舍我出席在南京召开的“国民大会”，以社会贤达身份当选为“国大”代表，参加“制宪”会议，后被选为“立法委员”。抗战时，成舍我为参政员，当时发表的《纸弹亦能歼敌》一文，成为战时重要文献。

一九四九年一月，北平和平解放。成氏的北平“三报”被中共北平市军管会“接管”，并于一九四八年十二月二十五日发文告宣布：“为了剥夺反革命分子的言论出版自由而保障人民的言论出版自由”，查封“国民党蒋帮分子、伪立法委员成舍我”的《世界日报》。整顿改造后将其易名为《光明日报》。(一九七二年周恩来接见成露茜时，对当年北京政府广播所说成舍我是“人民公敌成舍我”一事，表示歉意；又说“请你转告你父亲，我们都错了”、“(他)是共产党的朋友，不是敌人，我们欢迎他回来。”笔者)四月成携眷赴港。次年与王云五、卜少夫等办《自由人》三日刊。一九五二年冬迁居台湾。到台后，成一心要办报，但国民党实行“报禁”，他只好办“世界新闻职业学校”。直至一九八八年台湾当局解除长达三十七年的“报禁”，时年九十一岁的成舍我在台湾创办《立报》。后由小女儿成露茜接任社长。成露茜克绍其裘，决心把《立报》办成：“做台湾民主政治的催化剂，文化引导的园地，弱势群体的诉求管道，以及新族群的沟通凝聚的媒介”，

“敢于发出向权威质疑，向主流挑战”。《立报》等都设于世新校园之内，就在舍我先生逝世后的同年，一九九一年八月，世新终得核准由专科学校改为世界新闻传播学院；继而又在一九九七年改制为“世新大学”。成舍我的三女儿嘉玲先后被推举为传播学院院长和世新大学的校长。

俭能养德 澡雪精神

成舍我虽不是赤脚从田埂上走出来的孩子，但他是赤手空拳打天下的。他懂得盘中餐，粒粒苦。

一九一六年他流浪上海，与刘半农合租一亭子间，吃了早饭不知中饭在何处。以卖文为生，写字没桌子，睡在楼板上仰面写，困了，在毛巾上洒点花露水，捂在鼻子上刺激神经。在《民国日报》谋一职后，因他不会上海话，无法与人交流，夜里做梦都学说上海话。总编辑叶楚伧以散居上海小东门外冒充苏州籍的外地娼妓嘲弄他，云：“夜半忽闻作吴语，小东门外是前身。”《世界晚报》创办初期，“没有存款，只有当票”，常发不出全薪，由夫人杨璠署名出具借条。三餐不继的童年，浴血打拼的艰辛，使成舍我养成节俭的习性，或曰是与生俱来的天性。即使后来经济好转了，他也不肯乱花一分钱。他对子女们儿时要求很严，不给零花钱，要想用钱必须自己挣。如帮父亲贴剪报，稍大一点，抄稿子，查错别字，所得几分、几角都存入“父亲银行”，用时再取。他对子女们说，可全费供他们上中学，读大学只供学费，其他食杂全靠自己半工半读去挣。并申明，他的钱是他自己的，与他们无关。将来不要指望得到什么遗产。成舍我发迹以后，赴欧美考察归来时，在船上一洋人问他有何嗜好，抽烟？喝酒？玩女人？成舍我一直摇头。那洋人不解：“那你为什么活着？”他受了震动，据说自那以后他学会抽烟。卜少夫在《我的老板成舍我》中说了两则笑话。卜少夫结婚请他证婚，他未送礼。蓝宝石婚（四十五年）纪念，他来祝贺也未送礼。金婚（五十年）纪念，他来祝贺还是没送礼。另一则是，成舍我在台平时坐一辆破吉普车。一次车上山到半山腰，司机跳下车对成老板说：我不干了，我自己开除自己，请你自己回去吧。“那司机是因手头紧而有意报复出气。”据世新董事长叶明勋说，成管理学校极严，开源节流并行。教室白天不准开灯，水龙头不准滴水，他每日要巡视。职工领圆珠笔，笔芯要以旧换新。办公室的电话是投币的，打长途要申请。办公用纸，他要求正反都用。某年校庆，总务主任拟购双喜牌高级香烟一包，成舍我看后划掉，说前购尚有剩余。总务主任回话：上次购烟一包，贵宾吸了四支，剩下今已发霉，不便待客。成厉声说：“香烟发霉是你不知保管，还办什么总务？”某年蒋介石寿诞，当局组织活动，要学校派车拉学生去游行。成舍我不高兴，他一向反对个人崇拜，再则是他舍不得汽油费。拒绝了。负责此事的校务总管说，举办方愿出汽油费。成舍我这才答应，并加了一句：“那司机的误餐费也由他们出吧。”更有趣的是，一次“教育部”大员要来学校视察，总务处签呈“茶点招待”，成舍我大笔一挥，将“点”改为“水”。

卜少夫回忆时动情地说成老板“他悭吝，他节俭，自奉也如此”。他坐的校车不给家人用。夫人上街有时搭顺风车，但只能搭到他的办公地，剩下她须坐公交。一家信托公司为了拉学校的储蓄生意，主动上门为成舍我家免费铺地毯。成不铺，让那公司以七折兑现，钱归公。他有时把在别的学校兼课的钟点费，稿费，甚至于“立法院”的薪俸都拿到学校，抵销开支。

一九七七年成舍我八十大寿，众多的报界、学界的故旧门生要为他作盛大庆祝。他获知后，悄悄作次赴美游。避寿。朋友们很扫兴，他作《八十自寿》吟赠大家。

八十到头终强项，敢持庭训报先亲。
生逢战乱伤离散，老盼菁英致太平。
壮志未随双鬓白，孤忠永共万山青。
隔洋此日劳垂念，顽健差堪告故人。

成舍我节俭如斯，对人不乏宽谅，富有人情味。成舍我曾聘陆铿(《中央日报》采访部主任)为《世界日报》驻南京特派员，陆铿提出的唯一条件是要辆代步的车。成慨然应诺，将自己的美国产 Hudson 牌新轿车给陆。某日早上陆铿坐

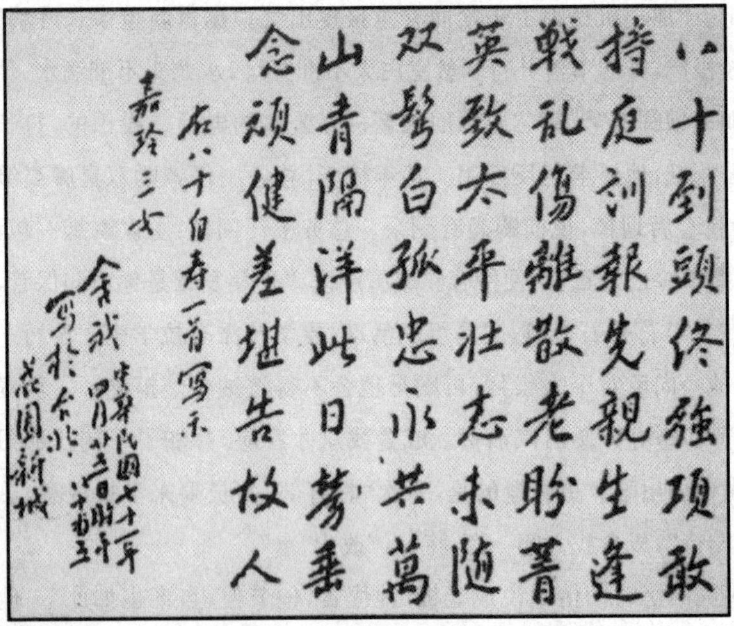
八十到頭終強項敢
持庭訓報先親生逢
戰亂傷離散老盼耆
英致太平壯志未隨
双鬢白孤忠永共萬
山青隔洋此日勞垂
念碩健差堪告故人
右八十自寿一首写示
嘉玲三女
舍我
写於台北花園新城

成舍我手迹“八十自寿诗”

在车上途经某汽车站时，见成舍我在站台挤公交。陆铿忙叫司机停车，带上成舍我。陆问成：“何必自苦乃尔？”成答：“既然你采访需要用车，当然归你用，新闻第一嘛！”陆铿晚年回忆时慨叹：“世界上有几个这样的报老板？”

古人云，俭能养德。斯言诚哉。

早在北平办《世界晚报》期间，他在时为国务总理孙宝琦被众媒体围攻问题上，说了两句公道话。这年端午节，孙宝琦叫儿子孙用送一张二百大洋支票给成。成说：“你这做什么？我支持孙总理完全是基于道义的，要收你这二百元钱，不就是失掉我的原意吗？何况我一向不要人家的钱，假如我向王克敏要钱，一定会比你这二百元多十倍、百倍！”显示他一身正气。两人遂“义结金兰”正式换帖，方有后来孙宝琦鼎力救助一说。

成舍我经营世新四十多年，精打细算。当年在台创办学校是他用住房抵押和向朋友募集的。他坚持不向政府银行贷款，目的是不受制于政府。学校由“职校”、“专科”、“学院”（现已为大学）不断升格，是他的惨淡经营为学校的发展奠定了雄厚的经济基础，培养了一大批新闻人才。林海音、何凡等名报人，即是上世纪三十年代北平新专的学生。一九五六年他在世新创办典礼上说："我以年将六十的老人，敢向同学保证，我一定将我未来的生命，全部贡献给这个学校。"他实践了这一诺言。至一九八六年，学校的基金和不动产共二十亿台币，时至成逝世时已达三十亿台币。他竟然一举将它全部捐出，组成"财团法人"。根据台湾的"民法"规定，钱一旦捐入财团法人，即归属财团法人，不得移转给任何私人或私人企业。"成舍我这项豪举，深受社会各界敬佩。"

他是有名的既"择善固执"，又"从善如流"。成舍我的这种澡雪精神，这种美德，不仅表现在对金钱的淡泊上，也反映在他对自由、正义和真理的追求上。

他是一九一二年的国民党老党员（十五岁），一九二七年国民党南京市党部通令他重新登记，成以办报不接受任何党派之约束，不往登记，自动放弃（国民党）党籍。在民族大义上，他立场坚如磐石。一九三七年汉奸潘毓桂出任北平警察局长，组织伪地方维持会，私下把成的名字列入。成获知，恼怒并严拒。入台后，他对国民党台湾当局久久不开报禁大为不满，屡屡上书。一九五五年他以"立委"身份在"立法院"十五次会上以《人权保障与言论自由》为题作长篇发言，质询"行政院长"俞鸿钧，就因批评台湾当局而遭秘密逮捕的"失踪五年"的龚德柏和被捕三年的马乘风鸣不平，提出为何"不审、不判、不杀、不放？"引起舆论大哗。

在台湾戒严时代的"世新"，冲破政治压力，接纳一大批持不同政见的有"问题"的知识分子到学校教书。有的还被重用、提升。如陈鼓应、王晓波等。包括《自由中国》时代坐政治牢的傅正、马之啸等等。有人评论说，"世新"是"戒严时期，台湾唯一的'自由学府'"，是"政治思想犯大本营"。更令人吃惊或不解的是，成舍我与第三任夫人韩镜良的结合，韩既不漂亮也不年轻，而且她的前夫是因"匪谍罪"而被台湾当局处决的。

据成思危在《成舍我的四种精神》一文中披露：一九五九年国民党宣传部长陶希圣找成舍我谈话，说"上面有意让一些过去在大陆上有声望的报纸在台湾出版，你不是一直想恢复出版《世界日报》吗？你最好直接给蒋公写封信。"成舍我答："这封信我不能写，因为《世界日报》一向是民营报纸，我一旦写信给蒋公，

成舍我所办的部分报纸

他必然会对我有所要求，我也必然要对他有所承诺，这就……”据说蒋听陶汇报后大发雷霆，亲笔批示道：“此人不宜让他在台湾办报”。蒋经国上台后，对黄少谷(国民党中常委、成舍我好友)说：“成舍我曾是我党的老党员，你可劝他归队，也不必办什么手续，登记一下就可以了。”成舍我回应：“我今年已八十二岁了，当了多年的‘社会贤达’，我想就不必归队了吧！”据说蒋经国甚为不快。

成舍我，人称“报业硬汉”。他的这种“硬汉”精神在年轻时代业已形成。早在一九一六年，十八岁的成舍我即加入“南社”。时南社书记柳亚子和社员朱鸳雏对唐宋诗的看法不一，各持一端争论激烈。成站在朱一边。柳亚子利用权势在《民国日报》上刊登广告“驱逐朱鸳雏”。成舍我劝阻，未果。成舍我对偏袒柳亚子的报纸主编叶楚伧不满，愤而离开《民国日报》。那时他穷困，无奈中用典当了一床被子之钱，在《申报》上刊登广告，仗义执言斥责柳亚子狂妄欺人。成遂也被逐出南社。后柳亚子著文深表愧悔。

成舍我常对下属说：“我们有笔，要写文章；有口，要说话。报纸是发表意见最著功效的工具，我们一定要竭尽全力，珍重爱护。”这一番议论表示了一位老报人发愤淬励，报效祖国的拳拳之心。

成舍我生命最后岁月，诸病并发，不能发声，每日用颤抖的手频频书写四个字：“我要说话”。学者刘家林评论说：“这是舍我先生流露出来的心声，也是他毕生志业之写照。”

(感谢成幼殊女士接受我的采访并提供大量文、图资料)

书生叶灵凤

有评论者说：现当代作家中写“人生四事”的散文小品，读者比较喜欢大陆的汪曾祺、台湾的梁实秋和香港的叶灵凤。前二位名满天下，惟后者知之不多，曾一度被雾“埋”，是“落水的凤凰”。究其因，叶灵凤头上曾被人戴了三顶帽子：“叛徒”、“汉奸”和“反鲁迅”。斗转星移，天朗气清，“凤”又立于文学树的枝头。我们从一九五七年版与一九八四年版《鲁迅全集》对叶灵凤的注文变化可见端倪。前者言：“叶灵凤，当时虽投机加入创造社，不久即转向国民党方面去，抗日战争成为汉奸文人。”后者说：“叶灵凤，江苏南京人，作家、画家。……曾参加创造社。”汉奸文人的帽子随风而去。

叶灵凤

叶灵凤（1905～1975），原名叫叶蕴璞，笔名灵凤，之所以叫“凤”，因他年轻时爱上了复旦才女郭林凤，故易名。婚后他们曾刻一印“双凤楼”，叶氏早期小品即冠名《双凤楼随笔》，此为一说；然年轻学者李广宇否定此说，盖叶灵凤笔名的使用早于一九二九年叶、郭的结缡。其家人说灵凤之名典出李商隐的诗："身无彩凤双飞翼，心有灵犀一点通。"叶灵凤最早成为新闻人物因第一任妻子郭林凤的家事。郭出身名门望族，时居沪上，家中有一对男女雇工相恋，郭母反对，性烈的男雇工残忍地用菜刀将郭氏灭门。郭林凤业已出嫁幸免于祸。七年之痒，后终因两人性格不合，不欢而散。叶灵凤与后来结识的赵克臻女士睦爱终老，育子女八人。

一、上海时代，左乎，右乎？

叶灵凤，南京人，曾用笔名"白门秋生"，白门者，南京也。他生于南京城内九儿巷一书香门第。祖父点过翰林，放过学政，父亲亦做过地方官。叶灵凤少年失母，随家人漂泊，在江西九江、江苏昆山上小学，中学时代到镇江。他对故土的怀念至深，对故乡的风土人情有如诗如画的描绘。那温婉、隽永脍炙人口的小品都集在《能不忆江南》中，是描摹江南风物的经典文字。从《月是故乡明》、《在这样的日子里》等篇幅中，可看出他对新中国的热爱，是我们了解晚年叶灵凤的思想状态的一手资料。

叶灵凤藏书票

一九二四年叶灵凤随其三叔到十里洋场的上海，入上海"美专"，专习西洋画，为他日后的美术创作、书籍装帧奠定了基石。亦在此时，他向《创造周报》投稿，结识创造社巨头成仿吾，旋经郭沫若介绍加入创造社，开始他的创作生涯，成为创造社的"小伙计"。这期间他负责《创造月刊》和上海泰东书局出版物封面的设计、插图和装帧。不久，又协助周全平编辑创造社机关刊物《洪水》。他对《洪水》

刻意的装帧，有英国画家毕亚兹莱（Aubrey Beardsley）风格，从而获“中国的毕亚兹莱”美誉。写及此不能不提影响叶灵凤一生的潘汉年。潘一九二五年入中共，是左翼文化总同盟第一任党团书记。他们是创造社的同事，共同编辑《A11》周刊和《幻洲》，左联成立前，潘汉年写的《普罗文学题材问题》即发在叶主编的《现代小说》月刊上，为左联的成立而呐喊，终生是莫逆之交。一九二六年叶灵凤与柯仲平等“四个小伙伴”在创造社被捕，潘汉年四处奔走营救，后由叶圣陶、胡愈之（一说丁文江）出面保释。一九三〇年三月二日，中国左翼作家联盟成立，叶灵凤加入。孰料次年被开除。开除通告云：“最近，根据同志们的报告，他竟已屈服于反动势力，向国民党写‘悔过书’，并且实际的为国民党民族主义文艺运动奔跑，道地的做走狗……因此，叶灵凤已成为无产阶级革命文学运动之卑污的敌人了，就此决议将叶灵凤开除，并由秘书处在左联机关杂志《前哨》上宣布。”这是叶的“叛徒”说，并指其“转向国民党”。最初，连《现代》的同事施蛰存对叶也存戒心，后释然。施说：“后来和他共事时间长了，摸清了他的情况。其实他和国民党没有组织关系，不过自以为消息灵通，在两边说话，失于检点。但他毕竟没有出卖或陷害革命同志。潘汉年每次化装来沪，总是到编辑部来找他。也许他还为潘汉年做过一些事。”叶灵凤之所以消息灵通，是他住在姐姐家，姐夫是教育局长潘公展部下，从小道获知并传播国民党的一些文化动态，“因此就有人怀疑他是打入左联上海的文化特务”。叶灵凤“汉奸文人”的帽子与他骂鲁迅有关。叶、鲁曾有一段笔战，而笔战由叶挑起，且“文图并谬”。一九二七年叶在自己主编的《戈壁》半月刊上发表讽刺漫画《鲁迅先生》，图配文。文为：“阴阳脸的老人，挂着他以往的战绩，躲在酒缸的后面，挥着他‘艺术的武器’在抵御着纷然而来的外侮。”同时刊发了署名黑木的《鲁迅骂人的策略》。公然宣战。次年又发表小说《穷愁的自传》，借小说主人公魏日清之口说：“照着老例，

叶灵凤漫画《鲁迅先生》

起身后我便将十二枚铜元从旧货摊上买来的一册《呐喊》撕下三页到露台上去大便。”继续侮辱鲁迅。

善战的鲁迅当即奋戈反击，在《三闲集·革命的咖啡店》中予以回应：“革命文学家，要年青貌美，齿白唇红，如潘汉年叶灵凤辈，这才是天生的文豪……”。鲁迅意犹未尽，在《三闲集·文坛的掌故》和《二心集·上海文艺之一瞥》中继续嘲讽、批驳：“……还有最彻底的革命文学家叶灵凤先生，他描写革命家，彻底到每次上茅厕的时候都用我的《呐喊》去揩屁股……”事情过去五六年后，鲁迅又旧话重提，“痛打落水狗”，批评叶灵凤的画作“抄袭”毕亚兹莱和路谷虹儿的，谓其是“流氓画家”。在鲁迅面前，叶灵凤自知不是对手，迫于恼怒和无奈，他写了《献给鲁迅先生》，感叹：“天长地久有尽时，此恨绵绵无绝期。”此时，叶似有“悔己”表示，他与鲁迅都喜欢木刻，凡写到木刻文章，叶灵凤总是推崇鲁迅先生的提倡之功，说“鲁迅先生提携的功劳是不可埋没的。”后多次参加鲁迅逝世或诞辰周年的活动。晚年的叶灵凤“悔其少作”，凡文及鲁迅，执礼甚恭。一九五七年应邀访北京，顺道赴沪，还专程参观鲁迅故居。七十年代，在与友人谈起鲁迅时“他总是微笑，不多作解释，只是说，我已经去过鲁迅先生墓前，默默地表示过我的心意了。”

叶灵凤对抗战的态度始终是积极。一九三七年他参加上海第一个救亡团体“文化界救亡协会”被选为理事。同年《救亡日报》创刊，出任编委。淞沪停战协定后，叶灵凤供职的现代书局恢复出版，作为出版部主任的叶灵凤，自己动手编制《淞沪战影》，大量复制战事照片，揭露日本人的罪恶行径。那年月，少不了有人攻讦他，甚而有谣言传他“做了官”。迫于无奈，叶在《文艺画报》上刊布“辟谣”。该文不乏幽默，也显出他的才气：“其实，关于我‘做官’的谣言，是‘古已有之’的。以前多是关于‘私生活’方面，现在则渐渐牵涉到‘国家大事’了。我想，既然说是‘做官’，也许不久就有‘发财’的谣言出现，我得预先在这里声明：十年不值钱的文字生活，纵然不是‘一贫如洗’，然而孑然一身，几套薄薄的洋服，袖口小得连‘清风’也装不住，家里只有几张画和几本书，说得美一点虽是‘四壁琳琅’，其实只是几架卖起来一钱不值的旧书罢了！”

不可否认,叶灵凤这一时期的作品是"象牙之塔的浪漫文学",停留在"红色、甜蜜、陶醉、玫瑰、幸福"的表层上,思想内涵不深,反映的生活面过窄,《处女的梦》、《爱的滋味》等格调不高。

"惨绿少年"叶灵凤的上海时代的痕迹,大致如此。左乎,右乎?

二、香港岁月:红耶,黑耶?

在民族生死存亡的关头,一九三七年《救亡日报》于上海轰隆隆的炮火中诞生了。这是一张国共合作"文化界抗日民族统一战线"的机关报。郭沫若任社长,夏衍(共)、樊仲云(国)为总编辑,叶灵凤为编委之一;同时叶与潘汉年共掌该报出版部。当时他们"不拿薪金、不拿稿费,每日只领三五元生活补贴。"日子极为清苦。上海沦陷后报社迁往广州。叶的家眷避难香港,叶灵凤穗、港两头跑。某日,日军占领羊城,叶灵凤不能再往,遂定居香港,直至终老。

漂萍香港的叶灵凤为稻粱谋,任《星岛日报》编辑。一九四一年岁末,太平洋战争爆发,香港为日本侵占,大批文化界知名人士撤离。叶灵凤因是被日军勒令不准离港的少数文人之一,或因"有事"、"为我们帮忙"(夏衍语)而留下。供职于日本军方文化部属下"大冈公司"(一说大同)的《新东亚》杂志。这就成为被人指控"汉奸"的由来和依据。还有一份"落水"证据是何家槐等二十人联名的《留港粤文艺作家为检举戴望舒附敌向中华全国文艺协会重庆总会建议书》。该书指出"……窃以为戴望舒在香港沦陷期间,与敌伪往来,已证据确凿"。并列三个附件证明;而这三个附件中有两个与叶灵凤有关:一为敌占期间香港出版的《南方文丛》中收有周作人、戴望舒和叶灵凤的文章;以及戴望舒、叶灵凤为"问题人物"《香岛时报》总编辑罗拔高的《山城雨景》作序。另一个"落水"证据是日本在东京召开"大东亚文学家"会议,香港有两个名额,叶灵凤是其一。

对上述三点"罪证",叶灵凤生前并未辩诬,或是他遵从当时负责华南地区统战工作的潘汉年的指示:"保持超然态度,不直接介入政治,留待将来吧。"

岛居岁月叶灵凤真面目如何？有案可稽：定居港前，他是上海文化界救亡协会理事、常务理事，《救亡日报》编辑及出版部负责人。定居港后，他又连任中华全国文艺界抗敌协会香港分会干事、理事，负责组织部和会报编辑委员会工作，被夏衍誉为当时香港反对投降妥协的“健将”。此外，他与乔冠华共同编过《时事晚报》副刊，接替茅盾主编过《立报·言林》，在戴望舒主编的《星岛时报》副刊发表过系列宣传抗日的杂感、书评。《星岛时报·肃清卖国文艺特辑》，他的文章遭全文“抽检”。在叶浅予、丁聪主办的《耕耘》杂志上刊登延安文艺消息……

至于一九四三年在日军文化部“大冈公司”编《新东亚》杂志是事实。从近年新发现的史料来看，倒不是叶灵凤“附敌”，而是在做地下情报工作。据香港金融界大亨胡汉辉回忆，抗战时，帮助国民党中统搜集日军情报的香港人陈再韶“要求我配合文艺作家叶灵凤先生做点敌后工作。叶灵凤先生利用他在日本文化部所属大冈公司工作的方便，暗中挑选来自东京的各种书报杂志交给我负责转运……如是者营运了差不多一年之久。”叶灵凤表面上为日本人做事，暗中却是在为抗日作“情报工作”，是“潜伏”的“余则成”。故此引来牢狱之灾。一九四三年五月，日本人发现叶灵凤曾把香港有关文化活动资料提供给重庆，将其逮捕，关押了三个月。上述是正面的证据，我们再从近年来尘封解密的日本宪兵司令部档案中来看叶灵凤。在盖有“极密”印章小册子上标题为《重庆中国国民党在港秘密机关检举状况》中表明，叶灵凤是国民党的情报员，与游泳健将杨秀琼同属一个小组，受香港站站长邱清猗（又名苏子樵或名李苏云）领导。此文件还记载了一九四二年叶是由《星岛日报》同事苏武（苏泰阶）介绍加入中统的。提控文书还说：“他的职业，一方面是日治香港总督府临时特约工作人员；另一方面，在潜伏地下的中国国民党港澳总支部调查统计室香港站任特别情报员，后来更兼任国民党港澳总支部香港党务办事处干事。”（原载香港《南北极》月刊，一九九〇年四月。作者朱鲁大。原文标题《日军宪兵部档案中的叶灵凤和杨秀琼》，此文收入《凤兮凤兮叶灵凤》，福建教育出版社，二〇一三年九月版）这是在叶灵凤作古十多年后发现的新史料，似乎太晚点，但总算为叶灵凤雪耻了。

至于何家槐等人的“建议书”,我们必须做具体分析,看人要看历史,看一贯,看文章更应解读作品。在日据时代,以笔求生的作家写点无伤大局的应景文字是可理解的。“问题人物”罗拔高的散文集《山城雨景》,本就是风花雪月之作,罗时为《香岛日报》的总编辑,叶灵凤作为他的下属,不过是为应景而写的捧场文字罢了。我们更应读他一九四五年发表在《华侨日报》上写南明的《煤山悲剧三百年纪念——民族盛衰历史教训之再接受》,借古喻今,提倡团结抗战,抵御外侵;也应读发在《新东亚》(1942)上的《吞旃随笔》。作者用的是曲笔,吞旃,典出《汉书》卷五十四《李广苏建传》,匈奴单于幽禁苏武迫降。叶灵凤是以苏武自况。无独有偶的旁证是,慕容羽军在《叶灵凤融入香港》中写道,他与叶有交情,想问他敏感的“落水”问题,又不敢启齿。叶灵凤看破后说:“我知道你想问什么,苏武的故事你应该熟知,他从塞外归来,别人不也对他投以异样的冷漠目光!”

在香港日治时代,对国家之情的表白,岂能直接,惟只能用典明志。叶灵凤学富五车,他善用典。他刊在一九四四年《华侨日报》上的《乡愁》亦是一例。这篇散文开首用屈原《九章·哀郢》:“曼余目以流观兮,冀一反之何时,鸟飞反故乡兮,狐死必首丘。信非吾罪而弃逐兮,何日夜而忘之。”之句作序言。其意不言自明。他是文曲星。面对日人的戟箭,他只能如此彰显志士之风。抗战胜利在望,他与戴望舒等人在一九四五年七月《香岛日报》“启事”中盎然写道:“燕子来了的时候,他自会将我们的消息带给海外友人,带给远方的故国。”此类例子很多,恕不一一。

再看叶灵凤为人。

戴望舒是香港文协分会的中坚分子,一九四二年遭日本人逮捕,叶灵凤四处奔走呼号,使戴终被保释,释后的戴就住在叶家。这一期间,许多进步文化名人安全离港,叶是做了贡献的。他在香港接待过许多左派文化名人柳亚子、巴金、夏衍、杨刚等。

再看他对萧红的态度。萧红一九四二年贫病交加,死于兵荒马乱之中,被草草埋在浅水湾海边。时至一九五七年,萧墓已被糟蹋得不忍卒看。叶灵凤决意迁墓，先在香港中英学会做报告，介绍萧红其人和她的著作，并出示萧墓新旧照片对比，激起听众强烈反响，不再漠视。他积极与内地联系，因萧无后人，他作为"友好"名义出面主持，掘墓，护送骨灰到深圳交给广东省作协代表。当时，香港有个"左"倾杂志《海洋文艺》，罗孚主办。当时港岛左、右壁垒分明，他不避嫌，不怕戴左的帽子，常给罗孚写稿。有趣的是在《星岛画报》出版前筹备会上，有位X先生提议将内文印在不同颜色纸上，叶反对，以揶揄口气说"像X先生写小说，印在黄色纸上，再合适没有了。"那先生不甘示弱，立马反击："你叶先生写的文章，就该印在大红色纸张上！"话外之音，耐人寻味。

至于众说纷纭的"大东亚文学会议"，叶灵凤生前一直沉默。对叶比较了解的丝韦说："这是想当然，事实却并非如此，叶灵凤夫人赵克臻说，他根本就没有参加过这个会议，他从来没有到过东京。"

相映成趣的是，一方给叶灵凤戴三顶帽子，一方却将叶视为座上宾。新中国成立后，一九五七年叶灵凤应邀访问北京、上海，一九五九年国庆十周年，叶应邀到北京参加建国十周年庆典。一九六五年，叶又以作家身份应邀参加李宗仁由美归来的北京记者招待会……

评说叶灵凤左也好，右也罢，红也好，黑也罢。终归要用史实说话。

中年的叶灵凤，"稀疏的灰白的头发，一副金丝眼镜，亲切的笑容，斯文的举止，有学问有修养的谈吐"，这是罗孚为他作的素描像。他不烟不酒，甚而也不大喝咖啡，偏嗜喝茶。居室不大，满屋都是书，"走进大门，大厅中是书，他的卧室是书，女儿的睡房也是书。厅中不仅四壁是书，当中也堆着书，连长书桌上也被书包围。"真正的坐拥书城，人在书中。他一生孜孜读书，曹聚仁说"他是朋友中读书最多的一位。"叶灵凤不断写书，编书，卖书；又买书，藏书。著述等身，收藏各类典籍图书万余册。真是"为书籍的一生"，"如果在他生命中，把书删除，那剩下的东西就没有多少了。"入殓时，寿棺中也放着几本他心爱的书。家人遵其遗嘱把他的书让世人分享，他万册藏书捐给香港中文大学，他收藏的绝版珍品嘉庆版《新安县志》为世人瞩目，当时法国曾出价二十万元，在当下当值百万之多，家人不忍割爱，毅然将其捐给了国家。

在叶灵凤自己看来，读书、写书“可以称得上成就的，觉得仍只有一件，那就是自己文章防线还不曾被突破。”在煮字谋稻粱的社会，他坚守为文的防线、做人的底线，实属不易。

叶灵凤不是英雄，但绝非“狗熊”；不是志士，但绝非懦夫。受命运的播弄造化，叶灵凤的生命册页误入大海，字迹洇漶不清；某日，这册页又被海潮冲上岸边，岁月流转将其风透晾干。洇漶的文字复活了，后人打开一看，扉页上赫然写着五个大字：书生叶灵凤。

钱青教授九十华诞

同济大学教授钱青先生迎来了她的九十华诞。一九二七年她随夏衍东渡日本学成后回国，执教杏坛，遍植桃李。一九六三年退隐，“采菊东篱下”。其子嗣全部旅居国外惟她热土难离，孑然一生幽居申上，颐养天年，练功健身之余，间或以写点缅怀亲朋的文字为乐，偶尔译点有兴趣的短文自娱。她是茅盾研究会会员，望九之年，竟也有雅趣不顾车马劳顿，赴宁参加茅盾诞辰九十周年纪念会。她虽有著述多种存世，但自言此身一无大文可垂于史，二无殊荣可炫于世，没上过“天堂”，也没下过“地狱”，如淡水一杯。不过老了追忆如烟的往事，她倒有种淡淡的幸福感，淡淡的满足。

以淡水一杯况己，那是钱教授的自谦。笔者从她满头华发中发现了蕴藏着的历史与文化，于她额前沟壑的深处读出了岁月的沧桑和中国知识分子的风骨。

她与中国现当代文坛一大批文人雅士，或素有交谊或过从甚密。诸如茅盾、郁达夫、夏衍、丰子恺、汪静之、杨贤江伉俪以及其表姐红军女将领张琴秋等。她有一肚子迄今为止鲜为人所知的上述名人们的趣闻轶事：在杭州女师就读时，她与王映霞同窗，她们的班主任的夫人为学校“不该将大美人王映霞分在她先生的班上就读”，无理大闹学校督导处，她亲眼所见；湖畔诗人汪静之为追求她的同学符竹英一天写十二封情书酿成的喜剧，她有幸目睹；她是能证明茅盾流亡日本时发生的小插曲的唯一健在者；她还曾访问过名妓赛金花……

钱青出生于杭州一书香门第。她是独生女，算是个大家闺秀。小学时与茅盾夫人孔德沚同窗，中学（师范）时与王映霞（郁达夫夫人）、蔡淑馨（夏衍夫人）、符竹英(汪静之夫人)同学。早年,她就读于崇德石湾振华女校,这所学校是丰子恺大姊创办的。当时丰子恺在浙江省杭州第一师范读书,寒暑假前后,他总到振华女校钱青的那个班教授音乐、图画课。

钱 青 张昌华 摄

钱青,那时小名叫"补金"。一次她与同学在校园中玩耍嬉戏,小朋友们拿她的小名逗笑取乐,大伙叫她"补丁"。她气哭了,向丰老师告状。丰子恺一面教导小朋友们不可不讲文明,乱起外号,一面安慰她说:"你姓钱,古时有'青钱万选'的故事,《诗经》中又有'青青子衿'的诗句,我就替你取学名叫'钱青',字'子衿'好吗?"钱青十分高兴,终身享用此名。

一九二五年,钱青从杭州女校毕业,在附小任教,但她志在深造。那时家道中落,她受曹辛汉等三位老师的资助。一九二七年,与同学蔡淑馨一行数人随夏衍东渡日本,就读于奈良女师文学院,专攻西方文学。她学业优良,深得清水教授赏识。钱青在校时即将鲁迅先生的《狂人日记》译成日文,介绍给日本人民,深获好评。一九三二年她学成回国后,执教于杭州师范。后由郁达夫介绍到上海工部局女子中学任教,与庐隐同事。一九四〇年十月的一天,入侵上海的日军,亟需一批留学日本、懂得日文的文化人为他们服务,钱青是日本人开具的重点黑名单中一员。日本人曾数顾茅庐,把金条、钱洋堆放在八仙桌上,请她"出山"。当时,钱青的爱人宓贤弼先生,在美国西北大学获博士学位后供职于联合国难民救济总署,由于战乱音讯杳无,没法接济家中。家庭生活的重负全压在钱青的肩上,虽没有穷到吃上顿找下顿的地步,捉襟见肘的拮据确实令人惶惶不可终日，但钱青深明礼义廉耻，托病婉拒。日本人不肯罢休，三天两日登门“对不起，打扰了”，钱青迫于无奈，辞去教职暂隐匿到一亲戚开的医院中“养病”。旷日持久，迫于生计，她不得不迁址另谋教职。不久，又被日本人发现。日人威逼她所在学校的校长，劝诫钱青出道。校长聂灵瑜先生富有文化人的民族气节，挺身而出，为钱青说情、斡旋，以有病为由，又多方辗转托请，幸以摆脱日本人的纠缠。

钱青虽系一介弱女子，但敢于善于用智慧与敌人周旋。一次，一日本浪人持剑到学校挑衅，赖在校长室向校长索钱。机智的钱青用日语与他周旋。先给那日本浪人戴高帽子，说日本是一个文明的民族，素有尊重教育的优良传统；又说学校是教化人的圣地，无钱可施，如先生手头一时窘迫缺零花钱，可找工部局相商。那日本浪人原先胡搅蛮缠，经彬彬有礼的钱青一番理论“恭维”后，自觉理亏，败阵离去，走时还自找台阶大声吆喝：“我找你们政府要钱去！”另一次是放学时，她途经×××路日本营房，亲眼目睹本校一个坐在人力车上的女学生被日本兵抓进军营。钱青赶快回到学校报告，学校立即通知该生家长。所幸，该家长在上海滩还有点脸面，请人到日本驻沪本部交涉。日方先行抵赖，迫不得已，后又要证人“出庭”。钱青冒着危险，挺身而出作证，最后迫使日军交出那个险被奸污的女学生。

其时，敌伪当局组织南京高校与上海六所工部局中学校长访问日本，聂校长以辞职抗议。工部局教育处日籍处长威胁利诱钱青出任校长，钱青断然拒绝。适其母患胃癌住院，钱青乘此机会向学校告假数月，溜之大吉。

钱青说，她的爱国之心是受中国传统文化的熏陶、父母的家训，同时得益于表姐张琴秋（1904～1968）的教育。张琴秋系沈泽民（茅盾之弟）的夫人、红军女将领。解放后她曾任纺织工业部副部长，“文革”中被迫害致死。早年，她们是同学。一九一九年，“五四运动”爆发时，表姐与她都作为杭州石门镇小学的学生代表，到崇德县参加游行示威，声援北京。一九二五年，张琴秋为追求革命与沈泽民到苏联留学，临行前，表姐特地与她促膝长谈，告诫说，不管将来时局发生什么变化，做人都要正直，要靠自己的双手养活自己（钱本是富家独生女，比较娇惯），要热爱自己的祖国……今天，桑榆暮景的钱青回忆这段往事，仍感念万分。她说，表姐教我“堂堂正正做人”，这一句话使她受用一辈子。她深感痛心的是，她有好几位留日的同学，经不住日本人的诱惑和威逼，当了不齿于人类的汉奸，有一个罪大恶极者，解放后被政府处决了。

全国解放前夕，当时联合国总部请她业已回国的老伴宓贤弼到美国去，也有亲朋劝他随员往台湾。他们夫妇相商，“决不为流亡政府服务”，坚辞不去，满怀信心迎接新中国成立。

一九六三年，钱青退休后，便乐为街道做些公益事业，友睦四邻，知根知底，所以在那场旷世的“文革”劫难中安然无恙。一九七二年，中日邦交正常化，国家急需外语人才，学校聘她重返教坛。她虽年迈，仍舍身“驽马十驾”，为日语培训班强化读、写，传授知识，使全班十二名学生全部通过国家考试，赴日深造。她翻译的《电子学原理》由高教出版社出版。

钱青教授的三个儿子及孙辈们，均在美、法和日本，从事科学研究或深造，不时回国洽谈科技合作事宜，不忘为祖国的科技发展牵线搭桥。

钱青在回忆几近一个世纪的人生历程时，她颇感欣慰：作为炎黄子孙，她“宁可枝头抱香死，何曾吹落北风中”，是一个大写的站立的中国人；身为母亲，她把子女教育成材报效桑梓；作为园丁，她的桃李遍天下，中科院学部委员高小霞、北京医院中国首例试管婴儿试验成功者张丽珠教授、中国驻日本大阪领事曲则生等都是她的高足。她自豪地告诉笔者，我虽然一人在上海，一点也不孤单，有一大群老学生们（多已退休做爷爷、奶奶了）隔三差五地打电话、写信来“请安”，都亲切地叫她“妈”。每逢生日，“儿女”们不约而同赶来为她做寿。厅堂里儿女们献给的那幅硕大无朋的“寿”字，正是这位园丁的“福”果。

百年人生如流水。

当智慧的人性的花朵，不论其大小，一旦落入人生的小溪，虽然平平淡淡，任你掬起一捧，也能感受到那满溪流水香来。

“归农客”赵松泉

赵松泉(1914～2012),先生是台湾著名画家,祖籍江苏溧水,时年九十有九。一九三四年毕业于苏州美术专科学校,师承徐青藤、任伯年、吴昌硕诸先贤,八十年来他精研花鸟画的创作。其作品曾在美、法、意、德等二十多个国家或地区展出百余次,曾应美、日,韩、菲等国邀请去讲学,并受聘于美国圣若望大学美术教授。他的画作曾为台湾有关方面作为礼品赠给里根、马科斯和朴正熙等名流。他与叶公超、马寿华等合作为台北中山纪念堂精心绘制的巨幅《四季长春图》,永远陪伴着国父孙中山先生。

庚寅岁秋,在文友毛乐耕兄的引荐下,我慕名拜访了赵松泉先生。

赵先生平易、礼数极周,听说我们造访,他亲自到电梯口迎接。先生虽年届百龄,一眼望去,不过八十上下,不仅身板硬朗,其精神矍铄,令我印象最深的是他身着一套中装,足蹬圆口土布鞋。那雁灰色长衫里的白衬衣宽大袖口,熨帖地翻到外面,格格正正,清爽飘逸,一副仙风道骨的模样。一番亲切、自然的寒暄后,先生端坐在画案前,送给我们的是一脸的慈蔼、一捧可掬的笑容。我们的访谈是在家常似的品茗、赏画中进行,先生还间或为我们挥毫示范,默默地交流。赵先生一生做人低调,言语不多,但话题广泛,我将对谈的零珠散玉拼串,大致梳理出他的人生轨迹。

赵先生说,他生在溧水云鹤乡,是一个在小山村里长大的农家孩子。有点家学(耕读之家),受过父辈最初的文化启蒙,幼时天生喜欢绘画和雕刻。他热爱故乡的青松明月、山水林泉、花鸟禽兽,并喜欢把它们画出来。一九三〇年他考取苏州美专,学校设在苏州古园林沧浪亭,那是一方文化底蕴丰富的厚土。

校长颜文樑，董事长吴子深，都是大画家，幸有缘亲炙他们的教诲。美专非常重视对学生的文化功底的培养，曾请孙伏园讲文学，请徐悲鸿授美术，还邀章太炎讲国学……赵先生又说，他在学校专攻花鸟画，为求精进，又曾到中央大学拜在花鸟画大家张书旂门下学艺。毕业后致力于乡村美术教育，先后在江苏、安徽一带做小学校长，生活清苦，倒也安定。一九三七年“七七事变”，卢沟桥一声炮响，国人奋起抗战，先生毅然投笔从戎了……

赵松泉　张昌华　摄

赵先生讲述这一切时很平淡。而我听来，颇为激动。此行前我曾读过他的口述自传《何日归农》(台湾出版)，知道他是赵家四世单传的男儿，而且当兵时先生新婚不久的妻子已身怀六甲。我忍不住将这一话题挑出来，问他哪来那么大勇气与决心从军的。先生喝了一口茶，只淡淡地说：“并不是我有多高的觉悟，只因为自己是个读书人，晓得国家兴亡匹夫有责这个道理。”

赵松泉是在汉口入伍与妻子诀别的。一穿上军装，他就随部队开往徐淮前线，参加台儿庄大战。所幸他命大福大，战争结束时，他成为一个从尸横遍野、血流成河中归来的幸运者。台儿庄战役结束，他徒步十日十夜，在河南驻马店登上平汉火车到汉口，第一次见到襁褓中的儿子。后携眷随部队转战重庆、贵州，过着处处无家处处家的烽火生活。

观赵松泉作画　万辉　摄

赵松泉是个热爱艺术的军旅画家。行伍以后，他总利用一切闲暇执笔作画。一九四一年抵达贵阳，生活十分困苦，时为下级军官的赵松泉俸薪菲薄，还要养家糊口，他便给人画画、治印，赚点小钱补贴家用。即在那物质文化生活十分困苦的情况下，他还在贵阳举办了一次不热烈但热闹的个人画展。时恰徐悲鸿由广西到贵阳办画展，他们又续师生缘，赵松泉为徐悲鸿先生的画展，鞍前马后忙得不亦乐乎，也借机大饱眼福，得缘仔细观摩研读徐先生的画作并与其交流，悟得许多画事的真谛，对日后的创作大有裨益。

作为军人，赵松泉一九四九年随部队到台湾。一九五九年退役后在台湾省政府谋一公务员职，凡二十余年，直至退休。纵览赵松泉一九六〇年以前的画作都很传统，多为描绘自然风光的松月林泉、花鸟禽兽之类，只讲技法，无意追求意境。一九六〇年代的台湾世景萧条，作为背井离乡的老兵，赵松泉渐渐地把自己的人生感悟寄情于草木花鸟之中，一九六二年创作的《风雨如晦》算是“述怀”之作，以生动的画面，丰富的内涵，受到画界的好评。

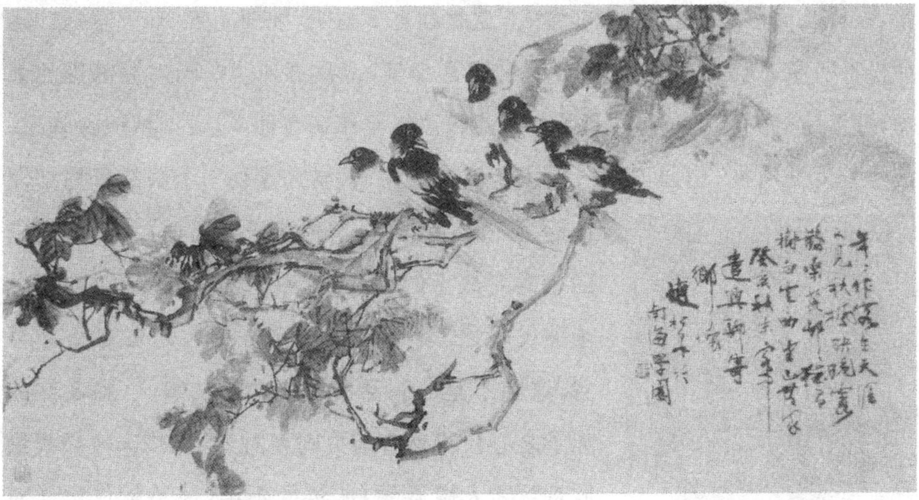

赵松泉画作

赵先生说得有点累了，仿佛从往事中回过神来，随手从案上递我一本他的画册《艺海春秋》，说“看看画吧”。

这是赵松泉第四本画集。徜徉在先生所创作的多彩多姿的花鸟世界里，沉醉在一派纯真的田原风味中，真是一种无比的享受。先生的花鸟画的特色是色彩洗练，线条利落，赋色清艳，笔法活泼，特别是意境高远，有强烈的艺术感染力。看着看着我不由地赞叹起先生花鸟画的传神来。先生不乏自豪地说：“我一生在花鸟中成长，花鸟是我的生命，我的生命就是花鸟。”他又说少时住小山村，亲近自然，到台湾后不求官位，只谋个低职公务员，目的是为能寓居山野，日与林木花草鸟兽为邻，好研习绘画。先生越说越兴奋：“朝夕耳濡目染，对一般花鸟，只要一入目，我可指物呼其名，几乎可以‘触目辨型，接耳知音’。”先生说罢，忽而指着我翻阅的画册反问我，“你最喜欢那一幅？”我说都精彩。他说“你别客气，直说给我听听，只说你最喜欢的”。我已从相关资料上得知，行家们都称颂那幅《天寒有鹤守梅花》，称它突显了作者的人品与画品，被推为赵先生的代表作；而我更欣赏的则是那幅《年年作客在天涯》。且看画面：虬劲的老枫枝头，一簇簇被秋霜染红的枫叶丛中，栖息着几只小鸟，它们神态各异，有的似在俯首沉思，有的似在翘足瞩望，有的似在张嘴呼唤，更有的振翅欲翔。初粗一瞥，只见画面形态逼真、栩栩如生，不觉此画有多高明，细细品味，画中有话。犹如松下听泉，别有韵致。先生自题的那首小诗，帮我打开这幅画内涵深邃的天窗，那淡定的意境霎时得到了升华。诗曰："年年作客在他乡，又见秋枫映晚霞。鹊噪荒郊犹有树，白云西望已无家。"鹊噪有树，人已无家！一个因战争烽烟漂泊他乡的老兵，一个当时年轻离家，而今儿孙满堂的老兵对故土的眷恋，对家的渴望，五十年的思念浓缩尺幅之间。那份凄楚、彷徨与无奈穿透了纸背，这岂不是一张活脱脱的乡愁邮票，一颗炙热的赤子之心！我指着画页朗声对先生说"这一幅我最欣赏！"老人微微颔首，笑而不语，谅是默认吧。对先生的"默认"，我在画册中找到了"印证"。先生工书法，擅金石，自刻印章，自铸新词；且注重诗书画印浑然一体，交相辉映。画册印谱栏中有若干方闲章的印文是"归农"、"何日归农"、"归农戊戌之后作"。画家的闲章历来不闲，那是"画外音"，画家的心声。我向先生请益这几方印文的典故。先生淡定地说："我最初当兵时刻'归农'这方印，心想我本是农村人嘛，仗打完了还是要回老家种田、教书的。抗战快胜利了，我刻了一方'三十归农'，希望三十岁时回乡种田。谁想到抗战完了打内战，结果打到台湾去了，到五十岁也没有回去。何时能回，没有一点指望。我就把印面磨掉，刻了'何日归农'。哎呀，直到九十岁才真正归来。回大陆后我又刻了一方'归农戊戌以后之作'"……这真是几方印文浓缩了先生坎坷的一生，方寸之间包容了一个大千世界！如说它是那个战乱时代国人的生活缩影，谅不为过。

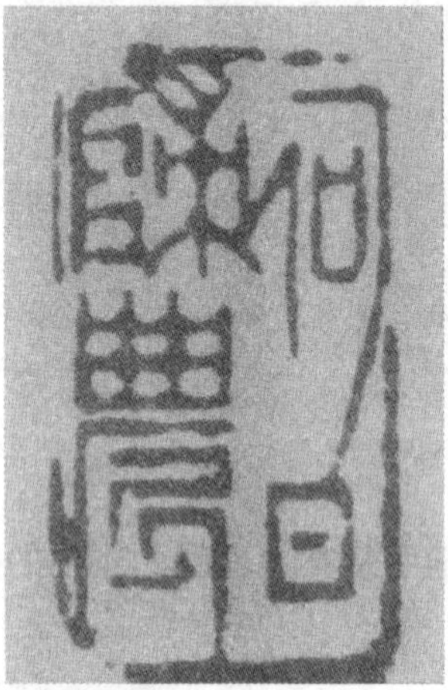

赵松泉篆刻"何日归农"

时下，赵松泉先生早是儿孙绕膝四代同堂了。家有丁口三四十人。近年他在溧水定居了，大儿子退休后也住溧水，照料他生活。孙子在苏州投资办厂，小女儿小女婿在江宁办了公司。赵先生说当地政府对他很关心，还推举他当县政协委员，参政议政。他说真做梦也没想到。

说来有趣，赵先生回国内定居已十年，然居而不定。十年三迁，先寄南京南湖，次寓江宁百家湖，最后定居溧水。自己“归农”，儿孙也“归农”了，不正如古人云“飞鸟恋旧林，游鱼思故渊”？

中午，乐耕兄请客，有幸与松泉先生同席，算是长了见识。我诧异这位百龄老人竟大碗喝酒（五粮液，三大杯），大块吃肉（梅干菜烧肉，至少吃了五块）。三杯下肚，我借机向先生请教养生秘诀。并不擅言的松泉先生借酒劲话语如泉水叮咚起来：“哪有什么秘诀，不养生就是养生。我崇拜自然，歌颂自然，尊重生命，热爱生命，但不怕死，一切听任自然。我现在每饭必酒，三五杯不醉，爱吃红烧肉，肉多不嫌肥。当年当兵打仗不死，果然有后福。”他又说“我没想活到这把岁数，没想到还能落叶归根，没想到能有今天，已很知足”。乐耕兄插话：“先生自刻的两方闲章：‘唯吾知足’，‘千变万化皆天机。’可算是心得。”

松下听泉。听松泉先生谈人生、论养生，科学乎，宿命乎？恐一言难判，不过，从他那忆往谈今叮咚的泉声中，是能悟出点道理的。

（感谢赵松泉先生提供资料及图片）

华君武，写在故纸里的故事

我有一个癖好，对所崇敬的故人故纸有浓厚的兴趣，只要我觉得“好玩”有故事，即令是故纸碎片，凡我力能所及总不忍错失。

华君武

漫画大家华君武（1915～2010）过世两年了，我俩曾有十多年的过从，对其怀念颇深。壬辰岁秋，我收藏了先生一叠故纸，多属未书就的残简和便条。长者不过四五十字，短则两行，费神费心得之不易。有朋友说“值”，毕竟他是大家，也有的说“大可不必”，终归是堆“断臂”。而我只觉得喜欢就值。我喜欢从这一截截断壁残垣中，去描摹想象中的华君武那堵墙，试着解读那纸背的故事。然而，所拥的资料有限，于是发了一个“呆气”，到网上去搜罗，将孔网上华君武条四十个页面地毯式搜一遍。泛读华氏残稿、工作报告、批示、与媒体通信、致师友函札，以及复读者来信。去伪存真，作一番梳理扒抉后得相关书简杂件百篇，据此写就本文。为免去可能导致的麻烦，受者名姓隐去。

外圆，亲民大使

五十年代初，华君武在《人民日报》，做漫画编辑，后来担任中国美协领导工作。画家出身的他深知同道们的喜怒哀乐，尤为关注个人画册的出版。僧多粥少，而那时北京有资格出画册的出版社只有“人美”一家，免不了论资排辈“排队”出版。老画家们往往写信向他申诉出版难。华君武曾多次写信给上海一家画册出版机构负责人，为同道呐喊：“兹再陈言，我们现在搞国画创作组，有些外省的国画家，作品还是不错的，人辛勤一生，总要为国家留些作品，但只靠北京人美一家排队出版，则瞑视而不能见。”故提出福建的郑乃珖、四川的李琼久、北京的白雪石、黄永玉，以及广东的廖冰兄等老画家，希望上海方面能予考虑。并表示，如能安排，他乐意帮忙组织。(1978.5.19)

他对体制系统内的文牍主义、公文旅行深恶痛绝，在致相关领导同志一函中说：“信(某老画家的诉求信，笔者)是给艺术局的，如按公文转，又要转出版局、人美，就要变成踢皮球了，不如径直寄你，提高功效。”大概是此类情况较多，信访往往如泥牛入海。信末，华君武不客气地又补了一句：“望你解决同时复我一信，不要官僚主义。”(1977.5.31)

华君武的一生是漫画的一生。他在一篇没有标题的残稿上写道：“漫画是美术之一种，但中国美术院校中没有设置漫画转业，因此大多漫画作者是依靠报纸发表的漫画，受其影响熏陶而自学成才。”大概有鉴于此，他在《人民日报》做漫画编辑时，十分注重对漫画业余作者的扶植与培养，一度“每信必复”，把写信(复作者)当乐趣。即令在他走上领导岗位，对漫画创作仍尤为关注。在致一编辑友人信中说“我自问，即使在这十年，我还是关心工人、农民、士兵的漫画活动，我尽我力去支持他们，我和他们通信，去他们那里讲漫画，这点我感到自慰。”(1989.9.8)

建国初华君武当编辑时的一通复作者函，读之令人动容：“某某某同志：信和画都收到了，现在许多报刊实在收到来稿太多，要一封封作具体回答是办不到的，我也常收到初学者来信，一般我只回一次信，如果每次都答复，我也吃不消。

我只告诉你有关我投稿的一段故事。我在中学时就投稿，当时向一个报纸投了将近两年，约二百几十幅，他们一次信也没有回，我继续投，最后用了一幅，这就是我从事漫画工作的开始。只有自己多画，多想，多看别人怎样画，光靠编辑指点是不可能的。既要从事这项工作，就要有毅力。”(8.3)

该信既对作者（读者）的诉求给予合理的解释，又从自己的亲身经历谈如何创作漫画，析理讲情，谈画论道，十分周详，可毫不夸饰地说为从业编辑者树立了一个典范。

最令人感动的是华君武与一名学习雕塑的煤矿工人罗某某相识、通信了几十年，在一封绵长的复信中，华建议他“在雕塑的基础上作些‘漫雕’（人像或动物神态夸张）也可能是一条路子”。罗某某给华寄了自己和家人的照片，时年九十一的华君武回赠他一幅九十生日照，还送了一本新著《漫画一生》。华称他们此举是“神交”。（1994 年元旦，2005. 8. 18）

相映成趣的是黑龙江某一小厂青年工人王某崇拜华君武，初学漫画时，把报纸上刊登华君武的照片贴在镜框里。华君武知道后“很不安”，幽他一默说：“（你）这样做就有在把我当神一样供起来了。”“只希望你像做工一样，不怕困难，坚持实践，一定能画好漫画的。”华君武对他随信附来的六幅漫画习作作了批改，同时建议他“多加强自己的政治和文艺修养”。（1979. 7. 19）

晚年的华君武年事已高，因身体多病，不大能复信了。因他的平易近人、亲民形象有名在外，不时有不甚知情的陌生读者仍来信求教。华君武为不拂他们的好意，曾打印一份公文式复信：

“某某　同志：

老年已悄悄来到，我自己还有事要做，无法满足日益增多的集邮、收藏书画者爱好，请予谅解。”

没有落款，谅由自己签署，以示尊重。对某些特殊的读者，他总要在打印件下方空白另行附言。如对四川奉节县公坪区红土乡鸡鸣村三组的一位读者，华

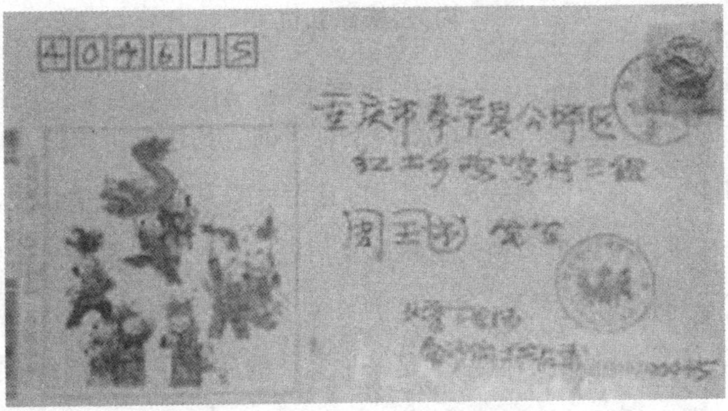

散落民间的信之一

君武在那段公文式打印件信后又写道："某某同志，本来不回信的，由此复印件为证，但你买了书，又附寄邮票，你的地址又很有趣，你又住在乡下，因此也乐于回信签名。我今年八十八岁了，签名回信，确也夺我光阴。"(2003.4.17)

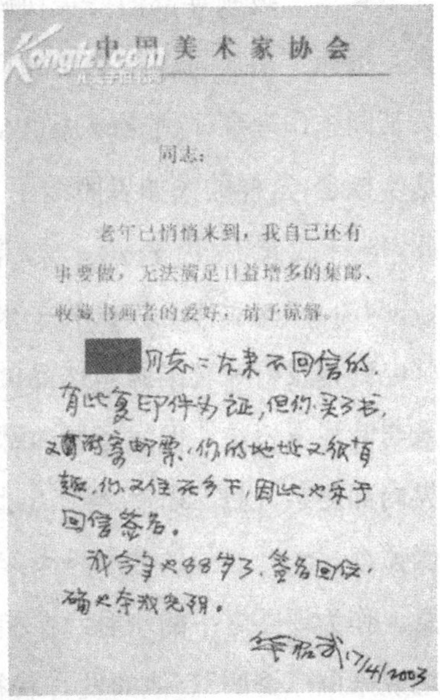

中国美术家协会

同志：

老年已悄悄来到，我自己还有事要做，无法满足日益增多的集邮、收藏书画者的爱好，请予谅解。

[redacted]同志：本来不回信的，有此复印件为证，但你买了书，又附寄邮票，你的地址又很有趣，你又住在乡下，因此也乐于回信签名。

我今年也88岁了，签名回信，确也夺我光阴。

华君武 17/4/2003

散落民间的信之二

华君武，一位"退休的漫画老兵"，囊中不丰，然这位"公仆"仍念念不忘养育自己的"主人"。他亲民、爱民，有人戏称他是"亲民大使"。华君武九十岁时，老家无锡母校荡口中心小学百年校庆，为感恩母校，他汇去千元祝寿。

去年笔者从孔网上曾见从北京电视台总编室流出一封华君武的信。那是他看了北京台的一档节目，为节目中主人公生活困境而不安，愿提供帮助向电视台索取主人公地址的……

华君武的人情味很浓，也有不少"秀才人情纸一张"的故事，如为他服务拍摄记录片摄制组的同志，给他看病的大夫们送张小画作纪念的为数不少。

内方，嫉恶如仇

华君武的耿直，或曰原则性在圈内是有名的。凡违反组织原则的事，他都视为眼中的沙子。在美协领导岗位上时，党组反映某同志颐指气使、目无组织的行为。他在接到报告审阅相关材料后复信说："任何党员都要接受党的审查，遵守党的纪律，向党陈述意见，绝不能允许对党采取任何蛮横的作风。"并一针见血指出，某某某这种胡闹"实际上是一种文革的后遗症"，并指示应按党纪"在调查之后"处理。(1986.4.14)不姑息，不迁就，其语意坚决，掷地有声。

某年上级领导部门就美协顾问、理事人选征求华君武的意见，华君武复函直言不讳："某某同志作美协顾问，我没有意见，虽然我对他的为人存在怀疑。某某同志作理事，除非有人提出，我个人不能提出，因为这不是属于团结和反对这个概念，这样的人如果团结了，我们就会失掉一些人对我们的信任。"即令如此，华君武最后仍表示："如果人事安排小组认为应安排，我就执行。"(1984.11.12)对待上级机关派来的"钦差"，他也不惟上、不盲从。一九八八年邮电部拟发行一套国画家作品的邮票，邮票评审委员会已审定为李可染、吴作人与叶浅予三位。但发行局内部有人"横生枝节"，向邮电部打小报告称"美术界内部复杂，门户观念，不宜出此邮票"。邮电部长说征求美协意见。美协复函："李、吴、叶三位的艺术是大家公认的，不存在什么复杂问题。"邮电部终于同意。作为评委之一的华君武在相关会议上直言有关部门"不要老用美术界复杂之说来颠三倒四"。他的发言获得与会者一致认同。而X部来的自称"领导美协的"某同志在会上不表态，不反对，会后又以"我是来领导美协的"自居搞"小动作"，并放言"美术界就是复杂"。华君武忍不住拍案而起，致函那位"领导美协"的"领导"反映这一情况，诘问："这种举动意味什么?"(1988.10.26)

在美协日常工作，承办对外展览、派员出国，以及接纳外国来华进修的艺术家问题上，华君武秉公办事，恪守"外事"原则，不以对方提供经费方便为方便，坚持"我们的权利"。(1983.10.11)对某些书画专业出版社不积极为画家服务，

他幽默地批评说：“不要摆出一般老爷架式，占住茅坑不拉屎——尽放屁！”(1988.5.12)

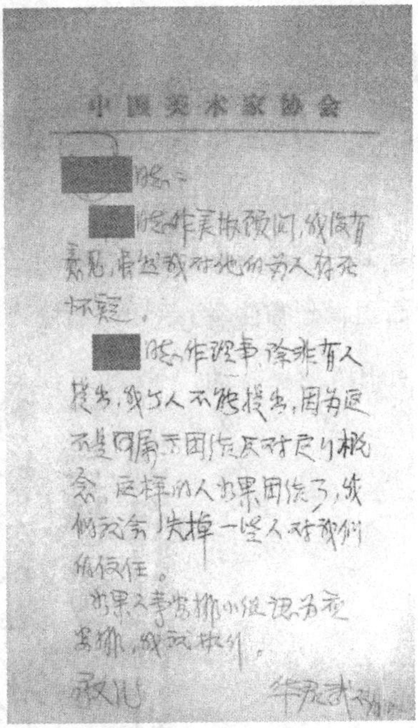
中国美术家协会

[redacted]同志：

[redacted]同志作美协顾问，我没有意见，虽然我对他的为人有所怀疑。

[redacted]同志作理事，除非有人提出，我个人不能提出，因为这不是同属于团结反对自己的概念，这样的人如果团结了，我们就会失掉一些人对我们的信任。

如果人事安排小组认为应安排，我就执行。

敬礼

华君武

散落民间的信之三

华君武不仅在对“公”问题上坚持原则，自己在做人上也清操自守，显示不凡的格调。一位友人(名人)托亲戚给他送来礼品和一幅画，希望华君武在那画上题字。华君武认为此举俗气，拒不题。复信说：“我不喜欢的画如何题字？”并声明：“以后请不要再送东西，如送就断交。”(1995.6.1)上世纪末，一位家境不好的大学生给华寄来二十元钱和一幅父亲留下的唯一一幅画，请华君武为他写一幅对联。华君武照单退回。附信云自己年事已高，又从不书对联，对他的家境表示同情并善意地批评：“你不是说父亲的藏品都毁于水灾，那这幅画更不应该送人。”(1998.9.8)

从上述“方方正正”种种来看，华君武似乎不近人情，实则他是一位善解人意、人情味极浓的好好先生。程思远先生喜欢集邮，曾寄三份首日封请华君武题字。其中一枚图章钤时不慎损污了，还附信请对方原谅。程知华复信繁多，来信时附了复信邮资。华见附来的邮票面值太大，随信璧还。(1989.2.15)

某位领导送他一枚珍贵的《甲申年》邮封，华君武慨然送给一位远方的集邮爱好者。戏说此是“宝剑送烈士，红粉赠佳人”。

他是一位十分讲究操守的“领导”。一九九二年新加坡邀请他去办画展，他就画展的内容、篇幅向上级作详细的汇报。同年“鲁艺”校庆，适逢他与夫人宋琦已应陕西省邀请赴西安办画展，他认认真真地写了一张长长的请假条向“鲁艺校友会”请假。(1992.5.14)

幽默,漫画家本色

华君武的幽默,人称"华式幽默"。他的作品除漫画之外,还自撰打油诗,加上他那别具一格的书法,使他的幽默更上层楼。诸如他的《自画像》,在双手捂住五官的画像旁,配以打油诗:"画兽难画狗,画人难画手,脸比手更难,一捂遮百丑。"形象生动,亲切诙谐令人捧腹,真是"绝配"。

华君武自画像

华君武一向以自谦称著。媒体上有人说他是"上世纪中国漫画第一人"。一位作者在文章中引用了这句话,他见后直言批评:"你这不是替我找麻烦吗?……你发表了,我不变成上世纪漫画第一人了,我敢这么默认吗?"(2004.8.27)建议作者不要发表。笔者手中收有几张他的故纸残片:青岛某旅游胜地请他写字勒碑的、北京某双语学校请他题字的,等等,他都一概拒绝。曾有某报请他题写某栏目名。他复信说:"不敢同意,我的字不入流,只配我的漫画。"拒绝之后又推荐某书法好的名家写。末句是:"邮票退回,宣纸没收。"(1997.5.7)一位读者寄来一本《我画你写》请他签名,他复:"书是别人编的,未和我商量,不敢妄议,但我感到有点像语录的模样,我是一个普通的文艺工作者，哪敢自发语录，因此不好签名，请谅。”（2004.10.19）因朋友关系，他为一友人的书写序，但对自己标点使用不自信，特嘱：“我已七十九岁，但仍不会用标点符号，请改正。”还严正声明：对他的正负评价不准修改。（1994.4.15）

华君武的幽默，在与友人的通信中俯拾皆是，几乎每封信中都能读到精彩的句章。他在向一位朋友介绍自己晚年生活近况时说，自己练拳时摔倒，骨折了，卧床四十天，穿袜子还得请老伴帮忙，还信手写了四句顺口溜：“老头练太极，还想金鸡独立，摔断了股骨头，自不量力。”（2000.9.25）一作者要采访他，他说自己没啥写头，“我肚子里只有那么一点‘货色’，讲久了都是‘陈货’，很像破裂的留声机片，连我自己都听烦了，望能躲开为好。”（2003.9.28）他是一位礼数极周的和蔼的长者，某年除夕那天给一小字辈写信：“今天是除夕，赶写此信向你拜年，表明我也性急，明年再拜就要等 365 天了。”（2004.1.21）他是名家，报刊向他约稿者门庭若市，而对《文汇报》他情有独钟，“文汇报明年二十四版，拉稿积极，我已被三马分尸。一为阁下，二为漫画专刊，三为《笔会》”，还自嘲“奇货可居”。（1995.12.2）有些读者给他写信字迹潦草，他无法辨认，在一封未寄出的无法写出收信人全名的信中，他写道：“黎 x 同志：你的字太草，我认不清，请写清楚告我，以后写给不相识的人，千万不要写你的‘黎草’。”（无落款日期）

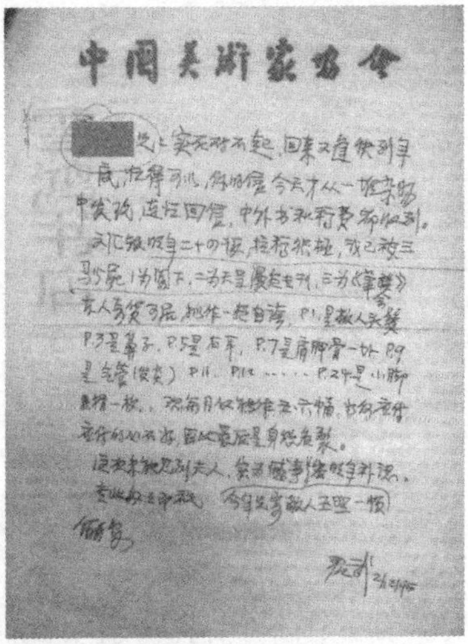
中国美术家协会

[redacted]

散落民间的信之四

华君武是正统的延安牌知识分子。他对人的称谓喜欢用“同志”。某年他到哈尔滨作客，电台请他做节目，称他为“先生”，他调侃说：“我说你们称呼江泽民总书记不会称呼他为‘先生’吧？”笔者在过眼的华君武致他人百通书信中，只有两个人称呼例外，一是直呼一对夫妇名：“本应称兄嫂，但又觉得拗口，索性不加称呼，反而亲切。”另一位是《文汇报》记者谢某某称“兄”，语意特别亲切，还拉家常：“这次未能见到夫人，实为憾事，今年先寄敝人玉照一帧，容明年补认。”（1995.12.2）

文人相轻，也相亲。

华君武对前辈、同道是很尊重的。一次，他在《美术》杂志上第一次看到齐白石画的人物“大吃一惊，画得那么好，如果能把老人当雕花木匠时也能写点什么，我想必定大放异彩，不只是现在大家所了解的齐白石，仅是大虾、螃蟹”。(2003.1.24)他欣赏同乡吴冠中的画与文章，在致吴的信中说：“这几年在报刊上，常常看到你和你的画一样美的文章，很高兴，可以说大放异彩。这种思想和见解，我想你早就有了，只是气候原因。”并说自己写《漫画一生》是受吴冠中的启发。(2005.3.10)

故人故纸故事，真实鲜活有趣。

丁聪伉俪二题

我与丁聪、沈峻夫妇，相识于十七八年前，因无文稿往来，几无过从。近年缘于文事，向沈峻女士请益，遂有音问。癸巳初夏乘赴京华公干之便，拜访沈峻，所感颇多，为留雪泥鸿爪，涂此文记之。

——题记

杂记丁聪

丁聪(1916～2009)，俗称小丁。我曾问沈峻，是不是丁聪与老先生丁悚(幕琴，1891～1972)同在上海画界工作，而改称小丁。沈峻说那倒不是。漫画署名时“聪”字繁写笔划多，写小了，版面做出来不清楚，写大了又不好看，前辈张光宇建议他署小丁，丁聪觉得有道理，就改了过来。沈峻又说，“丁”有“人”的意思，“小丁”即“小人物”，而且他的个子也不高，很贴切。

沈峻送我一本《永远的小丁》，她在扉页上写道：“看看朋友们是怎么说他的，也许还有点意思。”我认真通读一遍，岂止“有点”，而是“很有”意思。我姑妄将其概括为“三奇”。

丁聪四岁公开发表处女作《京剧人物》，截止九十一岁绝笔《住院难》，凡八十七年。他的漫画创作生涯或是中国漫画史上最长的一位。此为“一奇”。丁聪是提着画笔走上抗日战场的，他参加反独裁、争民主战斗，故被通缉而逃亡香港。一九三九年在香港作了一幅宣传抗日的漫画《逃亡》，宋庆龄见了十分喜欢，作为“保卫中国同盟”招贴画广为宣传。她与丁聪合影，还趣问丁聪“阿可以卖把我伲?”解放后，丁聪任《人民画报》副主编，守时勤政，努力工作，然而一九

丁　聪　张昌华　摄

五七年莫名其妙成了“人民的敌人”，被戴上“右派”的帽子。其实并不是他有什么“反党”言论，全因其为人厚道，不愿揭发别人——犹如击鼓传花（炸弹），鼓声停了，炸弹落在他手中刹那间，他怕伤了别人，只好自己兜着走。此奇二。他在向人世告别时，践行“三不”：不举行遗体告别仪式，不办追悼会，骨灰也不要，只揣着老伴沈峻的一封信上路。这是绝唱。此为“奇”之三。

丁聪的形象，大腹便便，颇似大肚弥勒。他不善言辞，甚而有点木讷。他的幽默讥讽尽显在他的漫画中；然而他不言便罢，一言往往一鸣惊人，幽默得准令你捧腹、喷饭。丁聪忙于画事，极少写信，偶尔为之，幽默毕现。试举致友人信一例：“今天画端木（蕻良）的《作揖》插图，清理桌面，在你寄来的信里，发现张洁的文稿原来未寄还，真是太荒唐了！近日来事情太杂乱，顾此失彼，看来脑子有点老糊涂了，实在太抱歉（肯定你已经为找这篇文章伤透脑筋），特在此做检讨，望念我初犯，从轻发落，给个改正的机会吧！”

丁聪是有名的“食肉动物”,爱吃肉,“人活着没肉吃有什么意思呢?”是他的名言。无奈“家长”(夫人沈峻)盯得牢,得手机会不太多。他是资深的全国政协委员,常对朋友说“我喜欢开政协会,在家有‘家长’管着,一到开会,吃肉就自由啦”!开政协会时,整日乐呵呵的,像个翩翩少年。有人问他怎么不老,是不是吃了青春宝?他咧着大嘴说:“不,我是吃了娃哈哈。”晚年住院,向来访朋友们诉苦不是吃药、打针,而是“现在最不开心的就是医生不让吃肉”!一九九六年,丁聪八十大寿后做肾手术,由于手术室空调打得低,丁聪被冻得够呛,随之发烧,出院后,他回忆这段暴冷暴热的往事对友人说:“这叫宰你没商量!我一辈子尽给社会病动手术,这下轮到自己挨刀了。那几天呀,先是爬雪山过草地,然后再经火焰山……”语幽四座。在生命最后的日子时已昏迷的时候,老友陈四益(陈,上海人,沈峻复旦同学,丁聪多部作品合作者)夫妇去看他。沈峻问丁聪还认识来者是谁,丁聪忽用上海话说:“假使我勿认得伊,格末还认得啥人?”一句话把大家都逗乐了。

人去案不空　张昌华　摄

丁聪在生活中幽默，不止在当下的和谐社会，即在严肃的阶级斗争年代也不改诙谐、讥讽的本色。他是一个以仁厚称著、骨子里却刚正不阿的角色。“反右”时，上面要他揭发一位朋友的“反动言行”，他不能无中生有，也不能落井下石，坚持“闻风不动”，结果帽子套到自己头上，被发配到北大荒。“文革”时，造反派又逼他交代一位老朋友“罪行”，并列举那朋友种种“劣迹”作“诱导”。小丁听罢说“这个人真坏!”对方来了兴趣，乘胜追穷寇，催他交代那人“坏”在哪里?小丁慢悠悠地说：“我同他相交那么多年，他干了那么多坏事，居然一点也不告诉我。天底下竟有这么坏的人!”为此番幽默，他付出了血的代价，挨了造反派一顿铁棍，头破血流。而此事外人不知，他也没向那朋友说，若干年后还是夫人沈峻不经意间道出天机。

小丁“惧内”誉满京华。说到“家长”沈峻，丁聪幽默的话题更多、更有趣。“家长”，是丁聪对患难妻子沈峻的戏称。结缡五十年多来，沈峻一直充当贤妻、慈母角色。特别是退休后，形影不离。她对丁聪的“管教”是寸步不让。丁聪与太太同席，见眼馋的大肥肉是否下箸，要先看太太脸色。丁聪宠太太，还有一套“太太不错”的理论。他曾对老哥们说：“太太有错，那一定是我的错，如果不是我的错，也是我害太太犯的错；如果坚持她有错，那更是我的错；如果太太真错，尊重她的错我才不会犯错；总之，太太绝对不会错，这话肯定没错!”就像绕口令。这幽默与“惧内”美名在外的赵元任先生相比毫不逊色。赵先生一辈子都是惟太太为上，惟太太为尊的。刘梦溪目睹沈峻的精明与干练，当丁聪的面称沈峻有“治国之才”。小丁马上接话：“所以我受不了！一个能管理国家的人，现在只管我一个人，你想想看……”

快乐的小丁也有苦恼。他的一生是漫画的一生，自语“转蓬的一生”，阅尽人间五颜六色。他曾说：“三十年代，我画漫画，骂国民党腐败，我敢骂是我有后台，我的后台是共产党。”“有一次，一位大领导请我们几位漫画家吃饭，席间号召大家拿起笔来揭露腐败，说他来给我们撑腰，可没过多久，他却因腐败倒台了，这叫我怎么画?”

丁聪上天堂了，人天殊途，但他的画流传人间，他的话响在你我的耳畔。

拜 访 沈 峻

如果说写丁聪是“纸上得来”，那么写沈峻就是“耳闻目睹”躬行之果。

沈 峻 张昌华 摄

我与沈峻交少，她写信称我为“您”，总觉有点生分。拜访那日我先电话试“风”，表达我想来看看，问她方不方便(实为愿否)。沈峻连说：“欢迎欢迎，你从南京到北京来看我，我高兴。”她问何时去，我说马上打的出发。她忙叮嘱：“我这儿不好找，你上车把电话给的哥，我指路。”一副家长的“范儿”。四十分钟后我叩响丁府门铃，沈峻笑迎。她穿一件黑底白花圆领衬衫，端庄大气，精神矍铄。这哪是八十六岁的老奶奶，说六十八岁还差不多。我们在三言两语寒暄中，生分融消。我说想看看丁聪先生的书房。沈峻引我入靠北的那间十平米斗室。我本以为有灵堂或遗像之类，好行三鞠躬致意。没有。我忽然想起沈峻说的“怀念丁聪就看他的漫画”那句话来。书房空间为几只大书柜占满。一室书香。临窗一张写字台上堆满杂乱的文稿，未竟的版样，以及直尺、剪刀等杂物，桌前挂着老友韩羽的一幅画作，这一切好像丁聪下楼理发或打酒去了，那张尚有体温的椅子等他归来。沈峻说“一切都是老样子”。书房门从上到下贴满他们孙子幼时的画作，蓝天白云、小猫小狗，花花绿绿，还有一幅画爷爷丁聪的漫画。我想当年这间小屋充满多少笑语和天伦之乐。如今人去室空，不免让人有点戚然。

丁府二室一厅，似简单装修过，石灰墙木板地。本色。客厅，亮但不宽敞。茶几上堆着书报信函，小碟罐内还有些许零食。斯是陋室，惟吾德馨。环顾四壁，仿佛置身画廊，琳琅满目的都是当今显赫人物。一幅丁聪、沈峻彩照引人注目，典型的郎才女貌。照片背景是苗子的书法“齐云”。我问什么意思。沈峻说，那是二十年前他们迁入这栋高楼，苗子送的。我想或许是还有更深的寓意吧。沙发正中上方镜框里悬有九十六岁的苗子为九十三岁的小丁远行写的悼诗，诗云：“七十交情九十翁，君今飞去一条龙；我是破车牛亦老，粉丝亿万小丁聪。”每句后面还有笺注小字。沈峻怕我看不清楚，解释说他们都年过九十，相交七十多年了。郁风、丁聪都属龙；苗子属牛，现在出入需坐轮椅……那镜框上环绕着一条金黄的哈达，沈峻说这条哈达是藏民送给苗子的，他也一并送来了。君子之交淡如水。黄、丁老哥俩七十年的情谊全浓缩在诗中。武建军为丁聪作的漫画、杨宪益送的奇石等，随意地存放在窗前。沙发靠背上方陈着一溜玩偶，引起我的兴趣，有只硕大、憨态可掬的狗熊还戴着眼镜，盘踞其间。沈峻动情地说：“丁聪与‘三联’朋友的感情很深，每年丁聪生日他们都送礼物，这些都是。”又说：“那狗熊戴的眼镜，就是丁聪生前用的那副。”我隐隐发现沈峻向我讲述这些时，眼中噙

黄永玉赠沈峻画

着泪花。我怕说多了，引起老人的伤感，将话题转到黄永玉的书法上。那作品尺幅奇大，书的是宋人陈与义的词。后有长长的跋，字小，我凑近也看不清。沈峻说，丁聪走后，黄永玉请她到他老家凤凰去散心，那天一时兴起，忽然提议要带她去参观他当年读书的文昌阁小学。她本以为爬上山就到，谁知要翻无数个山头，从上午九点走到下午一点，把沈峻累得躺了两天。黄永玉回来送了这幅字作为纪念或为“补偿”吧。与书法相邻的是黄永玉画的一只翠皮鹦鹉。翠羽黄肚黑喙，生动极了。专注画面，仿佛听到它在叫“您好!”最逗的是题字：“鸟是好鸟，就是话多!”叫人捧腹。沈峻笑呵呵地说，这只鹦鹉还有故事呢，她说郁风很在意这只鹦鹉的故事。话传到黄永玉耳中，黄永玉马上为郁风画了一只尺幅更大的鹦鹉送给郁风，也题了句话。我很敏感，忙问写了什么。沈峻说好像是“鸟说人是好人，就是话多”。那个“故事”是什么，何谓“话多”沈峻没说。我想大概不足为外人道也，但一定是个令人捧腹的故事。北面墙上有三幅画成“品”字形列在一起。我问这有什么讲究。沈峻指着画说，那幅拿皮球的画，是老爷子（丁悚）为四岁丁聪画的像；那幅坐在小板凳上画画的孩子，是丁聪为四岁的儿子丁纬画的像；还有一幅是丁聪四岁时发表的处女作《京剧人物》。据我所知那幅丁聪四岁时的作品，是他的粉丝从老画报上发现后复制后送来的。都是四岁，叠趣横生。不经意中话题转到我们共识朋友们。沈峻谈到祖光、苗子、亦代、王世襄、范用不胜唏嘘，大叹人生苦短，“都走了”。她说苗子走时，她也“画”（自谦）了一首悼诗。诗曰：“八十交情百岁长，飞天不待祭灶王，如今猫仔辞猫国，天堂重开二流堂。丁聪完益天门见，又

“三联”送丁聪生日礼物

见唐瑜吴祖光，郁风朗笑高声道：人间只留‘万荷堂’。”沈峻说：“丁聪走时，苗子给他写悼诗，现在我替丁聪悼苗子，不管好不好，苗子会喜欢的。”二流堂这班文人雅士之间的过从，风雅风流绝顶，活脱脱的“竹林七贤”的现代版，难得一见的风景。最初我只知道丁聪称沈峻“家长”是一人之家长。最近获悉，沈峻是“二流堂”家族的“家长”、大管家。

沈峻端庄、热情、干练，名满京华文化圈。某年，她听说苗子家有蟑螂，就买药送上门，教小阿姨如何灭蟑螂；叶浅予是浙江人，嗜鱼，她隔三差五烹好送去；孤独的老朋友、港人潘静安住院，她坚持每周探望两次，骑车从城西到城东，一趟一小时。一骑就是八年，直至他去世。二流堂堂客们的聚会，十九均由年轻的沈峻一手操办。一次黄宗江到上海小住，听说朋友们要聚会，打电话给家长沈峻软硬兼施，要求一定要等他回京再办。最有趣的是二流堂主唐瑜与太太李德秀发生内战，原因是美食家唐瑜要上馆子打牙祭，太太不让，担心他血压高吃不消。两人分别给“家长”打电话告状。公理、婆理，各持一说。沈峻兼听后，只说一句“不行！”堂主唐瑜也就乖乖罢休了。说到这儿，沈峻还模仿耳聋的唐瑜打电话只顾自说自的样子，她说这叫“单行道”，不禁笑了。不知怎么我们聊到罗孚（柳苏）。沈峻马上来劲，说他是他们家“跑片”的。原来“北京十年”，罗孚是丁家常客，每来都抱一大摞电影碟片，让喜欢看电影的沈峻欣赏。沈峻说自老罗回香港，我家的片子也断了。又说“前年罗孚过九十大寿，还邀我去香港玩。我有事没去”。当我说到罗孚身体近况不佳又住院时，沈峻马上回应，“那我还真得要去看看他呢”。

沈峻，清末名臣沈葆桢之后，名门闺秀。早年毕业于复旦大学外语系，一直在外文局工作，与杨宪益同事。一九五六年，四十岁的丁聪与二十九岁的沈峻结缡。一年后儿子丁纬出生，她还没出院，丁聪就被发配北大荒劳动改造；三年后他回京没有单位接受，蛰居在家。一九六二年摘帽才有饭碗，在书店推广科画广告。“文革”中受难不必说，直至六十三岁才重操旧业拿起画笔……

丁聪走后，沈峻大病一场，手术后醒来，病床前拥了一大堆亲友，她竟幽默地说：“你们想看我最后一口气怎么咽哪？”朋友说她命大，她说上帝不要她。朋友说，不是，是丁聪不要你，他要自由。沈峻说，他在天上做快乐的单身汉，我在

前排左起：罗孚、丁聪、杨宪益、苗子和邵燕祥（后右一）等

地下做快乐的单身婆。

沈峻目前的确很快乐。八十六岁的她一人独居，不用保姆，一切自理，消消停停。她说除看书报外，她最喜欢听音乐，说着一边拧开音响，一边捧出一大叠唱片目录给我看，多为解放前外国老电影插曲。沈峻又说她现在最喜欢旅游，一人无牵无挂，绝对自由，到东北滑雪、到大江漂流，到湖南去爬山。大概是叫我相信，找出两张贺卡式照片送我，一着滑雪装，手持雪橇，好不潇洒；一穿救生衣在橡皮艇上，英姿飒爽。在照片背后信手写道："昌华先生，见笑了，八零后（八十岁）老太太玩疯了。给你留个纪念。沈峻二〇一三、六、十四于北京家中。"她说她的生命始于八十五岁。玩到玩不动那天。多豁达！

两个小时聊天瞬间过去了。告别时，我请她留步，她不肯。送到门口、电梯口，直到楼下，仍不肯回，一直送到马路上，为我拦辆的士，等我坐上出租车，就像送远道来探亲自家的孩子，等车动以后，她才转身离去。

（感谢沈峻先生提供文字资料及图片）

无名文常韦

萧乾先生著作等身，于垂暮之年与夫人文洁若女士携手译就百万字煌煌巨著《尤利西斯》，已成文坛佳话；然而，很少有人知道为他们伉俪的丰绩倾一生心血的文常韦(1925～1993)女士。常韦者，文洁若女士之三姐也。

文常韦

文常韦是位天资聪颖、性情温柔、勤劳善良的女性。一九三四年她随做外交官的父亲赴日本，在圣心女子学校读了两年的书，就把小学课程全部修毕。回国后，跳班考进辅仁大学附中。十七岁时由附中免试保送辅仁大学西语系。但她命途多舛，因骑车不慎摔伤右足，时逢北平沦陷，父亲失业不能到协和医院求医，上了一个“比野兽还残忍”的日本医生的当，本可治愈的病，落得终身残疾。僵卧病榻十七年。到一九五八年治愈能拄拐行走时，这个“被遗弃的美人儿”已步入中年。直至一九九三年突然离世，她仍孑然一身。她把她的心血默默地奉献给萧乾一家。无怪乎，每提及三姐常韦，文洁若总十分动容地说：“三姐就是我的生命。”萧乾更是感动：“我和洁若的任何一分成就，都有三姐的一份”。

一九五五年一月，萧乾、文洁若的爱女小荔来到人间。小荔出生五天后，文洁若母女便回到娘家。当时家中只有文洁若的老母和躺在病榻上的三姐常韦。三姐抱病主动提出要帮她带孩子，为了工作，文洁若不得不把这个“包袱”转嫁给姐姐。常韦架着双拐艰难地为小荔尽一个母亲的职责。为哺育好小荔，她特地请在美国的大姐寄来《育儿手册》，参照书本上的喂养知识，悉心照料。小荔是睡在三姨的床上长大成人的。后来，萧桐出世，常韦的担子倍加繁重。“三姨，我要撒尿”、“三姨，我的衣服钮子掉了”、“三姨，我饿了”，这些本应找妈妈的事，全撂到常韦头上。两个孩子的吃喝拉撒睡，以至学习，她全包了。孩子们叫姨比叫妈还要亲切；学期结束，孩子们捧着奖状、成绩单不交给爹妈，总让三姨先看，让三姨高兴。八十年代，萧桐已是美国一所大学的教授，颇有名气的画

文常韦（左二）与萧乾、文洁若及萧荔

家，回国探亲吃饭时，总依在三姨的身边，直夸三姨做的饭好吃，逗三姨开心。三姨是他们的第二个母亲。一九五八年，萧乾夫妇先后被下放到农村，萧乾的家全靠三姐常韦一人撑着。

常韦把母爱给了萧乾的儿女，也毫不吝啬地施予了萧乾。最令萧乾刻骨铭心的是二两炒面的往事。那是人祸天灾并行的一九六一年。萧乾原在农场干苦力，每月定量五十五斤，副食品也还充裕。一回京城，定量减至三十斤，油水极少，肚饿难受。一次，下班回家途中他到东四一家小面馆吃炒面，兜里只有二两粮票，他买了二两炒面，一下子就扒光，正准备离去，忽然面前又出现一盘，原来是三姐也到这里吃饭，看到萧乾狼吞虎咽的样子，她便把自己叫的一盘送了过来，转身离去……这以后的三十多年里，萧乾多次向三姐提起那碗炒面的事，常韦只是抿嘴一笑。萧乾说："一九七九年后，我在国内外参加多少次宴会，吃遍了山珍海味，但我永远忘不掉三姐那二两炒面。"

文洁若（前左二）、文常韦（后左一）和她们的父母

更令萧乾文洁若夫妇感到无法偿报的是，三姐代他们受过为人刀俎的创痛。萧乾是位见过大世面的人，见过大世面者的“事”自然也多。一九六〇年八月，萧乾被作为“牛鬼蛇神”由羁押在社会主义学院“牛棚”，押回街道批斗。当时，萧乾害怕批斗，又想急切回家看看家被捣成什么样子，更想知道孩子和三姐的安危。那天，一进胡同，萧乾就见到胡同两旁墙上贴满大字报。大字报上萧乾的名字都被打了大叉叉，家门口挤满人。萧乾双手被反剪着，押到他住的小院里。他一眼瞥见清白的三姐也被人押着，站在八仙桌上，猫腰低头，她有一条残足呀！萧乾老泪纵横。两个孩子吓得缩作一团，躲在墙根边。萧乾被揪到另一张大桌子上，因他的腰部有疾，不能弯，被恩准跪下。批斗者是居委会主任带领的一群街道群众。原因是，群众中有三代同堂的，有“红五类”，有烈属，住房都很挤，而萧乾家却有五间房，要“打倒老财”。批斗会刚开始，街道主任直指常韦大喊“给这个女的剃阴阳头”，说着就操着一把剪刀冲了过来……

那时，街道隔三差五勒令“被斗户”开“牛鬼蛇神”会，户主萧乾身体不好，三姐常韦主动去当替罪羊，一天晚上，一群来路不明戴红袖箍的冲进屋里，三姐怕吓着孩子，挺身冲上前，被来者打破了头，到积水潭医院缝了十几针，由此一直留下阴雨天头痛的后遗症。

在生活上，常韦充当萧乾夫妇的工作秘书、生活秘书和保姆角色。锅碗瓢勺，寄取邮件，誊抄文稿，侍弄花草，养小乌龟，地道的“全包”。特别是一九七三年，萧乾患冠心病，为治病，共开了两百多副中药，抓药的任务大多落在常韦身上。为了最大的发挥药的功效，每副药常韦要煎熬三次，累计起来六百多次！萧乾说三姐熬药一次也没有煳过，她像个虔诚的基督教徒。煎药时，总守候在药罐子旁边，火候正适中。“我已八十六岁了，心脏一直都很稳定，这都是三姐的功劳。”萧乾后来回忆说。

就这样，常韦为萧氏夫妇支撑着这个家，他们共同熬过了多灾多难的六十年代，度过烦恼困顿的七十年代，迎来了劫后的八十年代，愉悦地跨入九十年代。

文常韦是位有修养的知识女性，她有着爱美的天性，特别爱花。七十年代她们居住大杂院时，她花了十多元钱买了一盆花，没有端进房内，而摆在小院过道口，让全院人共赏。

她为人善良，当得悉萧乾早期作品《梦之谷》中的原型岷姑娘还健在，但双眼瞎了，生活十分清苦时，她每年春节都要寄一笔钱去，十数年如一日，从未中断过。当她获知《战争和人》的作者王火，见义勇为，救一小女孩，而自己的左眼失明时，激动不已。主动给王火寄去洗眼杯和硼酸粉，并致信问候。她的勤俭也是有名的，为了节约开支，尽管行走不便，她推着购物车，跑到三里河农贸市场买便宜货。买混纺的毛线，为家人织毛衣，文洁若说为她织的毛衣，她下辈子也穿不了。她为萧乾买了一顶人造毛的帽子，萧乾戴了，别人还以为是昂贵的水獭皮的呢。洗衣机洗衣的水，她都用几个塑料桶接着，用来留着拖地，物尽其用。每年岁末，旧挂历换下来，她都用来自制信封。这个习惯一直延续到九十年代。一九九一年，她用换下的挂历正准备糊信封，文洁若忙劝阻，说留着她要装订成剪报本用，实际上文洁若怕累着姐姐。当家境好转时，文洁若几次提出请保姆，三姐坚决反对，她说："我能做，我有指使别人做的时间，我都做好了"，"我最怕外人在我眼前晃。"敬业精神极强的文洁若，下班回到家里总抢活干。三姐不让。文洁若说"三姐，你太累了！"常韦反问："你不累？成天趴在桌子上。"萧乾有时也想插手帮忙，她马上喝止："你只剩下一只肾了，别逞能！"简直带有专制色彩。

三姐常韦是如此钟爱这个家，萧乾、文洁若除感激之外，又何尝不像她一样，尊崇、爱戴她。

爱姐莫如妹。

笔者有幸在常韦遗物中见到四十六年前一份落款为"小五"，在重庆发给她的一封信：

> 大姐说今年六月就毕业，以后挣下许多钱，一定把你接到美国去治疗，跟大姐一齐过快乐日子。困难只在眼前，希望你好好保养，现在天气在北京一定很冷，我想你等天暖和了再出去，免得伤风，我每天时

刻都想着你，我多么希望跟你在一起。我在找事，找到事挣钱一定给你寄去。

这位“小五”即文洁若。

一九五六年文洁若费牛虎之力，终于找到一位经验丰富的骨科专家，萧乾雇了一辆三轮车，把常韦送进北京积水潭医院为她治病。手术分两次进行，先将十五年前失败手术留下的碎骨取尽，然后矫形成功。常韦终于扔掉双拐行走了。接着文洁若费更大的气力，为三姐的婚事张罗。当时被贬在农村劳改的萧乾，不忘这块心病，也写二三千字的长信劝三姐成家。

常韦毕竟是位知识女性，她对婚姻伴侣要求较高，认为夫妇之间，必须有共同语言。有两次结婚戒指都戴上了，终又告吹。本已应允的对方，终因她的足疾而畏首了。高不成，低不就，致使常韦的婚事成为“老大难”。文洁若在译《尤利西斯》第十三章，关于摔瘸腿的少女格蒂说“被遗弃的美人儿，女人要是落得残疾，便倒楣十倍”一句时，油然想到了三姐，伤心地哭了。一直到八十年代，萧乾夫妇仍为三姐的婚事奔波。弄得常韦反倒安慰妹妹，劝她“别再替我张罗了”。文洁若说：“其实，你本该有自己的家。你多么爱孩子。”常韦却答道：“我就是有自己的孩子，也不会爱得像小荔小桐这样。”当然她也有活思想，觉得自己的年龄大了，有了孩子身体也未必健康。她对亲友中孩子多却一个也不能成才的，很不以为然。文洁若一想到三姐常韦的不幸，倍加憎恨日本侵略者，憎恨那个“比野兽还惨忍的”骗人上当的日本大夫。致使她在翻译日本文学的选材方面，特别注重对日本侵略战争的揭露与批判。文洁若天性俭朴，每月工资领回如数交给三姐支配。她到出版社上班，相当一段岁月都自带饭菜，而对姐姐十分大方，一般现代女性能享受到的，她都让姐姐尽情享受。弄得常韦反倒不好意思：“我花你的钱，比你花你的钱还多。”

萧乾比三姐常韦还大几岁，一直喊她姐姐。他对她的尊重与爱是以另一种形式体现。幽默的萧乾爱在三姐面前“撒娇”，像一位长不大的小弟弟。八十年代中期，文洁若应邀到日本讲学、研习日本文学年余，萧乾在致文洁若的信中云：

三姐说，你不在时一定把我保护好，明年全须全尾地交给你。晚上看电视，我打喷嚏，她马上勒令我加件什么，其实我自己很当心，只是不愿太蝎虎。我保证与她合作，绝不逞能……你走后，我在生活上一点影响也没受，因为担子一直都在她肩上。她不多言不多语。从来不表白什么。也不喜听人家(你或我)的褒奖。住"门洞儿"那阵子，她三更半夜去买大葱，搬到天坛后，每年冬天买贮存白菜。多累人啊，即使现在，她每个月不还是得把粮食拉回来吗！

昨天三姐忘了。我向来不"点菜"，她做什么我吃什么。可昨天一大早我就嚷着要吃面。她问我，吃什么：炸酱还是打卤。我说："吃寿面。"她一愣，说："平白无故吃哪门子寿面？"我让她去看了月份牌。这时她才噗哧笑了。她又长了一岁！

萧乾晚年在总结他的一生时，对文洁若唏嘘不已："我这辈子真幸运，在生命的两端都有位老姐姐。早年是我那位被我称为'半个母亲'的大堂姐。晚年又遇上你三姐。我简直不能想象，没有她，怎么能有咱们今天"，"所以，我认为咱们出的书，封皮上还有个未印出的名字，文常韦，一位无私的姐姐。"

常韦像专为萧乾夫妇来到人间的。当《尤里西斯》上卷译毕，她悄悄地离开人世。出版《尤利西斯》的译林出版社，亦深知常韦在此书出版中的无私奉献，破例地同意译者的要求：在正文前加上了"谨以此译作献给常韦三姐并纪念我们结婚四十载"这段献辞，反面赫然地印着萧乾夫妇与常韦三姐的合影。在同年出版的萧乾、文洁若散文合集《旅人的绿洲》一书中，夫妇俩各自写了一篇怀念三姐常韦的文章。萧乾寓所各个房间里都挂满照片，挂得最多的是三姐的像，甚而连过道里也挂了一幅。用文洁若的话说"三姐无处不在"。三姐常韦的形象铭刻在萧家每个人的心中。文洁若桌前，历年来一直放着父亲的遗像，自三姐仙逝后，她悄悄地换上了三姐的照片。今夏，笔者去萧府拜访，见文洁若正在往一大摞书上盖章。文洁若告诉我，这是她与萧乾用三姐的名义捐给母校清华大学的。打算每年捐一百本，直至永远。

落红不是无情物，化作春泥更护花。

有人喻文洁若像一只老母鸡，用她的翅翼温暖着包括萧乾在内的这个家。那么，三姐常韦则可谓一间茅棚的檐角，是包括文洁若在内的这个家的遮风避雨的驿站；如果说萧乾是位未带地图的旅人，在茫茫的沙漠中觅到文洁若这块绿洲，那么三姐常韦则可谓是这片绿洲中的一泓清泉。

（感谢文洁若先生提供文字资料及图片）

卓尔不群者成露茜

二〇一〇年二月二十一日，台北世界新闻大学举行了一场别致或曰“另类”的追思会，追思一个“另类”人物：卓尔不群者成露茜。会场既不肃穆也不哀伤，大礼堂入口处悬挂着一幅手书的巨幅“侠”字，彰显逝者“有学有术有胆识，亦儒亦侠亦慧黠”。祭坛上悬着逝者的大幅照片，下端写着“再见，LuCie”。简洁不乏隆重，庄重不乏温馨。

LuCie，法语闪光的意思。这是亲友们对成露茜博士的昵称。成露茜，对大陆读者确系海外来客。她生在香江，长于大陆、宝岛，留学、工作则在美国。退休后，赴台湾继承祖业，而根却在大陆，且为改革、开放后的中国有过独特的贡献。

名门之后

成露茜(1939～2010)是民国时代独立报人成舍我(1898～1991)的小女儿。

成舍我，原名成平，祖籍湖南湘乡，生于南京。舍我是他的笔名，“舍小我，为大众”也。那是一九一九年“五四运动”爆发后，成平为《益世报》撰《安福与强盗》社论，猛烈抨击北洋军阀政府当局，该报因此被勒令停刊三天，总编辑潘云超被判入狱一年。那篇文章署名即为“成舍我”。

成舍我幼时家境贫寒，只读到初中毕业，他自学成才，十五岁跻身报界的。早在一九一六年，十八岁的成舍我在《健报》发表倒袁文章，第一次因言获罪，被保释后流亡上海，在沪间结识陈独秀。一九一八年经陈独秀、李大钊联名举荐，成舍我考入北大国文系。因家境困窘他半工半读，由李大钊介绍任《益世报》晚间编辑、主笔。“铁肩担道义，辣手著文章”。他那篇骇世的社论即此时所为。一九二四年成舍我在北平创办了《世界晚报》，次年相继出版《世界日报》和《世界画报》。他成为中国新闻史上第一个“一人办三报”者。

成露茜　张昌华　摄

成舍我的办报理念是：“言论公正、不畏强暴、不受津贴、消息准确。”他认为报纸是办报人的“自我口舌”，也是“社会大众的口舌”。为当好口舌，他一生数遭横祸。一九二六年奉系以“宣传赤化”罪名，枪杀《京报》社长邵飘萍，翌日《世界日报》赫然以《邵飘萍以身殉报》为题刊载这一消息，伸张正义。当局于八月七日又杀害《社会日报》主编林白水。次日晚上，军阀张宗昌逮捕了成舍我，后经北洋政府总理孙宝琦出面保释，方得生还。次年成舍我转战南京，与李石曾同办《民生报》。在办《民生报》期间，记者采访到汪精卫亲信、行政院政务处长彭学沛借盖国民政府行政院大楼为自己造小洋楼贪赃的劣迹，而彭学沛恰恰是成舍我夫人萧宗让的姑父。成舍我拒绝了亲友的劝阻，在报上公开揭露，惹怒了汪精卫，将其拘捕四十天，并责令“《民生报》永远停刊”。成舍我在法庭上据理自我答辩，证据确凿，迫使对方撤诉。成出狱后，汪精卫托外交部次长唐某捎话：成若向汪写一道歉信，汪可以收回成命，继续办报。成不买账，说："惟其不怕头破血流，才配做新闻记者。而我十分相信，这次反贪污的正义斗争，最后胜利必属于我。我可以做一辈子新闻记者，汪先生不可能做一辈子行政院长。"九·一八事变发生，成舍我不断发表"国民党应结束党政，还政于民"、"对中共采取较宽容政策"、"确立抗日联合战线"等言论，他又遭拘捕，报纸停刊多次。成舍我同时以办新闻学校著称，早年在北平办新闻专科学校，培养了一批新闻人才。林海音、何凡等名报人，就是他那时的学生。一九五六年他在台办"新闻职业学校"，（现发展为颇具规模的世界新闻大学）他不顾情治部门的警告，毫无忌讳地接纳一些政治取向不相同的学者执教。

成舍我像粒铜豌豆，砸不扁，煮不烂，毕生以新闻业为己任，先后在京、宁、沪、港、桂、渝等地办报、办学。他一九五二年赴台。在台白色恐怖期间，身为"立法委员"，成舍我直言希望当局保障言论自由。他申请办报，蒋介石不准。直至一九八八年台湾开报禁，成舍我即创办《立报》，时年九十岁的成舍我还亲

成舍我夫妇与嘉玲（右二）、露茜

自跑新闻，堪称绝响。有人评论说“成舍我是上世纪卓越的独立报人，他与女儿成露茜，共同构建了‘独立报人的一个世纪’”。

成舍我的两位夫人（与杨璠离异后同萧宗让结缡），先后为他生育了五个儿女，都受过良好的教育。他的“独立精神”也反映在子女教育上。对儿女们的政治追求、专业学习和婚姻生活他从不干涉。因此儿女们所走的人生道路也大不一样，但都很优秀。长女成之凡，幼时富音乐天赋，上海音专毕业后，赴法国进修艺术，对音乐、绘画、舞蹈、服饰都很擅长，并研究道家学说，热心社会事务，曾三度参与竞选法国总统。次女成幼殊，诗人、职业外交家。在上海圣约翰大学读书时，于日本投降前即加入中共地下党。上世纪五十年代至八十年代曾外驻印度、美国、丹麦等使馆或代表团。近年以《幸存一粟》获鲁迅文学奖（诗歌）。子成思危，一九五一年十六岁的他背着父母拎只皮箱独身回大陆，早年在广东省工会工作期间，切实体验底层社会生活，中年赴美深造，由化工转攻经济管理

成幼殊（左一）、成嘉玲（左二）、成思危（左三）

专业，获硕士学位。后以专家身份出任化工部副部长，直至全国人大副委员长。三女嘉玲，夏威夷大学经济博士，曾任台湾东吴大学商学院院长和台湾世界新闻大学董事长。幼女成露茜(1939～2010)，即本文传主，容后细述。

左翼情怀

成露茜在台大读外文系时喜弹钢琴，大二时获教会奖学金到夏威夷大学留学。她崇尚独立，在办完一切手续的前两周才告知家人。她只怀揣母亲卖掉钢琴的一百美金，漂洋过海打天下。到夏威夷大学，当她获知教会伪托她是台湾孤儿的名义向社会募捐后，十分生气，主动放弃了教会的资助。后改读社会学系，决定半工半读养活自己。最潦倒时，她在自助餐店买一坨白饭，和酱油下饭，也不向家人伸手。为改善生存环境，她同时兼打五份工。烧饭、带孩子、洗盘子、站柜台、教钢琴等；还做过韩文翻译，改写中国古代昆曲工尺谱为五线谱，凭技能谋生。在餐厅当服务生时甚至穿短裙子，脚踩溜冰鞋，把冰淇淋送到客人前，稍慢点，客人就不高兴，如化掉了，还得自掏腰包赔一份。再苦再累自己扛着，从不告诉家里。她牢记父亲“吃苦努力，一切靠自己”那句话。因为过度劳累，一次在百货公司打工时昏倒，去医院检查出肾病，割掉一只肾，以至影响终生健康，但她从不退缩，奋斗不止。

成露茜是夏威夷大学第一位社会学博士。她在美国打工、求学、求职的磨难，使她广泛地接触社会底层，对阶级、种族和性别有了相当深的认识，催发了她的左翼情怀。这对她后来“左”的思想的形成、对弱势群体的关注并为其呼吁有极为直接的关系。她的“左”的印记是在严酷的社会现实中烙下的。

初到美国，成露茜为一个日人家庭当佣工赚取生活费。她在主人家，第一次接触到冰箱里速冻食品豆子，不知如何解冻，烹饪时没有煮熟。主人不高兴，她只稍加解释，便遭主人斥责：“不管你多聪明，在这里，你就是我的女佣。”主人家的两个孩子抽烟，室内有烟味，雇主不问青红皂白硬说是她抽的。一家三口人，还配个铃铛，吃饭时要加水、添汤，摇铃呼唤，动作稍慢，主人就摆脸色。主仆之间这种强烈的阶级对比，让成露茜感受到人世间的不平等。

成露茜获博士学位后，学校向UCLA（洛杉矶加州大学）推荐她去教书。UCLA是美国十大名校之一，瞧不起一个小女生，将其履历掷纸篓。后由耶鲁大学在夏威夷大学执教的客座教授，亲自出马再向UCLA推荐，并附去她毕业论文。UCLA表态可以考虑，但前提是她的先生（学者）必须一同来执教。成茜露觉得UCLA首先看上的是她的先生而不是她，这明显的性别歧视，给她刺激很大。到了UCLA后，成露茜很快崭露头角，进入学校高层学术决策委员会，她是该组织中唯一女性。每当开会，她总是被主持会议者差使做零杂，冲咖啡、做记录等。又是性别歧视，让她更感觉社会的不公。她或佯装不知，或严词以拒。

一九六二年成露茜在芝加哥大学进修时，想租住一间房子。她按出租广告叩门，房主一见是黄种人，马上拒绝说无房。她连跑四五家，都吃了闭门羹。成露茜后来才知道，那是白人居住的社区，房子是不租给有色人种的。这种露骨的种族歧视让她感到十分愤慨。

一连串的阶级、性别、种族歧视，引起成露茜的思考。她说："我觉得如果不是这些经验，我不会去思考这些阶级问题。尤其是大学最后一年开始阅读马克思主义，接触许多毛泽东的东西，加上数都数不清的切身受歧视的经验，对我往后的思考产生巨大的影响。"加之上世纪六七十年代，美国各大学蓬勃兴起的民权运动，激发了成露茜对弱者的人文关怀，于是她将争取平权作为自己研究的终身课题。

成露茜在UCLA获教席后，在学校开了一门"东亚社会课"，开展对有色人种研究。刚开始，学校不同意开这门课，认为不屑此举。她就带着志同道合的同人去说理、抗争。辩论激烈时，成露茜当着校长的面拍桌子，还真有点红卫兵式的造反派脾气。成露茜据理力争，学校终于同意了，任命她为"环太平洋研究中心"主任，负责学校与拉丁美洲、亚洲文化交流活动。业界认为这一研究在全世界是一项首创性的工作。

成露茜着重研究美国华侨中的女性，为此她到美国十多家图书馆调阅一百多卷美国人口普查资料，从中找到四千多位中国女华侨档案，然后深入三藩市中国城挨门逐户进行调查，甚而到坟场寻觅一些女华侨的最后的踪迹。她在芝加哥大学期刊 *Signs* 发表饱受争议的《自由、卖身和成为奴役：十九世纪美国华裔妓女》，写出十九世纪到二十世纪初华人妇女在美国悲惨人生和奋斗史。从阶级、种族和性别三个方面，揭露美国资本主义社会如何剥削中国妓女来促进资本积累。对她这种把“街头”调查带到大学“殿堂”研究的气魄和执着，有学者称其为是亚美研究的开山祖师爷。当初右派骂她，左派也骂她，美国人骂她，华人也骂她、威胁她，诘问“这是什么学术？是自毁前程”。甚而有人说“这是给华人脸上抹黑……”但最终获得研究界一致认可。一九八五年，成露茜获洛杉矶“教育女斗士”奖。

有人说 Lucie 是“另类”，也有人说是“开拓者”，成思危说她“刚毅激进”。成露茜并不讳言自己的“左”，以及对毛泽东的追随。“那个时候，我的思想开始左倾，很快就投入这项运动”。她的“左”的思想形成似乎由来已久：看了很多毛泽东思想的东西和“文革”的做法，在读大二时，作业中就批评“美帝”；硕士论文题为《〈中央日报〉与〈人民日报〉的比较》；进行环太平洋研究；中美建交的第二天，她就到大陆寻根，以致后来她一踏足台湾，就被台当局预告为“共匪”；一九七〇年代她曾参加“保钓”运动，甚至还喜欢说她哥哥成思危他们是“走资派”。成露茜与后来在海外及台湾政界、学界有影响的人物许倬云、连战、李欧梵、殷允梵等都是同学。李欧梵说：“为什么成露茜生于望族，却如此同情弱势者？是她多年来信仰马克思主义息息相关。”又说她“甚至穿上‘毛装’以示旗帜鲜明”。成露茜在口述自传中所表现的对马克思主义、毛泽东思想的兴趣，对资本主义制度下民主著述价值的质疑，对大陆时行生产力与生产关系的认识都十分特别。以至后来她主持世新大学社会发展研究所时，为关怀弱势群体而对员工尝试“按需分配”的实践（自愿原则，后失败），这些都是令人饶有兴趣和值得研究的话题。

成露茜是一位“左翼实践者”。她认为自己是个跨国界的人，她不喜欢被人贴上标签。成露茜的从“另类”到“离经叛道”，竟然使她曾想从女性主义的见识和素养，写一本隐秘性极强的《成舍我与他的女人们》（成舍我的三个妻子：杨璠、萧宗让、韩镜良和四个女儿),遗憾未能成篇。这些都显示她对世俗的挑战,锋芒所至,不分左右,甚而自己。

加州大学东亚研究所所长叶文心评价成露茜时说,"(她)不但是一位在学术领域中有独特开创的学者、在社会实践上曾经披荆斩棘的行动者","更是一位一生自立自强、奋斗不懈、为大公大义而不畏艰难受非议的公众知识分子"。

草根使者

成露茜有一种天生的民族主义情怀。她的教育、成长背景比较复杂,但她始终铭记她的根在中国大陆。

做为一个普通的美籍华人,成露茜的寻根之旅或是当代中国最早的一位。

一九七二年元旦,中美正式建交。取道香港的成露茜第二天便跨过罗湖桥,踏上梦牵魂绕的大陆寻根。她要寻找暌违三十多年的姐姐成幼殊与哥哥成思危。居京期间,她做梦也没想到受到周恩来总理的接见。据她的"口述自传"称:早在国共合作期间,成舍我以社会贤达身份为国民参议员,曾与同为参议员的周恩来、邓颖超一道由香港到重庆参会,缘途中同乘一列火车而成为朋友的。一九七二年周恩来接见一群参加保钓活动的台湾留学青年,成露茜被列入邀请(她是在洛杉矶参加保钓活动的)。接见前,工作人员特别先告知成露茜,总理考虑她的情况特殊,在讲话时使用的是她的日本名字(先生名)。成露茜回忆说,接见时周总理与大家讲局势,谈钓鱼岛问题,与日本关系等。有时候会问她"Hirata 太太,你有什么意见吗?"接见从晚上九点钟开始,到了十二点半,总理的秘书进来好几次,是提醒他休息吃药的。后来总理就站起来,大家都以为要散了,有的人就伸个懒腰。周恩来指着成露茜说:"啊,你们这些年轻人,怎么就累了? 我们休息五分钟。"只休息了五分钟就回来了,结果谈到凌晨三点。会毕合影时,工作人员关切地问成露茜:"照像对你父亲方便不方便?""应该没问题。"照完像,大家正陆续散去,成露茜突然被工作人员叫住:"请留步!"周恩来单独接见了成露茜,他首先请其代向成舍我问好,然后说:"请你转告你父亲,我

一九七二年十月周恩来接见美国保钓团体。成露茜(二排左二)

们都错了。"(指一九四九年官方通过广播说成舍我是人民公敌,并没收了他的《世界日报》。笔者)接着周恩来又说成舍我是民族资本家,应平反。"是共产党的朋友,不是敌人,我们还是欢迎他回来。"周恩来的一席话,对成家人来说是意义非凡,不仅为成露茜日后中美学术交流搭起了广阔平台,同时对改变成思危的处境起了关键性的推动作用。成思危由此出国进修,由学者而步入政坛,直至全国人大副委员长。

周恩来过世后,成露茜到北京,邓颖超请她吃饭。一次席间陪同的统战人员问她还"需要什么帮助或合作"之类。是时,成露茜正致力于中美文化交流。成露茜知悉当时中国急于想与国际接轨,教育部门把大量青年学者送到美国去培训语言,每送一个人要花三万美元,每年要送几百、几千人,耗资惊人。成露茜想起毛泽东"自力更生"的话,不能老依赖美国,就向教育部建议在国内设立一个英语培训中心,由她搭桥,请 UCLA 派教师来培训。这个建议很快得到国内高层的认可,不久在广州中山大学建立了英语培训中心(CASSELC)。不仅进行语言训练，而且引进美国教材，讲述美国文化，美国政体，传达西方社会的文化价值、思维方法和法律制度。效果甚佳。成露茜后来又应邀帮中国科学院、中国社科院以及经济发展委员会开设语言培训中心。可中国社科院没有钱，成露茜就代他们向美国福特基金会和露丝基金会申请并获成功；此举在中国一度掀起英语热，同时也引发了美国学习中文热。这些语言培训中心，被人称为中国“出国者的摇篮”，日后的科技界的不少精英都由此起步。

《传记文学》纪念成露茜专号

二〇〇〇年，成露茜接办台湾《传记文学》。在两岸三地共同成立的中国传记文学学会上，她被推举为副会长。二〇〇五年她来广州参加传记文学研讨会，笔者有幸在此时结识成露茜女士。在我们交谈中，她的平易慈蔼、博学多才和办事的果断给我留下极深的印象。二〇〇九年，她以东道主身份邀大陆传记文学作家访台，加强了海峡两岸的文化交流。

有人评说成露茜是中美文化交流先锋、两岸文化交流的“草根使者”。

传薪舍我

西哲说“一打教师，抵不上一个父亲”。成舍我的特立独行、果敢刚毅的个性深深影响了他的子女们。成舍我对膝下一群未成年子女要求严格，尽管他工作忙，仍坚持与儿女们亲近，给儿时的孩子们讲故事、听他们背唐诗。成舍我平时不给子女们零花钱，嘉玲、露茜感受最深，她们靠帮父亲拼贴剪报簿，稍大点帮抄稿子、挑错字赚取零花钱，以记账形式存入"父亲银行"；成舍我常对子女们教育说他的钱是自己的，跟大家没关系，不要指望将来得什么遗产；如读大学可供学费，此外自己解决。露茜五六年级时即喜欢读励志类的书，小学毕业时成舍我给她题的字是"吃苦努力，一切靠自己"。露茜、嘉玲姐妹都说，她们"是在父亲泼冷水中长大的"。姐妹两人同时考上台大，亲友来道贺，成舍我却说这是"蜀中无大将，廖化作先锋"，如考试得了第一，成舍我则说，像你们这样程度可以考第一，那是台湾大学教育水平太差了。露茜、嘉玲如不服气，他就说："我十四岁参加革命，十六岁当记者，二十多岁就办报，你们还有什么话说？"露茜在《大华晚报》发表小说处女作，流行至今的"大一娇，大二俏，大三拉警报，大四没人要"就是露茜在小说中写的。她很得意，成舍我批评她"不写正统文章，写黄色小说！"成舍我对子女从来不说你不应该这样，应该那样(努力)，他用自己勤奋的身影熏陶子女。

成露茜说她最崇拜父亲。"在个人行事作风上，露茜几乎完全继承了父亲的传统"。成思危如是说。

成舍我毕生办报。到台后，直至一九八八年台湾才开报禁，成舍我立即创办台湾《立报》，这是继上海、香港《立报》之后的第三个《立报》。他还不时地自己跑新闻。他因年迈精力不济，同时基于对成露茜的敬业精神的认可，成舍我把在美国加州大学执教的露茜召回台湾，襄理世新和报社事务。父女两人合作愉快，但思想上也时有碰撞。世新一位女教师的丈夫在某报任总编辑，一次某报刊出一则不利于世新的新闻。这则报道不很公正，但也非空穴来风。成舍我认为"丈夫登这种新闻，太太又何必在世新任教"？拟不续聘；而成露茜认为这种做法不公，同时又牵涉到对女性人权尊重问题，她向父亲力争："我在美国从事人权运动二十多年，为妇女权利讲演、写文章、游行，现在在父亲手下做事，竟不能坚守这原则，我绝对不能接受！"

这番大逆不道的话，让成舍我觉得自己与女儿的思想有距离，认为女儿不了解人际关系的复杂。成露茜晓之以理："整个世界都经历了巨大的改变。如果我对事物的看法和您一模一样，那就是个二流的成舍我！"一句"二流的成舍我”让成舍我收回了成命。她“超越父亲的独立人格”。

成露茜的敬业是有名的。她一人恨不得做二十个人的事，把办公室当家。常常要姐姐嘉玲打电话“骂”，她才回家。六十岁的成露茜还常说：“我到现在还在想，我长大要做什么？”因此，朋友们说她“革命不老”、是个“没有晚年”的人。

露茜从 UCLA 退休后，任《立报》社长，同时接手《传记文学》，不久发现患乳腺癌，疗程结束后即兼世新大学传播学院院长。二〇〇六年又患多发性骨髓癌，也就是在这一年，她又创办《四方报》，并在世新大学创建“舍我纪念馆”。她完全继承了父亲勤奋敬业、为大众舍小我的的“无我”精神。

值得一提的是她在世新大学创建社会发展研究所。一九九一年她向台湾当局申请，遭否决，直至一九九六年才获准。她是首任所长，为社发所确立十六个字的宗旨：“有学有术，实践基层，回归理论，再造社会。”这一宗旨与父亲一贯倡导的“手脑并用”（世新大学校训）不谋而合。社发所灵魂就是批判精神。她把当年在美国亚美中心的经验复制过来，成立学生会统一管理工读金和奖学金，并采取带有共产主义精神的“按需分配”方式分发给同学。要求师生关注社运，与弱势群体合作。她坚持不舍左翼情怀，认为“知识分子必须被改造，改造最有效的方法就是远离惯性”。还饶有兴味地向学生提出一个根本没有标准答案的问题：“以前毛泽东下乡时，提到农民们因为物资缺乏，常常是一家人共舔一条咸鱼配饭吃，作为组织工作者，研究该不该共同去舔那条咸鱼来表示同甘共苦呢？”

成露茜比成舍我“高明”。父亲九十一岁才迟迟“放手”报纸，成露茜却早早卸任，把社发所长委任给夏晓鹃。夏晓鹃不负厚望，积极从事社会研究并参与实践，支持私校组织“反高学费联盟”活动，在校外“惹麻烦”，以至被世新大学校方训话。成露茜始终支持。

成舍我当年办报，坚持秉笔书史，不徇私情。成露茜办《传记文学》，不媚俗，拒发对逝者不切实际的歌功颂德稿子。

尤值大书特书的是她的秉承父亲独立办报的精神，另有创新，不仅为民众的喉舌，而更重在为弱势者发声。成露茜同时办《破报》和《立报》。她认为：“有破才有立，有立必有破。前世代、现世代和后世代的交替，在立和破的辩证轨道上滑行。”她接手《立报》，不按常理出牌，方针是不强调客观中立，强调的是“不作假，不说谎”，且要平衡其他媒体的立场；打破主流媒体编排方式，开创“银发族版”、“性别版”、“原民版”、“社大版”等。她强调关心老人、性别和原住民这些弱势群族。当时《立报》性别版，大谈“同志”，关注跨性别话题。当这种前卫作风横遭非议时，成露茜反驳：“就是因为社会上有太多同性恋没有机会说话，而且他们有很多话想说。”一九九三年成露茜又创办实验性《破报》，仿效美国的《村声杂志》*The village voise*。成露茜声言“破报就是什么都要破”，“对传统的一个颠覆”。“颠覆主流，反抗主流”。如“堕胎的一百种态度”、“反反毒”、“春天的呐喊”、“中国的当代前卫艺术”、“左派之声”等话题，它持续地引领青少年次文化。

鉴于台湾的越南、泰国移民多，他们不谙中文无法上网，为反映他们的诉求，还他们发声的权利，成露茜又创办了《四方报》，出版越文版、泰文版。林秀姿评论说，成露茜“办报目标不是让自家报业壮大，而是提供开放自由的平台，让弱势可以发声”。或者说“她只是利用不同的手段作武器，来达成她理想中的社会实践”。她是一个真正的公众知识分子。

在他人看来成露茜有太多的遗憾，家庭生活不幸福。第一次婚姻失败，第二任丈夫不愿随她到台湾而无奈分手，也没有留下一儿半女。

成露茜是幸福的，她有灿烂的人生。二〇〇五年她与全世界一百位妇女代表共同获得诺贝尔和平奖提名。对她的逝世，美国UCLA为她下半旗致哀。二〇一一年台湾有关当局，将杂志类特别贡献奖颁给《传记文学》前社长成露茜。

我想最令成露茜欣慰的是“我父亲的心愿，就是想办一份世界日报，一份让世界所有人都看得懂的报纸。现在我办了很多份不同的报纸，关注不同的族群，让很多不同的人看懂……我也算是实践了父亲的梦想吧”“正本溯源，成露茜的自立与自省，好学与深思，无惧与大爱，都得归结到她的家世与父教”。

卓尔不群的成露茜，传承舍我，光大舍我。

（感谢成幼殊女士提供文字资料及图片）

收藏岁华

苏雪林的暮年及身后

垂暮的夕阳,曲终的余韵和最后一口啜下的美酒,都是贻人温馨的回忆;社会名流雅士们衰年的境遇和告别人世的最后一幕,似比他生前的故事倍受人关注。

一九九九年四月十日。

台湾成功大学附属医院特护病房。

烛光、蛋糕、鲜花和笑语融成一片。

苏雪林(1897~1999)在这温馨的海洋里度过了她百龄晋四华诞之后,这位被台湾称为"国宝"、"大师"的苏雪林已成为历史。

"胡马恋北风,越鸟巢南枝。"新时期两岸祥和的春风吹得苏雪林怦然心动。一九九八年五月她迈出"三寸金莲",一足跨越台湾海峡,回到她阔别了半个世纪的故土。此行大陆,她祭扫先人,访问了曾执教的安徽大学、岭下村故居,还在当年新婚的床上小坐片刻,终又登上了黄山之巅,饱餐了故乡的秀色。一周后,她又安坐在台南美德护理之家的病榻上,在天上地下,历史现实纷至交错的虚幻境界中,打发寂寞的最后的时光。十个月后,油干灯灭,落下了人生大幕。时为一九九九年四月二十二日。

人云"高寿即福"。福耶,祸耶?谁能言明?

苏雪林谢世后,唐亦男教授遵其嘱,给笔者寄来一套四百万言《苏雪林日记》。我较详尽地阅读她最后五年的日记,透过这毫无矫饰的生活独白,我发现了一个立体的苏雪林和她的桑榆暮景。

关于日记,唐亦男对我说过,苏雪林说这是她的"私人档案"、"备查录",死后"一概付之丙丁"。一个偶然,大陆某单位见之,有兴趣出版,此议引起台湾方

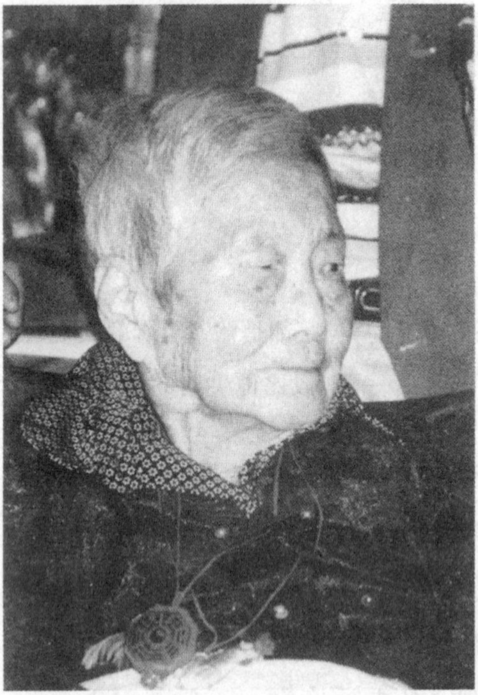

苏雪林　张昌华　摄

面重视，边劝说老太太边强行上马，“剑及履及”赶在苏雪林一百零四华诞，出版作为寿礼面世。她的日记原件多为“百衲本”，大小不一，厚薄不匀。晚年写字困难，字不成形，辨认困难。一九九五年某日日记，计三百六十余字，整理者只认出六十个，余者出版时只能用“□”虚位以待。绝笔前三日（1996.10.17）的日记只有一行：“昨日一夜未交睫。”日记内容相当琐碎，国际风云，两岸互动；人际交往，病况实录，以至青菜、萝卜账。文笔简洁，不乏生趣。她素称“胸无城府”，在日记中就更肆无忌惮。尽管她屡谓“对政治不感兴趣”，实则日记中记载颇多。什么局部战争、拉宾下葬、保钓事件、大陆演习、台湾选举，林林总总，乃至黛安娜的绯闻。她最为关注的是两岸关系。有趣的是，她一边推崇蒋介石，一边又指责“如日中天之运气，全被蒋介石作尽耶。”“自己穷蹙一孤岛，享安宁之福，究竟是小朝廷，连东晋南宋都比不上！”（1994.11.18）。她最反对的是台独。她借他人之口挑明“李登辉他有台湾独立建国日期表。”（1994.11.21）“立委选举，国民党获得八十余席，民进党获六十余席，新党获二十余席。我对政治毫无兴趣，但民进党居然获得如此多席则出意外，想将来立院有得闹，并非好事。”（1995.12.3）一九九六年“总统”选举前夕，李登辉为装门面，与其妻曾文惠之作礼贤下士状登门拜访，赠款送酒，媒体爆炒一阵。面对“李登辉果然当选”，苏雪林写道：“……但新奇怪者，彭谢乃民进党，即台独党，何以得票如此之多？此可大虑。”尽管曾文惠捐助苏雪林学术基金会一百万台币，她仍指责李登辉“不啻帮民进党的忙”。慨叹“国父辛苦建立之中华民国将被推翻，国民党亦将被消灭，台湾必归中共。”（1996.3.24）台独分子将蒋介石铜像毁坏，弃之于厕，她忿然。她欣赏、关注陈立夫等化名文章，“拟将蒋灵移至大陆”，“宁让敌人鞭尸，不愿自己人鞭尸。”可见她对台独切齿之恨。当然，她对大陆一直持有敌对、恐惧情绪。一九九八年她返台时心忧忡忡，对唐亦男老念叨：“邓小平批准我可以回去的。”她对台湾的社会现实深恶痛绝，称为“禽兽世界”，“台湾现在是非颠倒，善恶不明至于此极，想来要亡矣！”疾呼“台湾更将成为黑道天下，地狱世界，台人恨不得长几只脚，逃离此间了！”（1995.8.20）且，她果真给寓居南京的干女儿秦传经写信，说“将来台湾闹独立，我要到你这儿终老。”

苏雪林衰年爱读自己的旧著，怀念故人。她与海外的谢冰滢、大陆的冰心、钱锺书、萧乾等均有音问，互惠新书。她的画册出版后，还签赠北京现代文学馆一册。一日梦故人，她致信杨绛，询双目失明、双耳失聪的杨寿康近况。杨绛复信已“无疾而终”。时钱锺书已罹病，她天真地写道：“我复绛信，附一耶稣真容，命置锺书侧”“必有灵效！”（苏是天主教徒）。最令她怀念的是昔日武大的朋友。当年，她与凌叔华、袁昌英并称“珞珈三杰”，另两位早已作古，但她一直与她们的后人保持联系。特别是对屈死的袁昌英感情更深，以老迈之身帮助袁的旧著《孔雀东南飞》在台出版等等。

苏雪林讣告

衰老抹去了人的所有的荣耀。苏雪林患有老人通病：健忘、多疑。常闹骑驴找驴的笑话。丢三拉四，东西找不到，疑为他人所窃。不经意中找到后，深深自责；后某物遍寻不见，又疑某某为“偷斧”者。狐疑成癖，甚为烦恼。百岁时仍深感作为作家，活着不能写东西不如早死。大有旅行者哀叹海上的航线何其遥远，自己再也不能绕过好望角之憾。“自知难捱过今冬，活了九十九，可以死矣，惟尚有文字未付梓，心不甘者独此耳！”“我将过百龄，龙钟衰退之甚，即能得其药，也不想服了。”往往处在厌活又求生的矛盾中。

尽管如此，她的口无遮拦言苛词锋的风格丝毫没变，气盛如初。她发现九十五岁的陈洪（陈西滢之兄）给她的信中有错字，“有文理不通处”，斥“老人不中用”。陈小滢（陈西滢、凌叔华女）写的信她嫌字太潦草、太长“姑置之”，在写悼念她的好友凌叔华文字时，不为亲者讳，颇有微词。夏志清在文学史中誉张爱玲是“女作家第一”，故此，她逐一阅读张爱玲的作品，觉得“如此平平”，认为《金锁记》是一派仿《红楼梦》笔调，“不知好在何处”，《第二炉香》“取材于本国第三流笔记，毫无趣味”，批评夏志清对中国小说读得太少，顺开一枪认为夏的“文学史更当无价值”。并云想写文章争之，“无奈目力昏耗无精神”而作罢。

苏雪林很幸福，亲者、疏者，是耶、非耶，都得承认她是中国近现代文坛长寿冠军。世人或许都以为她有养生秘诀，我从她晚年日记看，倒是“劳其形长年”。她常处在“卧读陶诗未尽卷，又乘微雨去种瓜”的笔耕劳碌之中。一生著述二千万字。九十四岁时，自己握管，一气写了十四万字的自传《浮生九四》。平时饮食粗疏之极，喜与咸菜为伍，佣人偶备时蔬，她还抱怨不迭。有趣的是，她是个老烟枪，直至百岁不辍；也是酒仙，不时开怀，也作仙境游。她的节俭近乎“啬”。衣食花销有限，最大的开销是邮票，日写信不少于二三封，多至七八通。她多次骨折不良于行，耳又聋，“北门不复出，久与世情疏”，与社会联系的渠道只有信。邮资是她最大的支出，常记在案。每年贺卡要买一二百张，把卖卡小商贩请回家，将贺卡摊在箩筐里挑选。有时写信用商家置于邮箱的广告，自己糊制信封，让林海音等小辈笑话一番才罢手。“晨起较早，入书房寻出几本写过少许文字的直行册子，将空白页扯下，凑成日记本，到客厅用锥钻孔，白棉线缝之，居然有不甚厚日记本二册了，可以记年余矣。”（1992.10.15）尿罐漏了，还想自补，别说其他了。即便如此“潦倒”，面对一切来自官方的资助，她一概拒绝。她像当年抗战变卖家产兑换五十两黄金，捐给国家“小助抗战”一样，遗嘱中竟将牙缝中省下的五十万台币捐给她执教的成功大学！

如果说苏雪林的精神生活丰富又贫乏的话，那么她的肉体(健康)则是心头的皱痕比脸上的皱纹更多。衰年，骨质疏松常跌跤，多次骨折，只能借助于辅助器在室内走动。“今晨入书房，订合日记，再(?)用锥穿孔，针线缝之，眼力看不见，手又笨，订了几次总不好，只有舍之，待阳光充足时再订。”(1996.3.26)“想自己烧沸水泡茶，烧水固不难，而茶壶中陈茶叶则难于倒出，只好望而看茶。”(1992.1.9)更难言之隐的是大小便失禁，“今日为元旦除夕，曾服通便药二粒。晨起觉有便意，急赴厕所，谁知内裤及另条长裤已遗有粪迹，老人之苦，大小便出皆不自知，就厕排泄，又苦不畅，只好将污裤脱下，用卫生纸拭去粪迹，只好等李太太来洗。”一次取挂在墙上的毛巾“偶一用力，失去重心，自将摔于地，流血十余大点，以不洁毛巾擦之，血出(之)色浓紫，不知余血竟如此浓也。身跌地，不能坐起，再计努力均无用，念门不开，女工不能入，以臀部着地，徐移身近门，小寝室算是开了，又移身出室，至走廊中，二门锁开了，而键子则手所不及，又将身入室，想起桌下小竹凳，不顾灰迹，移至床侧，好容易至臀下坐上，再三挺身始坐上床沿，又努力将镍架移近，坐小竹凳上，扭身坐上床沿，乃得扶架起立，出开二门键子，额上出血不止，坐客厅抽烟，林妇来，见状大惊……”(1995.1.12)有时小便在裤内，找不到换的，只好在身上焐干；更为难堪的是粪便在身无法净尽，有客来访。再也没有比处在风烛残年的老人更为屈辱了，因为他们除了年龄之外，别无任何证明他们长寿的东西了。“寿则辱”。

“乱山残雪夜，孤灯异乡人。”

苏雪林是天主教徒，年轻时代在苏州接受洗礼，与教会的关系终生未断。对入教，她有一段从未向人表白的心态：“吴达芸携女来访，询余信仰天主教事，提出三个问题。我实告自己是挂名教友，立身行事，一如俗人，并不受教规约束，譬如星期五照常吃肉，星期日照样工作，惟不美满之婚姻，尚能照教规不仳离而已。但此节我未言。”(1995.1.27)苏雪林的一教友写十余张纸条劝她快乐，“劝我快乐，我生平惟有忧郁，不知快乐是何滋味？而天主教朋友每以快乐为言，不知我为宗教信仰，受过绝大之精神痛苦，有何快乐可言？”(1995.5.30)教规之束，令她为枯井中的爱情厮守终生。日记是心灵的窗户，隐秘而真实。其价值在此——道出一个虔诚教徒不虔诚的一面。

苏雪林教名玛丽亚，其最后的葬礼是以教会程式操办的，一九九九年四月三十日成功大学为其举行“追思弥撒”并公祭。“治丧会”名誉主任为连战，主任是萧万长。在成大中山堂举行公祭。后由遗嘱执行人成功大学唐亦男教授出面，得到了高雄亚太综合研究院杜英贤先生经济上支持，于一九九九年八月，台湾一行三十人，护送苏雪林骨灰回皖，葬于母坟一侧，圆满了苏雪林的遗愿。同时，在黄山国际大酒店召开了“苏雪林学术研讨会”，两岸学者百余人参加。经当地政府批准，在苏雪林故居设立“苏雪林纪念馆”。

必须一提的是，苏雪林退休以后及晚年，在精神、生活上得力于唐亦男教授百般照顾。唐系五十年代“师大”时苏的学生，后又为成功大学的中文系同事。

骨归故里 张遇 摄

她们亦师亦友，亲如母女。晚年苏雪林著作出版，回大陆探亲，直到安葬和学术研讨会操办，均为唐亦男主持。她献给苏雪林的挽联是：

从先生论道问学　四十五载情谊　而今往矣

创辟赋风骚独领　两千万言著述　已不朽焉

顾毓琇,最后一片落叶

秋风萧瑟。文学研究会这株古树上(第一批会员)最后一片叶子顾毓琇(1902～2002)殒落了。

自拜识顾老四年来,我们无一面之缘,只通过一次电话,但他致我的长函短笺、诗词手稿有八十八件。刻下(2002)我正忙于办签证,拟定本月下旬赴美去拜访他,孰料九月九日,老人遽归道山。

拜识顾毓琇先生纯属偶然。

三年前,我初识顾老,他是九十六高龄的老寿星。那时,我正在编赵元任、杨步伟伉俪的散文合集《浪漫人生》,该书系“双叶丛书”之一种,按丛书惯例,书名应请作者本人或亲友题签。赵、杨先生久居美国,早已过世,我又不知后人在何处,正在犯愁之际,一个偶然,我在图书馆查阅资料时,发现一本台湾出版的《传记文学》杂志中,有一幅赵元任夫妇与顾毓琇、萨本栋、梅贻琦诸先生在南京梅花山踏雪赏梅时的合影,如获至宝。实在汗颜,此前,关于顾毓琇先生的生平我所知甚少,惟见过南京大学出版社出的一本《顾毓琇诗词选》,但也没有读过,只知道先生仍健在。我想,如能请顾老为此书题签不仅顺理成章,而且会为本书添彩。于是,我从友人处打听到顾先生的美国信址。我便试着给顾先生写信,请他与夫人画家王婉靖女士双双为《浪漫人生》题签。心诚则灵。半个月后,我收到他们夫妇的题签。字写得相当漂亮,又有力度,但未附信。编辑的职业敏感,使我对顾先生的生平发生浓厚的兴趣,查阅相关资料后始知,顾毓琇先生本就是位大名人,是国际电机界的泰斗,“顾氏变数”的发明者。后从他的《九二自述》中获悉,他不仅是物理学家,而且是文学家、诗人、剧作家和音乐家。早年在清华大学就读时参加过五四运动，与冰心夫妇、梁实秋、许地山等同一条船赴美留学的。后历任过清华大学工学院院长、中央大学校长和国立音乐学院首任院长，乃至教育部次长（以非国民党员身份），还参加过接受日本投降仪式。二十世纪七十年代后，他多次返国内探亲、讲学，先后受到周恩来、邓小平、江泽民等党和国家领导人的亲切接见，足见他的人生阅历十分丰富多彩。顾毓琇富有远见卓识，在八十年代末便建议中国政府应实行“三开”政策，即文化开发、经济开放和政治开明。

我萌发了想为他出一本传记的念头。我将这个想法函告顾老，顾老犹豫，说他没有现成的中文自传，倒有一本英文本自传 *One Family Two Worlds*，早年著作都散失。我说我可代觅。他说“鄙人意不致劳神”。在我的恳求下，他首肯了，并提供了《行云流水》、《水木清华》等十多部著作。

在编辑的过程中，我先列出目录，请先生认可。顾老以科学家的严谨风格，事必躬亲，坚持自己校对一遍。书稿完成后，我请他拟书名，他嘱我代劳。我说就叫《百龄自述》吧，他欣然同意。当我提出由他出面请江泽民主席为本书题签时，他婉拒了，说主席“日理万机，不便打扰”。是年，适逢夫人王婉靖百龄华诞，我提议让夫人题签，有“双璧”之韵味。他先婉辞，谦说夫人已百岁，手抖，怕题不好。当然，最后还是题了。在付印前，他突然匆匆来信，提出要在扉页上加句话：“谨以此书，祝婉靖期颐寿。”

顾毓琇

顾毓琇时已届百龄，然爱国之心犹为真挚。他给我写信，每每谈完书稿后，总要论一番国际大事。中国进入 WTO 谈判、两岸关系、美国总统选举、诺贝尔奖评选等等都是他的话题。他总爱说：对中国的未来“本人充满信心”。很有趣的是，他给我的那么多封信，信纸都是清一色的A4大白纸，繁体竖写，中国风格。他给我来信，也不全是谈书稿，有时当他生活中遇到一件高兴的事，诸如新书出版啦，获奖啦，某某大学赠他名誉教授衔啦，他喜欢马上写信来，有时还把相关资料一并附上，让我也分享他的快乐。有时兴之所至录诗词旧作或写新诗寄来请我“指正”，或寄一些大小不一的书法作品，给我“把玩”。凡他认为重要的信函，署名处都要钤上印章。一个充满着童趣的百岁老人。某周一，我同时收到他三封信，打开一看，内容都是大同小异，有两封竟“一字不差”。年龄会创作喜剧。更好玩的是，我手中有张陈小滢提供的老照片，是一九四六年顾毓琇与陈西滢、熊式一共同拜访萧伯纳时照的，因他写过《访九一翁萧伯纳》我便请他辨认照片中的“谁是谁”，他是第一次见到这张照片，惊喜之余，有点怪罪陈西滢怎么将它秘不示人。他嘱我，将来他的《百龄自述》重印的话，把这张照片加进去。有趣的是，我问他萧伯纳右边站着的一位是谁，他两次坚认是熊式一，还说“不会错”；而陈小滢、秦乃瑞夫妇一直认为那

作者在费城顾毓琇灵堂前　童仁　摄

是他们的父亲陈西滢,“百分之二百的不是熊式一”。

一九九二年,顾毓琇已向世人宣布“封笔”。但一九九八年他禁不住重新握管,专门回忆自蔡元培始,教育和影响过他,与他共同奋斗过的六十位师友。他对我说,“他们是二十世纪中国的重要人物,值得后人敬仰”,“今逢两千年开始,上一世纪的成就,即为二十一世纪的基础,吾人应加以珍视”。

新千年,凝聚他毕生心血的十六卷本《顾毓琇全集》出版了。我向老人道喜,他说“足矣”。

垂暮之年的顾毓琇对南京情有独钟。九十一岁时,他亲临南京参加东南大学(原中大前身)校庆;九十七岁时为南京新建的阅江楼题匾。对南京大学百年校庆尤为关注,且作诗志贺。南京大学校园内为他立一铜像,他自拟的铜像基座上的题词是:“学者、诗人、教授,清风、明月、劲松。”

胡絜青，寿在乐观中

未识其人，便获其益。我有个附庸风雅的陋习，偶尔喜欢到古玩市场“淘金”。一日，在南京夫子庙一家画廊见到于非闇先生的《国色天香》，一朵工笔大红牡丹煞是好看。价虽不菲，但还能玩得起，付了定金。忽想起胡絜青（1905～2001）先生曾写过一篇记念于先生的文章，说到于先生画作的特色。我赶忙回到家中查看：书中说于先生的画讲究重色彩，他画牡丹喜欢两面敷色。再一看画廊的那幅，显然是伪作。暗自庆幸，逃过一劫。

我第一次见到胡絜青（1905～2001）先生时，那年她正逢“米”寿。她曾以八十八高龄出席全国政协会议，谈笑风生地参政议政，被誉为老当益壮。后来，我为她与老舍编散文合集《热血东流》，渐渐熟识了。曾进京拜访过两次，都在秋末冬初。一进她的小客厅，便像进入菊花展览会，沙发前的长条几上、书架边、墙根旁挨个摆着菊花。多为独朵，每盆花杆上拴着老人手书的小名片，标着品名：诸如“玉蟹”、“御黄袍”、“霓裳羽衣”、“落日熔金”……诗情画意和人气旺得像火。早闻老太太有六大爱好：养花、读书报、看电视、观画展、唱京戏和玩麻将。名列第一的是养花，特别是菊花，真是名不虚传。前些年，她还参加居委会组织的活动，搞字画义卖，捐助公益事业呢！

一九九七年《热血东流》出版了，我送书上门，老太太很高兴地翻看着。看到一半的地方，书里的字倒过来了，她闹不清。我就向她解释这是“双叶”丛书的特点，无所谓封面与封底，无所谓主与副，夫妻合集体现男女平等。老人似懂非懂地点点头。尽管她一只耳朵失聪，但与我交谈并没有语言障碍。她说话慢而轻，但样子很喜欢说。她翻到书中她写齐白石的那篇文章，向我述说她当年如何拜白石老人为师，白石老人搬家她去帮忙，老人送她字画的往事，以及外人鲜知的白石老人节俭的趣闻，记忆健好，条理也清楚。后来我向舒乙讨教老人健身的秘诀。舒乙说："她生活有规律，食不过饱，吃饭时细嚼慢咽；不吃蛋黄、肥肉和甜食。一辈子不烟不酒，连茶也不喝；渴了就喝白开水。"据说，胡絜青晚年还自编了一套健身操。舒乙评论是"四不像操"：不像徒手操，不像太极拳，不像气功，也不像老年迪斯科。我问那怎么健法。舒乙说：蹲身、磕屁股、抬腿、搓脚心、深呼吸。舒乙夫人于滨告诉我："老人家生活基本自理，只要是自己能做的事从不麻烦别人。几乎天天要画画练字。她还喜欢站着画画，悬肘写字，有时就要闹腰疼胳膊酸什么的。"舒乙说，给别人题字她都是自己拟草，嫌别人不讲究对仗、押韵合辙呢。"壮怀犹在风云上，画卷长留天地间。"这副献给吴作人先生的挽词就是她自撰的。关于这一点，我亲有感受。记得那天我把备好的册页给舒乙，托请老人赐墨宝。舒乙把册页送到老人手上，嘱请随便写点什么。老人转身进屋时向我说了句"五分钟就好"，真的，一会儿就题好了。我展开一看："福自人得来，寿在乐观中。"字迹工整有力，一笔一划，一点也不虚抖，显出老人的书法功力和健康。我向舒乙说："这句话大概是老太太的人生体验，很有哲理味。"舒乙说："老人为人宽厚，心地善良。熟人向她求字画，只要身体好，有求必应。后来好几次发现有人把她赠的字画上款挖去，拿到文物商店去出售。她听

胡絜青　张昌华　摄

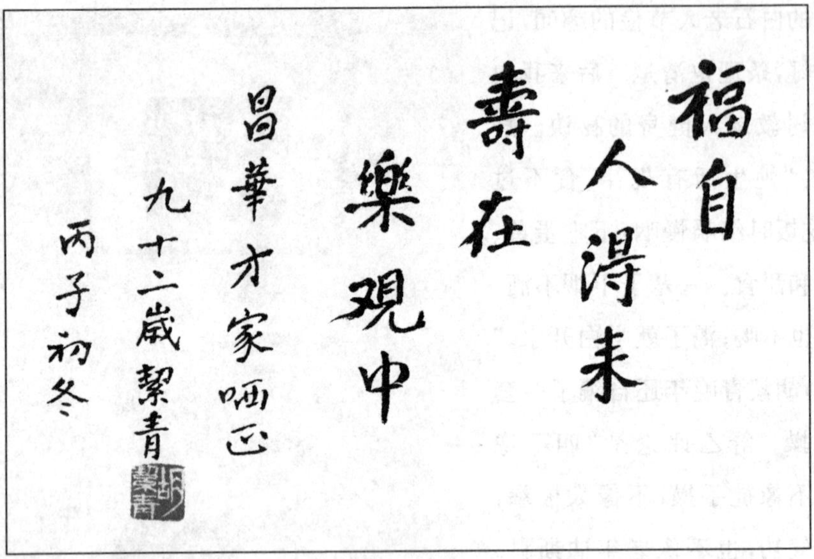

胡絮青手迹

了很生气。可是，第二天又有求画人来时，她还是照给。”

一晃已有三年未见胡絜青先生了，她已九十有六了。月前进京，我专事拜访了她。因节令关系，在她的寓所没有看到菊花，代之的是一盆高三尺、叠九层的“节节高”，一种用小青竹捆扎的盆栽观赏物，类似塔形绿色大蛋糕。我问于滨女士，这九层是不是象征着“九五之尊”什么的。于滨笑着说：“没那个意思。”本来我只不过是拜访一下，满足一下自己的虚荣心，照张相留念而已。进屋时，老人午睡刚起床，身着蓝白底夹黑花的衬衫，头发梳得整整齐齐，十分爽净，精神矍铄。她刚从卧室出来，见我肩上挂着相机，忙踅回身，拿着一幅书法作品出来。于滨见状，忙说：“这不是给他的！”老太太不屑一答地说：“我是请客人给照张相。”我们都笑了。老人对我说：“这个大夫老给我看病，从不向我要字。今天我特地送他一幅。”纸上写的是“医德高尚”四个饱满、遒劲的大字。我给拍了一张，怕不保险，重拍了一次。拍完照，老太太忽然对侍在一侧的小阿姨说：“拿‘菊谱’来！”我没有听清楚，不知怎么回事。原来她要送我一本刚出的新画册《胡絜青百菊图》。我受宠若惊，忙鞠躬道谢。于滨说：“张先生，你真有福，别人来要，她不给；你来了，她主动送给你。你这趟可没白来！”我想这是老人的好客和宽厚。当于滨介绍说我就是她《热血东流》一书的责编时，老人说“那就更该送你啦。”我依老人身边而坐，她十分自得地翻着画册给我欣赏：“银针”、“瑞紫”……她说：“我是满人的后代，旗人爱养菊花。我爱花，爱看花，爱画花，也爱养花。”她的话很轻，很慢，“这些花都是我养过的，我对花写生，用重彩双勾工笔技法画的。”她忽然说：“巴老给我写了‘前言’。”大概是想把巴老写的“前言”指给我看，将画册翻来倒去，总遍翻不见。于滨窃笑着说：“这上面没有！”最后她翻到卷首她九十三岁时作的《吟菊诗》手迹时停住了，青筋暴突的手沿着诗行上下移动，念给我听：“墨池为友拜菊师，卅载韶华描影迟；百态千姿摩不尽，留取观赏好赋诗。”

我想，这位历经世纪风云的老人，本身岂不就是一首诗：“荷尽已无擎雨盖，菊残犹有傲霜枝。”

令我难以忘怀的是，《热血东流》出版后她的样书不够用，写信托我再买四本。信中有个折叠的小纸包，我打开一看，是与书等值的邮票。

张中行，"都市柴门"主

张中行（1909～2006）先生被称为二十世纪末，未名湖畔三雅士（季羡林、金克木）之一。可数十年来他一直活在"余永泽"的阴影里，自命寓所为"都市柴门"。晚年时来运转，突然大红大紫起来，摩踵而至的不少是编辑、记者。我退休以后，有缘为九十五岁的中行先生选编了一本《负暄絮语》，故曾叩"柴门"，与先生有一面之雅。

张中行　张昌华　摄

张中行独居，寓所是老式设计，三室无厅。门前一小块置放一张小饭桌，狭窄的过道上立着书架。室内静得出奇，迎面墙上老挂钟的咯嗒咯嗒声，声声入耳。更令我惊讶的是家中的摆设、物什都是旧物，一副七十年代的水平，地道的一介布衣。张中行的日常起居有小阿姨陪伴，不过女儿们都很孝顺，每天都有一位轮值在侧侍奉左右。接待我们的是张中行大女儿张文女士。书稿事宜张中行已无力与我们商讨，由张文代洽，通过沟通，很快达成共识。二个多小时过去了，时针已指向五时。张文深表歉意说老人嗜睡尚未醒来，问我们还想不想见一见。我们当然想见。张文第二次从中行先生的卧室出来，即示我们入内。

张中行刚刚醒来，见我们来了，颔首致意。此前我已给他写过信并通了电话。他不感意外。室内简朴得令人咋舌。他一直坐在床上，床上都是陈年花花绿绿的旧被。我们奉上随身带来的出版物，老人饶有兴趣地翻阅，字小看不清，他借用放大镜。我细细打量：老人的腰板样子还硬实，头发全白，较胖，本就较小的眼睛显得更小了，嘴也有点瘪了。张文对我们说，老人上午要吸一个多小时的氧气，午觉时间长，也不大活动，基本谢绝访客。我们与老人合影后，又参观了他的书房，书卷气袭人，室内案几上陈着文房四宝，只是较嫌杂乱。张文谦称书房像"仓库"。我说"典藏的都是文物"。书橱内列着古玩，以石头居多。当我们告辞时，老人双手拱抱揖送。一句话也没说。我只是一周前在电话中听他说过"欢迎你们来"。

因编书之需。我较系统地拜读了张中行散文，尤其是自述性文字。我对先生的为人与为文略知一二。

张中行是位从燕赵大地高粱窠里走出来的学人，沧桑百年丝毫未改他敦厚、淳朴的本色。在做学问、待人、处事以至生活上，古韵犹存。

张中行是位滴水之恩，涌泉相报的人。凡他受惠于人的，他都将账记在心上。从一九三七年到一九五二年，他受三位友人惠助，一心想回报，有的已下世，欲报无门，他只能"长存于心，到盖棺时还不能还或报，就带到地下，永世不忘"。与此相比，他援手别人的"数目不小，我都希望统统忘却"。有趣的是，某次他的一位同事遭窃，很难过。张中行知道后，送他被盗金额的一半，幽默地说："就当我们两人被偷了。"还有一位乡下中学生给张中行写信，说很喜欢读他的书，但没钱买。他认为他很诚实，就赠书给他。《禅外说禅》出版后，一位忘年交小友（书摊主）告诉张中行，一中年女性想买，没有钱，想用一本成语词典换。摊主认为是雅事，换了。张中行听了，拜托摊主把词典还她，由他给一本。十几天后，摊主告诉张中行，他告诉了那位女读者，她不接受，而且不再到他的摊子上来了。张中行听后自责，说自己只知她寒素的一面，忽视了她狷介的一面，伤了她的自尊，自觉对不起她。

张中行对于向他索字、要签名、要书的人，他都来者不拒。写的字常常裱好后送人。还乐于帮别人向启功、金克木索墨宝、要签名。金克木一般不给人签名，他就把笔硬塞到他手里，命令他"签!"但他从不代子女向别人求墨宝，甚而连自己的字也不给子女。他对子女要求严格，对小保姆却和善、客气。

张中行签名

张中行对人古道热肠，对小动物也怜爱有加。一次他抱回一只流浪猫，回家后又觉这猫可能有主人，怕主人找不到会着急，于是又赶紧出去贴"招领启事"。一度时间，他养了许多流浪猫，家里成了收容所。

对常人如此，尚不足为贵。难能的是对与他有"过节"的人，也能以德报怨，这就非属大德之人而不能为之的。

张中行常自责，甚而追悔半个世纪前的一件小事。一九四七年他助巨赞和尚编佛学月刊《世间解》，求俞平伯赐稿。俞先生慨然，以长文《今世为何需要佛法》予之。不久，平伯先生函询稿酬事，张中行觉得很惊讶：一个惯于吟诗"看翠袖，对红裙，旧情假又疑真"的名士，怎会虑及稿酬些许卑微小事，有过于看重阿堵物之嫌。这个疑团他一直堵在心里。平伯先生作古后，他在《新文学史料》中获知俞先生当时生活极端困难，以致许夫人典卖物什度日。张中行晚年"感到不安，或竟惭愧"特作文以记这件小事，"想略申惭愧之情"以告慰故人。

还有一个令张中行"既悲伤又钦仰"的弱者刘佛谛（刘旌勇），地主家庭出身。刘氏是张中行通县师范同学，高他二级。同乡、同学，又曾同患难过，交谊深厚，是张家的常客。他穷，张中行接济过他。文革风暴，互断音讯。一九六七年夏的一天，刘在街头坐等上班的张中行，显然有话要说，又吞吞吐吐，不敢多谈，刘只说他对前景表示担忧，说完催张中行赶快走。就此永别。刘佛谛回去后即喝敌敌畏自杀了。临死前刘写了两封信，其一是给张中行的。但写后又烧了。张中行很伤感，视为终生遗憾，他很想知道老友给他写了些什么，“想不到最后为至交留下这么一个谜！”对于这位死于非命的友人，张中行总是难忘。他追忆旧雨文字，通常是一人一篇，惟周作人、刘佛谛是两篇。还在另文中重述。在《流年碎影》书中不见他与名士们的留影，却特意选了一幅与刘的合影的照片。

张中行一介寒士，半生坎坷，到八十五岁时才分到一套普通的三居室。张中行对生活的要求很低。请启功吃饭也是楼下的小馆子，四菜一汤，喝点二锅头，真有点“忍把浮名，换了浅斟低唱”的味道。有时在外面吃饭，一根豆腐干丝掉在桌上，他都要拣起来吃，席毕若有剩菜，他很从容地打包带回去。布衣的他，深知一粥一饭来之不易。

搞笑的是有一晚辈送他一瓶“人头马”，让他开洋荤。他听说这酒要值一千八百元，咋舌不已。想喝吧，一两就是一百八十元，不忍心下口；送人吧，又怕背上巴结人之嫌；转卖了吧，又怕人说拿晚辈的人情换钱，让人笑话。思来想去，只好把这“贵客”束之高阁……

先生亦有嗜好，爱喝点小酒（最喜北京二锅头）。在干校喝酒，还被批过一次，大概是被人认为借酒浇愁吧。他雅好写字，还篆有多方闲章；“六代之民”，是说他百年人生所历；“炉行者”，意蕴较深，当是说他改造时当过烧炉工，在炉火中“炼”过之意。还有一方叫“半百砚田老农”，那是他喜欢砚耕，亦爱收藏砚台。再爱的就是石头了。先生是雅人，“不为无益之事，何以遣有涯之生”。

张中行的仪表既不轩昂也不潇洒，甚而也乏学者的那种雍容与儒雅。他是一位实实在在的凡人。但他行为高逸，虽厕身市井，却“道通天地”，虽身居陋巷，而“思入风云”。他讲“顺生”，但“不偏不党，不依不傍，不卑更不亢”。他的言行自有准则：“心里有所疑就说，是自由；听者不以为忤，是容忍。”“对不同意见，我一是尊重，二是欢迎，三是未必接受，四是决不争论。”但在这位冲和的老人的嘴里有时也会说出一些有棱有角的话来。

张中行尊尚师道。他对前辈的尊崇、仰慕尽显在“负暄三种”字里行间，先生得红楼“自由”精神，“吾爱吾师，吾更爱真理。”以“写则以真面目见人”的原则，不视先贤为神，把师辈们凡人的一面也留在纸上，给读者一个完整、鲜活的形象。大多点到即止。只举例，不评说。“留白”给读者思索。

对胡适。胡适出任北大文学院长、中文系主任之初，立意整顿，第一板斧是解聘了老教授林公铎(损)。林氏反对白话，反对新式标点，一直与胡对着干的。胡适一朝有权在手，开刀祭旗的对象就是反对自己的人，“这不免使人联想到公报私仇”。

对梁漱溟。对梁氏的耿直、迂阔，张中行认为“由感情方面衡量，可敬，由理论方面衡量，可商。有的，说重一些，至少由效果方面看，还近于可笑”。接着张中行自责说他没有同梁先生沟通，责任的一半在我，另一半便推给梁先生。“因为我深知，对于不同的所见，尤其出于后学，他是不会采纳的。”

这样的例子很多，在《关于吾师》中，他说了几句对钱穆先生不够尊重的话，以致钱先生的亲属看到后不高兴，曾著文为钱先生辩护。尽管如此，张中行仍认为红楼精神是“讲理”，重“证据”，不在其他。对顾颉刚先生的“人格分裂”问题，他也颇有微词。他曾坦率地表示：“我不愿看到我的老师，为迎合时风而说稍有正义感的人听了会皱眉的话!”

除了直言指出先生们“小”处之外，张先生还善于“寓教于乐”，在大话逸闻趣事中，捎出某个问题，让读者自己去品评。如钱玄同先生考试向来不批考卷，考卷收齐后，直奔注册科，扔下考卷就回家了。学校刻了个“及格”的木戳，“只要卷面有名，就加盖及格，计入学分”，以导致一些学生逢场作戏。

尽管张中行有“不宜写者不写(即所谓不得罪于巨室)”的信条，但对周作人也敢说点与世人不同的声音。他继《苦雨斋一二》(1986)后，又写了篇《再说苦雨斋》(1990)，显然思想解放了许多，说了些“仁者见仁”的话，仍觉太委婉。大概是意犹未尽，在一九九七年版《流年碎影》中要“直”得多。“我就不隐瞒观点，说(旧)诗，意境能迈过古人，散文，意深远而语平实，冲淡至于不见用力，五四以来，也只能说是只此一家。”

北大九十华诞，学校请张中行写以“我与北大”为主旨的文章。他写了篇《怀疑与信仰》。他认为，他受北大最大的影响，是一种怀疑精神。“因为怀疑而思考，因为思考而进一步怀疑。”他总说：“老北大比新北大好，因为老北大让人疑，新北大让人信。”他欣赏培根的名句：“伟大的哲学始于怀疑，终于信仰。”他喜欢向人推荐罗素的《怀疑论集》，并说他是罗素的怀疑主义与康德的理性主义的结合。

张允和之殇

“人生寄一世，奄忽若飙尘。”

生命的脆弱如碧荷上的露珠，经风一拂便有跌落之虞。世喻风烛残年的老者之殇为风吹灯灭，其实有时风不吹灯也灭，盖灯枯油尽也。享年九十有三的张允和(1909～2002)先生即是如此。

八月十五日周晓平来电话，说他母亲张允和去世了……闻此噩耗，我半天说不出话来。几天前我打电话向她“请安”，她在电话中还谈笑风生，问我什么时候去北京，她要请我吃饭；又说南小街正在拆迁，买不到什么好吃的了，她要做八宝鸡让我饱饱口福，云云。音容宛在，而斯人远去。悲夫！

在我结识的亦师亦友的文学前贤中，真正说得上“忘年交”的大概也要数允和先生了。近年来我们之间音问最频、互动最勤。这倒不全是如允和先生所说的“我们是同乡、同宗，一笔写不出两个张”，也不全是我曾做过她的书稿《多情人不老》的责任编辑。从我来说，我是为老人的睿智、幽默和那炙人的亲和力所深深吸引。每每进京，我总爱到她府上拜访、聊天，没有一点拘束，见茶吃茶，遇饭吃饭，从不言谢；有时突然带三四个朋友去叩访，说话也很随意，很有点没大没小的样子，她一点也不介意，还拖周有光先生当陪客。张允和对我也不见外，一段时间内常常早上六点钟就打电话给我，第一句总是：“张昌华，吵了你吧。我年纪大了，早上睡不着，就给你打电话……”我存有她给我的二十余通手札，长短不一，写在大小不同的各种纸片上。天南海北，家长里短什么都写。允和先生豪爽，有客造访，她常以书赠之，因此汇款请我代她购书就有七八次之多。因我常到她家蹭饭，又源源获赠她的家庭杂志《水》，受惠颇多，无以为报，记得某次她汇款来买书，乘机便将她的购书款退给了她。她来信抱怨我“你真是”，又云“我的儿子周晓平八九岁的时候，整天让记者们带他到处吃喝玩乐，我说记者们吃四方，我儿子吃十方，现在我也成了吃十方了”。我说作者是编辑的上帝，为她跑腿是天经地义的，如有不周全的地方，可以打屁股。她在来信中说：“不打你，你是张家的好孩子，奶奶舍不得打你。”读此信真让我乐得不轻。我和张允和先生之间的友谊，就是在这种看似世俗的人情往来中增进和加深的。

张允和　张昌华　摄

“我是一个家庭妇女”，记得第一次见面时，允和先生便如此对我说。允者，平也；和者，柔也。张允和确是地道的一介平民。尽管她喝过洋墨水，有较深的文学、历史素养，但远在上世纪五十年代初“三反”“五反”时，天上掉下一顶“莫须有”的帽子，她便成了家庭妇女，不得不放下笔杆，操起锅铲，围着锅台，鞍前马后围着夫君周有光转了……八十八岁时，她写了一篇《温柔的防浪石堤》，回忆少女时代与周有光相恋的往事，谐趣百逸。她曾自豪地对我说：“我最崇拜周有光。”

平民张允和，晚年缘《张家旧事》等三部书一举享誉读书界，频频在电视上出镜。她跟我开玩笑说：“我现在比周有光有光。”她本是大户人家的金枝玉叶。这位“二姐”是张家四片叶子中最早凋零的一枚。大姐元和（1907～2003）是著名昆曲艺术表演家，在美传授昆曲，是昆曲前辈顾传玠夫人，大妹兆和（1910～2003）是沈从文夫人，小妹充和（1913～）为耶鲁大学教授、著名书法家，是美国德籍汉学家傅汉斯的夫人。她们四姐妹自幼喜欢昆曲，矢志终身，因而有昆曲之家之誉。

解放后北京成立昆曲研习社，俞平伯任社长，张允和是副社长兼秘书长。

俞平伯先生过世后由她继任。她有一部五十万言的《昆曲日记》，自一九五六年九月十四日昆曲研习社初创起，至一九八五年末止(文革间中断)。记录了一九四九年后中国昆曲界乃至世界昆曲界的重大活动，是一部活的当代中国昆曲兴衰史，这部由当事人写的日记，无疑有不可或缺的史料价值。一九九九年我们闲聊中，她隐隐约约向我提及，说这部书稿正在整理中，当时我没有在意。后来想想，老人家大概是在投石问路吧。我一度曾想主动接下书稿，又担心此选题赔钱出版社通不过。但于心难安，我遂向浙江某出版社掌有一定实权的朋友推荐。这位朋友有兴趣，也很热心，但久未见动静。一段时间后，我问允和先生书稿出版的事有否进展。老人摇头。我理解那位朋友的难处，他也不是一把手。时下不是一把手说话都难算数的。二〇〇一年五月十八日，世界教科文组织把中国"百戏之祖"的昆曲列为人类口头与精神文化遗产名录后，国人兴奋。江苏是昆曲的故乡，当时报纸上正在大肆宣传江苏要建文化大省。允和先生心动了，打电话给我，说她想把《昆曲日记》在江苏出版。很有意思，平时直言的允和先生，这次打电话时的第一句话便声明：是周有光叫她给我打这个电话的，"周有光说请张昌华想办法。(指出书)"面对两位老人的信任和诚恳，我很感动。说实话也无退路，我当即承诺了。两日后，《昆曲日记》以特快专递飞到我的案头。我通读后作了简约的编辑处理，正式向社里写了份《申请出版"昆曲日记"的报告》。孰料在选题讨论会上我口干舌燥的力荐，亦打不开绿灯。我傻了，枉受老人重托。为了向允和先生交账(如此境界，实在羞愧)，我绞尽脑汁，想出一个没有办法的办法，决定走上层路线"曲线救国"。时省委宣传部长是搞教育工作出身的，对文化工作十分重视，打通关节后，我想请允和先生直接给某公写信。但我又想，要让九十岁老人写这样的信，实在有诸多不便。于是，我以她的名义拟了封措辞恳切的信，打印好，只留下签名，寄给允和先生，并附信详说原委和操作程序，希望她能首肯。不意允和先生接到信后，立即给我打电话。一感谢我的美意，二表示她与周有光都不愿这样做。我听了心中十分难过，由于我的自作聪明，不经意中伤了老人的自尊。

事情本已告一段落，但我心中一直怏怏。若干天后，南京市里一次文艺沙

在赠作者照片上题词　周有光与张允和(1999)　叶稚珊　摄

龙聚会,我将此事诉之朋友,江苏省作协作家薛冰听后,称《昆曲日记》是部十分有价值的书稿,他即向山东画报社总编辑刘传喜推荐。刘先生慧眼识珠,当即拍板,嘱我立即将书稿转给他们。不久在北京图书博览会上,我遇到刘传喜,向他面谢,并希望玉成此事。刘说没有问题,他们曾出版过允和先生的《张家旧事》,销路不错,而且很快就再版了。会毕,离京前一日,我去拜访允和先生。允和先生十分高兴,告诉我昨日刘先生来了,已取走照片,出书在望。直到此时,我才稍感释怀,总算对老人有了交代。谁料中国的事历来多变,直至允和先生去世,未及闻《昆曲日记》的书香。后来还是周有光先生通过自己的努力,将《昆曲日记》出版了。他在赠我的这本书上,写了"好事多磨"四个字。

难忘萧乾

我不信佛，却笃信缘。此生因书之缘结识萧乾（1910～1999）先生，真是幸莫大焉！

一九九五年，我为出版社策划了一个选题：为当代文坛有影响的夫妇作家，出一本以写人生、家庭和亲情为中心的散文合集，冠名为“双叶丛书”。最初，我以投石问路的方式，请友人把这一构想转告萧乾先生，希望得到他的指教和支持。复信是出乎意料之神速，萧乾对此议表示欣赏，说“这个点子高明”，并称他已着手整理文章了。

不久，我因他事进京，想顺道拜访萧乾。因从无缘与萧乾谋面，我按图索骥

萧乾与文洁若在北京医院　张昌华　摄

找到了萧乾的寓所，只见门铃旁贴着一张小条子“年老体衰，仍赶任务，谈话请短，索稿请莫”（其实这块挡箭牌形同虚设，我共去四次，三次都有访客）。我稍事踌躇，心想反正我已有信在先，硬着头皮按响了门铃。

开门的是位老人，个子不高，背微佝偻，稀疏的头发调皮地立在脑门，一脸慈祥的微笑。萧乾微笑着打量着我这位不速之客。我赶忙自报家门。萧乾“哦”了一声，打着手势“请进，请进”。

萧乾手指沙发向我示坐，转身进了里屋。我扫视了一下他的工作室兼客厅，仅八平米之大。室内显得有点儿凌乱，准确的说是相当杂乱。书架上立着一排他自家的著作和一盒盒录音带，办公桌被一张大饭桌挤到偏墙的一隅，桌上正摊着稿纸，原版《尤利西斯》，一大摞英文资料和工具书，像座小山。办公桌旁的一只方凳上摆满大大小小的药瓶子和文具。墙上挂着他与冰心、与巴金的合影。十分有趣的是室内交叉地拉着两条长长的绳索，挂满来自海内外的五颜六色的贺年卡，像是万国旗（那时春节刚过）。更逗的是依办公桌墙壁的钉子上挂着两个带铁夹的小本子，桌子右下方也拴着个小拍纸簿，活像生产队会计的账本。顷刻，萧乾为我端来一杯椰奶，我忙迎上示谢。室内暖气很足，他见我正在揩汗，说道：“把大衣脱下，要不会感冒。”杯水片语，使我觉得仿佛回到家中，与我讲话的不是别人，而是老父亲。

一阵寒暄后，我问文洁若先生呢，萧乾说她一早就到厂里校对《尤利西斯》去了。此时我才知道，萧乾夫妇正为译林出版社在赶译这本“天书”，每日日不出而作，日已入而不息呢。我问他身体近况如何。他说虽然割了一只肾，还好。但必须一日三药。他指了指那堆大大小小的药瓶子，右手食指上缠着一圈白胶布，在我眼前一晃，我的心为之一颤，老人就是这样工作的。我略有些兴奋地向他汇报“双叶丛书”的构想，着重介绍了合集中夫妇两人的文章，正反颠倒都可阅读的编排方案，他说“这个点子新”。当谈到作者人选时，萧乾说“一定得把钱锺书杨绛先生请进来”，并介绍我找舒展先生帮忙；说着便给舒展先生写信，还顺手从桌子下方挂的那个小拍纸簿中，把舒展先生的电话抄给了我。我这才悟出，老人室内的物件陈放是紊乱一点，但放得绝对有序，用起来便当，顺手可得，还可提高效率呢。

告辞之前，我提出想与他合影留念。他笑了笑，坐上沙发，便招呼小和霞（照料萧乾生活的初中毕业生）帮忙。拍照时，我坚持我应站着，他说："那我也站着。"还真的站了起来。我说："您是大作家，我是小编辑；您是长辈，我是后生。"萧乾反对："编辑和作家是平等的。"我说："不行，不行。"萧乾一笑，"那好，一样来一张。大家平等。"就这样，同一时刻，几乎同一瞬间，两张不同姿势的合影，并列地珍藏在我的影集中。他那大家的风范、长者的宽厚形象，镌刻在我的脑海。

萧乾把书稿分两批寄来，还应约专为这本合集写了一篇长序，但忘记了起书名。我打电话请他补写书名，他嘱我代劳。先生厚爱，恭敬不如从命。我知道萧乾一生坎坷，北平、上海、香港、英伦三岛，浪迹天涯。他是一位著名的"未带地图的旅人"，屡遭婚变，历经劫难，因祸得福，终在不惑之年结识文洁若女士，此后这个旅人方才觅到生命的绿洲。缘此，我斗胆为萧、文散文合集题名为《旅人的绿洲》，问萧乾可否。先生来函称"雅而恰当"，欣然同意。是年，出版社经济状况不佳，陷入困境，因无钱购纸致使该书出版期一再延误。实出无奈，我只能函请先生宽宥。萧乾说不必客气。反而提出：出版社有困难，将来出书可以用书来抵充他的全部稿费。其时我获悉他将《尤利西斯》所获四万元稿费悉数捐赠给《世纪》杂志，而自己的生活极为简朴，这怎不令人肃然起敬。

《旅人的绿洲》面世了，我专程送到府上。他翻阅样书，十分称道："印得不但好，而且别致，这在出版史上可能开创通过合集表现男女平等的先例。真是别出心裁。"他签名送我一本，还特地写道"昌华同志，谢谢你的精心编辑"。事后，他还为《中华读书报》撰《慧眼和匠心——向出色的出版社编辑们致敬》一文，鼓励我一番。

萧乾先生古道热肠，有口皆碑。他十分关心"双叶丛书"续集的出版，为扩大稿源和影响，他把我介绍给台湾的何凡、林海音和柏杨、张香华伉俪，以及英国的陈小滢（陈西滢、凌叔华之女），请他们支持这套丛书的出版工作。他们都愉快地加盟了。后来客居英国的陈小滢寄来其父陈西滢先生的一篇重要佚文——一九四五年萧乾、陈西滢共同拜访英国作家福斯特的日记，要求补入《双佳楼梦影》一书。因原日记手稿复印件模糊不清，文内夹杂二十多处中国读者不熟悉的英国人名、作品名、地名。我无力辨认、注释。遂再次请教萧乾，时他在为《收获》赶写“玉渊潭随笔”专栏的百忙之中，拨冗为我答疑解难，并对英文部分一一作详尽注释，写了满满三大页稿纸，还幽默地说我是在“考”他，慨叹老了，“答卷不及格了”。

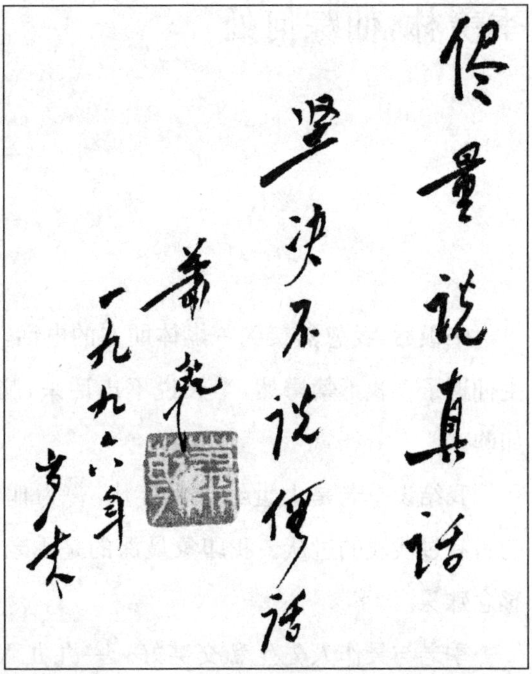

萧乾手迹

萧乾先生，这位人生的旅人，在文洁若女士那儿觅到生命的绿洲，他本身又是一部耐读的书。作为前一本书的编辑，我深感三生有幸；做为后一部书的读者，我没齿难忘。

季羡林，仙踪何处

午饭后，我忽然接到一媒体朋友的电话，她告诉我季羡林(1911～2009)先生仙逝了。我不禁愕然，半天说不出话来，脑海中忽现季老的音容笑貌，犹新如昨。

我结识季老是上世纪九十年代，曾为他编选过《自传》和散文集《清塘荷韵》，有过浅浅的过从。我印象最深的是季老的谦逊、和蔼和真诚，有几件小事感念殊深。

季老与吴作人先生私交甚好。一九九六年我拜访吴先生时，他已重度中风，神志不清不能言语。因出版需要，请他在一册页上签名。当他见到季羡林

季羡林　张昌华　摄

的签名时，十分激动。吴先生不写自己的名字，竟画出一个“林”字。我写信将此事告诉季老。季老立马写了一篇长文《寿作人》，一周后又亲自去探望。季老在文中引用了我致他信中的一段话，事后还专事写信给我云：“接到你上封谈吴作人先生情况的信后，我十分感动，立即拿起笔来，写了一篇《寿作人》，已于昨天(7月7日)见报：《光明日报》。我没有来得及征求你的同意，我擅自从你的信中抄录了一段，务请原谅。”季老又说：“我的缺点虽然不少，但在感情，真挚感情方面，我却不敢后人。”“我的感情属于蕴涵心中的那一类，而且往往是后人而发的。”季老对吴先生友情的珍惜本属固然；对我这个无名晚辈竟也如此的尊重，足见先生的大家风范。

一九九七年我到朗润园季府拜访，欲将他的零星自传性散文搜集起来，编一本《季羡林自传》。他面呈难色，说他的这些文字散杂在各种集子中，如抽出来必须要征得原出版社同意，以示尊重。其实，他当初并没有与任何一家出版社签约。经我一番游说，他终于首肯。但前提是要与相关几家出版社打招呼。记得那天他问我还准备为哪几位出自传。我说除北大的梁漱溟、朱光潜、冯友兰外，还有台湾的苏雪林。季老点点头说“也该为苏先生出传”。告别时，我从包里拿出一把宜兴紫砂壶送他。在这位真人面前，我不敢说假话。我说这壶本是打算送给苏雪林先生的，邮局不让寄，我就转送给您了。季先生接过壶把玩一番，连说“谢谢！”。后来我听北大商金林教授告诉我，季老把那壶放在他的书架上，壶底还贴了张小纸条“张昌华赠”。《季羡林自传》出版后，一位全国有名的叫“字痴”的读者，指出书中有几个错别字，我对季老说责当在我，这都是我们编校的粗疏。季老不以为然：“不一定是你的错，很可能是我写错了。”大概为了证明真是他的错，又补说了一句：“年纪大了，好多字想不起来了，连朱光潜先生晚年写文章，手边还放本字典呢。”

二〇〇四年，我为季老编散文集《清塘荷韵》，书名、栏目名及选文我拟定后，寄请他老人家指正。他让秘书李玉洁打电话告诉我：“就这样好了。”一字未动。

季先生有本《清华园日记》(1932～1934)，是他在清华读三、四年级时的日记，印数极少，很少有人注意。那是部真正显示大家风范的日记。季老在序言中说：“我的日记是写给自己看的，能够出版是当时做梦也没有想到的。我看到什么就写什么，想到什么就记什么，一片天真，毫无谎言。”日记中他记了在今天已成为文化大名人某的微词，记了战争年代自己的恐怖与贪生，甚而无聊时逛街后产生的性幻想都赫然在目。当日记出版时，出版社曾建议做适当删节。季老不同意，坚持实事求是，“一字不改”。为了存真，还出了影印本。季老说，他这是赤条条地走向舞台，“目的是向读者献上一份真诚”。

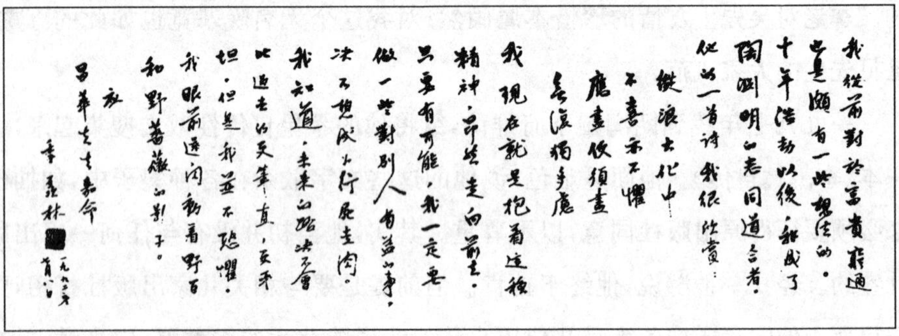
我從前對於富貴窮通
也是頗有一些想法的。
十年浩劫以後，我成了
陶淵明的志同道合者。
他的一首詩我很欣賞：
縱浪大化中，
不喜亦不懼。
應盡便須盡，
無復獨多慮。
我現在就是抱着這種
精神，昂然走向前去。
只要有可能，我一定要
做一些對別人有益的事，
決不想成為行屍走肉。
我知道，未來的路決不會
比過去的更筆直、更平
坦，但是我並不恐懼。
我眼前還閃動着野百
和野薔薇的影子。
昌華先生雅命
季羨林

季美林手迹

为勉励我勤奋好学，季老在赠我的几本书上都题上“自强不息”四字，还称我为“兄”。一九九七年，他录了一首朱子的诗赠我：“少年易老学难成，一寸光阴不可轻。未觉池塘春草梦，阶前梧叶已秋声。”

季老享九八高龄，羽化登仙了。他的大文必传之于世，他的人格魅力将永远活在读者心中。

金克木的“无言之课”

我与金克木(1912～2000)曾有一面之雅，那是一九九五年陪同友人去拜访他。友人与金先生交谈热烈，我是“随从”，自然不便多言，在一侧静静旁听。金先生的睿智与幽默给我留下深刻的印象。记得他在为友人题字时，从笔筒中检出一只秃笔，向我们晃了晃说：“历史要倒读，继承也倒了。这是我孙女儿用过的，由我继承了。”一句话逗得大家哈哈大笑。我想将来找个机会单独拜访先生一次。孰料机会不再。

金克木

金先生是位“怪杰”。杰者，大学者也；怪者，小学生也。他是自学成才的，他与季羡林、张中行同享“未名湖三雅士”之誉。先生的思想“精骛八极，神游万仞”。其作品囊括中外，思接万载，涉及哲学、宗教、文学、历史、文化和天文，融贯社会、自然两大学科，是世人公认的当代大学者。同样，为世人鲜知的是金先生出身寒微，是个从田埂中走出来的乡巴佬。他十七岁漂泊到北京当“文丐”，煮字疗饥，衣食不周，三餐难继，栖身的斗室也靠友人黄君的济助。金克木以此穷困潦倒之身，仍精神抖擞地到北大“蹭饭”（旁听），焚膏继晷，兀兀穷年，终以“金”“克”“木”，修成“正果”。一句话，完全靠自我奋斗“斗”出来的。金克木用两句诗概括他的人生：“儿童的人间：做梦，做诗；少壮的人间：苦斗，沉思。”

二〇〇六年，我为金先生编随笔集《倒读历史》，七十篇华章，篇篇精彩。最令我难忘的是《一点经历》。

一九三〇年十八岁的金克木漂在京城，好不容易谋到一只饭碗——在北大图书馆打零工，当图书管理员。凡他经手的索书条，读者还书时，只要得空，他都要扫一眼；有兴趣者，借回去读读。

某日，来了一位落拓不羁的穿长袍的长者，手持一纸置于借书台上，不发一言。金克木接过书单一看，尽是些古籍书名。还附言说因校注某书之需，希图书馆长出借。署名是金克木久仰的某大教授。金克木忙持书单向图书馆老先生讨教咋办。老先生一看，借书人不是北大的，所借的书籍都是善本、珍本，有的还指定抽借某一本。他担心有借无还，其责难当。正好当时图书馆长易人，由某主任主事。金克木便恭敬地请那借书的老先生找某主任批字。孰料，那老先生性格乖戾，面无表情，拿起书单扬长而去。

金克木望着那远去的背影，赶忙抓起手边一张废纸，把强记在脑中的几本书名默写下来。从善本库调出那几本书来，细细品评。他好奇，这几本互不相干的古籍与那先生要校的书有何干系，以致他风尘仆仆远道而来？金克木仔细揣摩一番，又请教书库的前辈，终于悟出奥妙所在。

金克木说：“我真感谢这位我久仰大名的教授。他不远几十里从城外来给我用一张书单上了一次无言之课。”并戏称自己是在“偷他的学问”。

偷者，伸手也，巧取也。古人云偷书不为贼；那么偷学问，更亦是雅事。金先生常用一句名言：“走南闯北找东西。”这“偷”学问，便是“找”东西。而且金先

金克木教孙女下棋

生是“惯偷”，他晚年自谦：“这一生东打一拳，西踢一脚，打一枪换一个地方”，“借蒙一些人赏识而已”。他正是在这一“打”一“踢”之中，练就了十八般武艺、真功夫！成为一位遐迩闻名的大学问家。

金克木说那着长袍的借书人给他上了一堂“无言之课”，而金先生的《一点经历》也给我们上了一堂“无言之课”：学问，就是这样靠积极、主动“学”（或曰“偷”）到手的，“问”出来的。知识的金山，就是靠坚持不懈的“惯偷”，日积月累堆码而成的。

二○○四年，我与金先生女公子金木婴晤聚，我问她金先生《一点经历》中写的那位大教授究竟是谁。木婴说：“刘文典，与蒋介石斗嘴，疾呼大学不是衙门的刘文典。”

（感谢金樱女士提供图片）

怀念苗公

一九九二年，我应某出版社之约，选编一本《中国近现代名人手迹》，出版者要求有若干比例当代名家的新作，苗子(1913～2012)便成了追索的对象。当时，我们还不相识，他又远在澳洲，我鞭长莫及，遂请吴祖光先生出面为我搭桥。苗子是尊有名的笑口常开、有求必应的佛。马到成功。不久，苗子寄来他的书法佳作。先生书的是“墨池飞出北溟鱼”七个大字。亦隶亦篆，似文似图，古色古香，一种典型的苗子风格。题字的内容与书名又雅贴。十分遗憾，上款没按我的要求行事，写的是“应某某出版社之命而作”，将书名易为社名。我不知是他年迈健忘还是忙中出错。在拆读他附信时始知，苗子是有意而为之：“承嘱落

黄苗子　张昌华　摄

上款贵书《中国近现代名人手迹》，因涉及个人标榜（冒充名人），所以写了社名作上款，请谅。"苗子，这个瘦小的广东小老头形象，刹那间在我眼前变得高大起来。令我尴尬的是这部书稿在出版社折腾了四年，社方怕赔本，以流产告终。一九九七年我拜谒苗子先生时，首先说及此事，他笑了笑，说他已记不得这件事了。那是让我下台阶呢。苗子是大家，却自谦"只是艺术门边的小票友"。他谦和、厚道，这是苗子给我的第一印象。

一九九四年我策划编辑一套"双叶丛书"（夫妇作家散文合集），邀苗子夫妇加盟，与他的好友萧乾、吴祖光、冯亦代伉俪组成一辑。他欣然首肯。苗子十分推崇苏东坡，他在序内引苏词"陌上花开蝴蝶飞，江山犹是昔人非"句，并为散文合集冠名《陌上花》。集内，设若干栏目，有"蚁堂清梦"一栏，收游记及有关人物札记。当初，我不知"蚁堂"典出何处，又乏不耻"上"问精神请教，照抄了事。后来我读先生的《苗子说林》一书的序言时顿有所悟。臆测"蚁堂"是苗子的书斋名，但我又无从知苗子以此为斋名的典故，是堂如蚁穴之窄小，还是人如蚁蝼之

苗子的博古架　张昌华　摄

卑微？或是先生自谦之词，也许兼而有之，我想。细品他的序，耐人寻味，大写特写“斗蚁”，精彩之至。十年浩劫时，苗子被人“幽”于一隅，他没有负隅顽抗，在每日一小时“放风”时间内尽情找乐。他发现潮湿的围墙内常有蚂蚁出没，便“阴谋阳谋尽出”，先置一小块窝窝头于甲蚁穴侧，等它们倾巢领受恩惠时，经他大手一拨弄，又把这块窝窝头连同蚂蚁挪到乙蚁穴……蚁们即文攻武卫“万马战犹酣”。苗子蹲下欣赏，陶醉于“其乐无穷”中。画家的丰富想象的天性，令他由彼及此而及己，想到自己与蚁竟属同类，想到足下的土地就如古罗马的斗兽场……

苗子苦中作乐、达观，此为印象二也。

苗子给我的第三印象是哲思和幽默。

“墨池飞出北溟鱼”，出自唐代大诗人李白的诗句，是咏怀素和尚草书的。我要说的是苗子爱博览群书。书中乾坤大，笔下天地宽。鉴此，苗子的墨池，才“养”出了一个书家、画家、作家和美术理论家的苗子。他也许称不上北溟鱼，但确是一条非同凡响的鱼。苗子曾赐我一画册，他的有些作品最初我读不懂。后来读了他的有关自述性文字，洞天豁开：他的某幅别致的画作、字或是他某段人生特定时期心路历程的写照。

苗子是画漫画出身的，幽默是他的拿手好戏。他的一些画作有“横看成岭侧成峰”之妙，他的文章有“无机性自闲”的幽境。《陌上花》是他与郁风的散文合集，他在文末写道：“从前有人说过‘文章是自己的好，老婆是人家的好’。”他将其点化为“文章是老婆的好，老婆是自己的好——除了吵架的时候”，故潇洒地一挥手说，读者“还是先看郁风的文章吧”。一派绅士风度。平时在家，他与儿孙讲民主、平等。一次在布里斯班寓所厨房里，他头扎大花巾，鼻孔下粘着假胡子，扮着意大利厨师，让小孙女妍妍装作顾客，出演一出含饴弄孙的喜剧。他的散文名篇《遗嘱》令读者捧腹、喷饭。他与生前友好相约，趁活着的时候，约定某日，各人带上为朋友做的挽联或漫画，大家掏出来，互相欣赏一番，以此为乐。大概活着时被住房困扰过，《遗嘱》中令家人“用空玻璃瓶作‘寐宫’”，又突发奇想，说告别仪式是“主张约几位亲友，由一位长者主持，肃立马桶边，默哀毕，把骨灰倒进马桶，长者扳动水箱把手，礼毕而散。”此《遗嘱》已成绝唱。他似言犹未尽，又立《后遗嘱》，嘱“六不”：不发讣闻，不念悼词，不买灰盒，不留骨灰，不开追悼会，不在家里挂遗像。并警告后人，如不认真执行“必为厉鬼以击其脑！”他还自幽一默：说他生前个子矮，死后只挂半身像，“让人看不出他是个矬子！”或许这不只是幽默。

苗子重情义，哪怕是像我这样的晚辈去拜访，他都热情接待。他们夫妇致我函札十数通，我闲来无事，将其用毛笔抄在宣纸本上。二〇〇〇年夏我进京拜访苗子、郁风，复制了一个副本送他。他很高兴，信手在我的原件的扉页上还题了一段感人肺腑的话“张昌华兄手抄愚夫妇自九三年至二千年函札若干成轶编者作者之间充满情谊文字了不足存然昌华兄之敬业精神为可贵也二千年八月二十八　苗子记”。

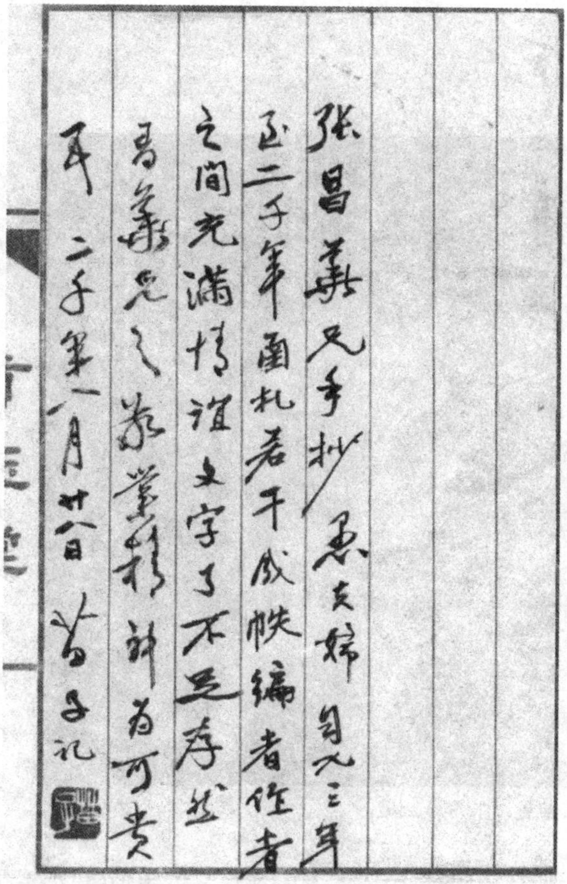
张昌华兄手抄愚夫妇自九三年
至二千年函札若干成帙编者作者
之间充满情谊文字了不足存然
昌华兄之敬业精神为可贵
也二千年八月廿八日 苗子记

黄苗子手迹

王世襄的芳嘉园小院

王世襄　张昌华　摄

芳嘉园小院，一个温馨又富有诗意的名字。这座北京传统的四合院，是王世襄（1914～2009）父亲早年购置的旧居，院内花木扶疏，乱石几丛，藤萝、葫芦满架；晨有鸟啼，暮有虫鸣，幽静、恬淡。院内有两株海棠和核桃树，支离交映，给人一种庭院深深之感。因王世襄在解放前当过故宫博物院古物馆科长，又有一段“清理战时文物损失委员会”的历史，故在“三反”运动中，他莫须有地被视作“大老虎”，给拖到“景阳岗”，多次被戴上手铐脚镣，染上了肺结核；虽未查出老虎伤人的作为，一身清白，竟遭开除公职的厄运，令其自谋出路。在家养病一载后，他含悲离开了曾以终身相许的故宫博物院，接受了音乐研究所杨荫浏所长的邀请，研究古代音乐。

一九五七年大鸣大放，王世襄咽不下这口冤气，又“放”了一下，结果被划为“右派”。那时，一个右派独住偌大的一座四合院，很不合时宜。他又不愿租给陌生人，便把黄苗子、张正宇两家请了进来“结孟氏之芳邻”。院内一棵老海棠树死了，王世襄将其锯掉，留下桌面高的老树桩，从外面折腾回一块青石板，架上充当石桌。他到皖南黟县出差，看上一棵具有文徵明画意的老桩古柏，费九牛二虎之力，辗转杭州，托运进京，置放在小院内，装点小院的景致。京华文化名人启功、溥雪斋、张伯驹、管平湖等常来此做客，在小院内或啜茗或弹琴或谈艺论道，不亦悦乎。

岁月不居，"文革"一声炮响，苗子夫妇锒铛入狱，王世襄也被牵进牛棚，小院一夜间又来了五户不速之客，杂七杂八，小院成了地道的大杂院，昔日的书香飘散殆尽。十年河东，十年河西。改革开放了，落实政策了，数度被打入冷宫的王世襄一夜之间又"香"了起来，埋首他的花鸟虫鱼古家具研究，著书立说。昔日阶下囚，今朝座上客，他居然当上了全国政协委员……

王世襄先生身体壮实，为人随和又谦恭，质朴得像尊陶俑，土气大于书卷气。他素喜中装，冬日套件老棉袄，腰间还爱系根带子，猴头帽一戴，只露两只眼睛。他是一位达观之士，名利淡泊，养生却有道。一年四季，天一亮推着除了铃不响浑身都响的自行车，到朝阳门外日坛公园打几路太极拳，随后去菜场采购点时蔬，返家途中一手推车，一手端一大茶缸豆浆，与老伴共进早餐。

无欲品自高。王世襄的人品 为众人推崇。三联出版他的"文集"，他自认为类似"食余剥剩，无用当弃者""琐屑芜杂"，故名《锦灰堆》，当然这是他的自谦之词，那是地道的一捧上乘的珍珠。为了帮出版社推销，八十六岁的他，还到书市签名售书！他与陈梦家先生是挚友，收藏界的同道，对陈梦家"文革"中被迫害致死，悲痛得不可言状。他在香港出版的《明式家具珍赏》扉页上，赫然印着"谨以此册纪念陈梦家先生"。在《怀念梦家》一文中动情地写道，假如梦家活到今天，明式家具"这个题目轮不到我去写，就是想写也不敢写"。著名女作家凌叔华晚年在北京终老。坚冰尚未全融，追悼会比较冷淡，灵堂上惟一一副挽联是王世襄送的，上写："叶落枫丹归故土，谷空兰谢有余馨。"凌叔华的后人十分感谢，后来将此句刻在凌叔华的墓碑上。在我请他为陈西滢、凌叔华合集《双佳楼梦影》题签时，他还特地将悼凌叔华的这副挽联书给我作纪念。

王世襄还是位美食家。他的烹饪手艺是有名的，一九八二年任全国烹饪师技术表演鉴定会的裁判。好友汪曾祺、范用提议小聚一下，王世襄带着锅勺、佐料，推着车子与夫人一道穿街过巷去献艺。

王世襄宅前的大信箱　张昌华　摄

王世襄的样子木讷，平时话不多，但文字幽默，书法也入品。在《说葫芦》和《秋虫篇》中写道："捉蝈蝈之劳累，不亚于'拉练'"，十年浩劫是"生逢乱世，竟至国不成国，家不成家，无亲可认，无友可谈，无书可读，无事可做，能使忘忧者，惟有此耳！""我有时也想变成蛐蛐，在缸子里走一遭，爬上水槽呷一口清泉，来到竹抹子啜一口豆泥，跳上过笼长啸几声，优哉游哉！"七十年代，他在干校当牛郎，还牵着牛犊照像"立此存照"，题诗曰："日斜归牧且从容，漫步长堤任好风。我学村童君莫笑，倒骑牛背剥莲蓬。"一九九三年他访台过港，功德林主人柳和青、王丹凤伉俪盛情款待。请他品尝一种玉蜀须烹制的冷碟，清爽隽永，他即席撰联幽他们夫妇一默："不上梧枝栖翠柳，巧烹黍穗作银丝。"

他的居室，令来客感兴趣的倒不是办公桌上的杂物比杂货摊还杂，而是院内他自制的一个信箱，足可申报"吉尼斯大全"。信箱质粗状大，斑驳不堪，是他用几块未经加工的木板钉制的，大如小书柜。一如他的为人质朴、实在，"有容乃大"。

袁荃猷 张昌华 摄

写王世襄，不能不写夫人袁荃猷(1920～2003)，她是江苏松江(今属上海)人，中国艺术研究所研究员。燕京大学教育系毕业，早年师汪孟舒先生学画，从管平湖先生学琴。编撰了《中国古代音乐史图鉴》等多部学术专著。她是他的贤内助，王世襄著述中家具的复杂的结构图和其他多种著作中插图都由她一手绘制。《锦灰堆》第三辑用毛笔抄录的《畅安吟哦》因王世襄病目，所以大半由她用小楷写成。她心灵手巧，特别有意思的是，她把王世襄的一生爱好、研究成果以剪纸的形式表现出来，加以总结，名为《大树图》，新颖独特。

王世襄先生的著述几乎让他的老东家"三联"包揽了，我曾几次想插手，没有勇气。但我一度也曾成为芳嘉园小院的常客，向先生请益、请先生赐墨、带他的粉丝们去拜访。一九九六年他在我的册页上题了句“编者往往比作者更重要”的字，寄托他对晚辈的希望和鼓励。

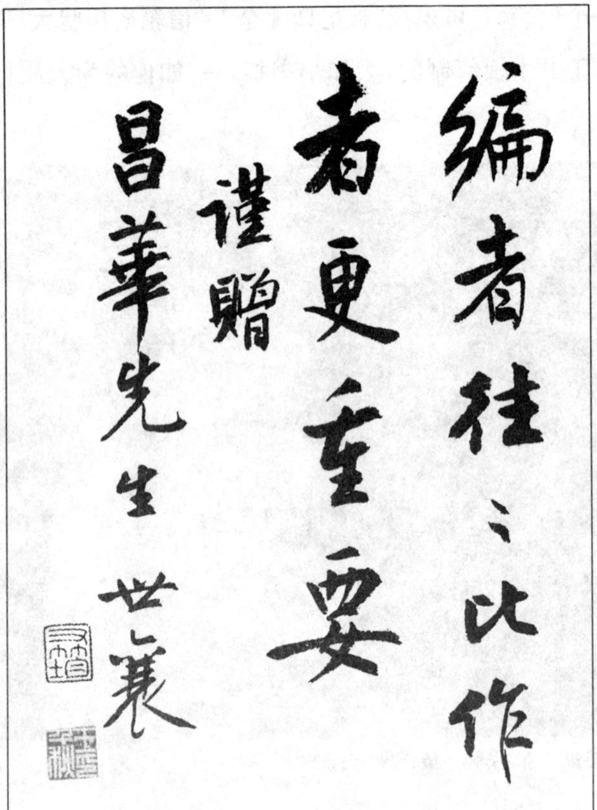

王世襄手迹

一九九七年，王世襄迁出生他育他八十年的芳嘉园小院。此前，笔者听说他要乔迁，乘进京之便溜进他的小院，拍了小院一隅和那只一如主人风格的“王世襄信箱”。

挽周而复

甲申(2004年)元旦,我收到周而复(1914～2004)同志寄来的贺卡,贺柬简略附言,称他因黄疸病正在住院,病情已经好转,只是年内出不了院。信是用钢笔写的,字迹发抖,大失往日毛颖书写的风采。元月七日我抵京公干,八日上午我到北京医院探视,还带了小录音机,希望能录点他的口述资料。步入病房,始知周而复已紧闭双目,魂灵游荡在阴阳交隔的边缘中。我在病床前呼唤他的名字,回答我的惟有监护仪上显示的微弱的心跳。孰知,当天下午他便告别人世,此行竟成永诀。

九日,我在全国书展上获知,周而复一百万言的《往事回首录》已面世,工人

周而复　张昌华　摄

出版社为该书作的广告称他是“堪称红色作家周而复，见证红色风暴的封笔孤本”。又云：“他经历了左联、抗战、解放战争和三反、五反、反右、文革等历次政治运动，始终身处风口浪尖，辛勤笔耕七十年，真实记录了近一个世纪的风云际会”，“他命运坎坷、婚姻不幸经历了从波峰到谷底的大起大落，却始终坚持独立人格，我行我素。从不屈服于命运，于是便有了生命的大传奇。”周而复于一九三九年二月入党，是一位有近六十五年党龄的老党员，我们称他为“同志”，亦是再自然不过的。

我与周而复同志结识于一九八四年，漫长二十载，我们音讯未断。前五年是编辑与作家的交往，后十五年则纯粹是私人间的过从。

从齿德上说，他是父执辈，从工作上说他是作家，我是编辑，是我的“上帝”；从地位上讲，他是部级“首长”，我是一介布衣。但由现存的他致我的三十通函札来看，他地地道道的是一位“同志”，革命同志。

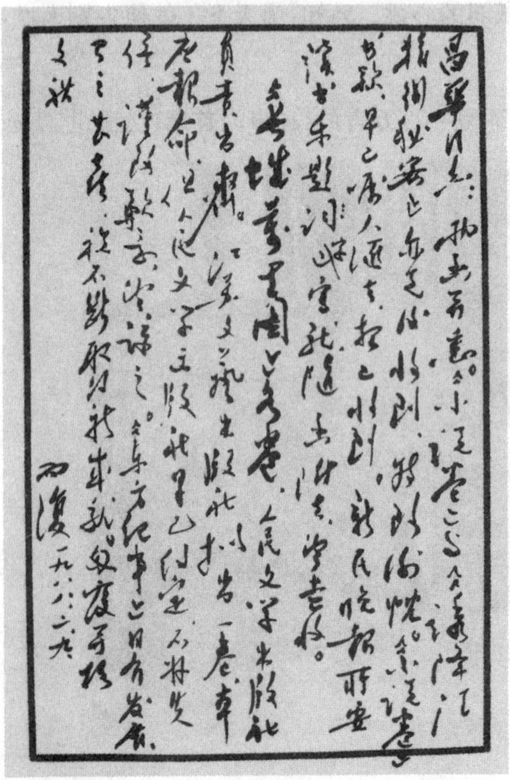

周而复书札

周而复同志长我三十岁，他从不以长辈之尊而小视我，对我的信，他绝对是每信必复。在工作上他予我支持，曾将《八月的上海》交我供职的杂志发表，从地位上讲，他不俯视我，对我之请（甚而不情之请），有请必应，对我之问，有问必答。某年，为编书之需，我请他提供《上海的早晨》或《长城万里图》的一叶手稿，他告我原稿均交有关部门存档，复将两部书稿的首叶用钢笔、毛笔誊抄寄来。友人经商，慕其名托请写张招牌，我一个电话，他即寄来，且“免费”，是年我进京，友人托我捎去一条烟一瓶酒，他还批评我“俗气”。当然，我也乐意为他做点小事，为他搜罗写《长城万里图》时所需资料：《毛泽东交往实录》、《百年恩来》和《诱降汪精卫秘录》等。令我不解的是我为他买到一本书，他便会在下一封信中寄来与书款等值的邮票。多么可爱的同志！

千禧年国庆期间，全国的艺术节在南京举办。周而复随同文化部的官员到南京观看演出，得以晤聚。所谓“畅叙甚欢”，系指他在下榻的南京中心大酒店接受了我的独家采访。他一抵南京，便让其秘书李先生给我打电话。旋我与周而复直接通话，我提出希望独家采访他的要求，他同意了。但要我先拟一个采访提纲让他过目。记得我拟了七条。比较尖锐的是他指控《山西青年》（该刊刊

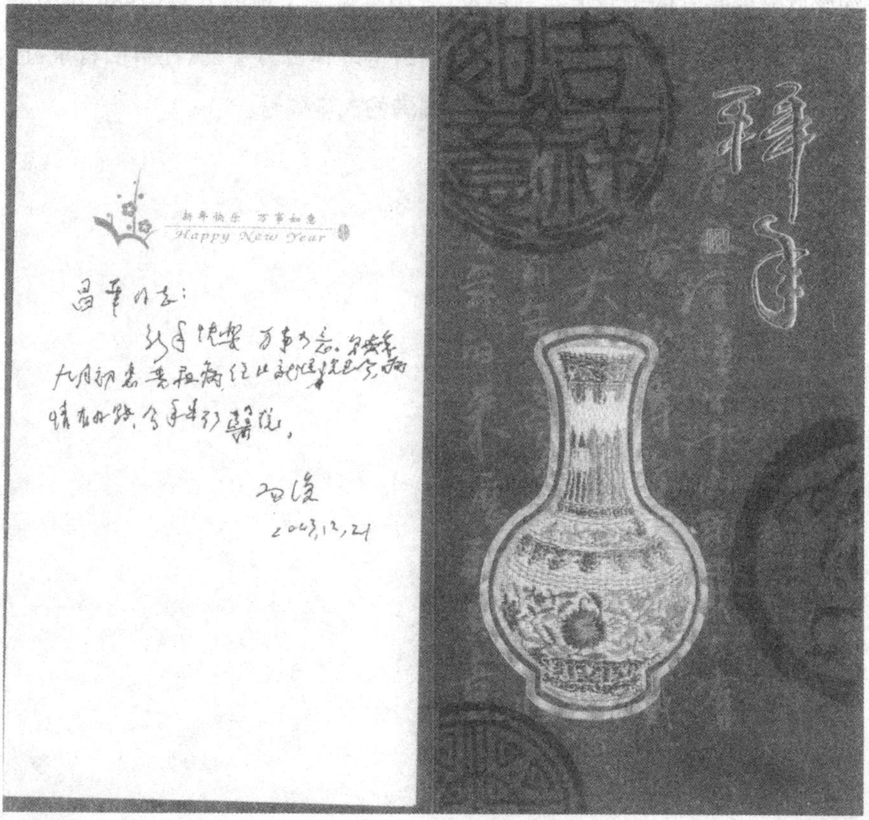

周而复的新年贺卡（2004）

发的《谁是最贪婪的人——世纪中国巨贪梦幻组合》一文，把他列为“世纪中国巨贪”梦之队一员，与大贪官和坤（清朝大学士）以及刘青山等并列。）侵害了他的名誉权，以及十分敏感的赴日事件问题。他看了提纲后提出，一不准我录音，二不准纪录（听不清的字可问）。我当然恪守条款。但他向我承诺，他所陈述的都是事实，如果照他的原意，见诸报端发生官司，他可对簿公堂。主要谈王炳南、章曙的事。我只在事后作了追忆纪录。正准备动手写，周而复一去，这一切都落了空。

周而复毕竟是有福的。元月三日，他在鲜花、烛光中度过了九十华诞的庆典。据家属对笔者说，那天他还吃了生日蛋糕，说了些有兴味的话。当然更令他深感欣慰的是党的十六大召开前夕，党中央恢复了他的党籍（1986 年因赴日事件受到开除党籍处分。笔者注）。他的封笔之作百万字的《往事回首录》已由工人出版社出版，可算得是画上了一个圆满的人生句号。

梅志，暗香浮动

甲申秋风瑟瑟，在扫落窗前梧桐枯叶的同时，裹着一份讣告躺在我的案头。

讣告是关于梅志(1914～2004)先生的。她于十月八日艰难地走完了人生九十个春秋。讣告内附一素雅的小册页，我轻轻地打开，一株虬劲的腊梅横空逸出画面，那雨雪酿造的精灵在枝头悄然绽放，暗香浮动的纸卷上叠印着八帧梅志与胡风不同历史时期的身影，我一眼辨出九十年代梅志在挥毫的那幅是我拍摄的。整整八年，恍然如昨。

梅　志　张昌华　摄

一九九六年金秋十月，梅志先生在木樨地她那号称部长楼的寓所，接受了我的组稿造访。她给我的第一眼印象是热情和美丽，由衷的慈蔼和绝对的美丽，记得那年她已是八十有二的老人了，然而冰霜只在额角留下沧桑的印痕，丝毫没有劫去她天生的丽质，面色红润，精神矍铄，一脸抹不去的笑意实在令人难忘，只是声音有点嘶哑，语速较快，还夹着浓浓的乡音。衣着既不古典，也不现代。秀外慧中，美就美在那种质朴、自然之中。

宽敞的大厅中，最令人注目和肃然起敬的是胡风的一尊半身雕像，雕塑背后是一幅聂绀弩书的条幅。苍劲潇洒的行草，我认不全；但从末句“为携三十万言书”七个字中我判断个中藏着故事。梅志见我不能通读，便指划着条幅念给我听：

武乡涕泪双雄表，
杜甫乾坤一腐儒。
尔去成都兼两杰，
为携三十万言书。

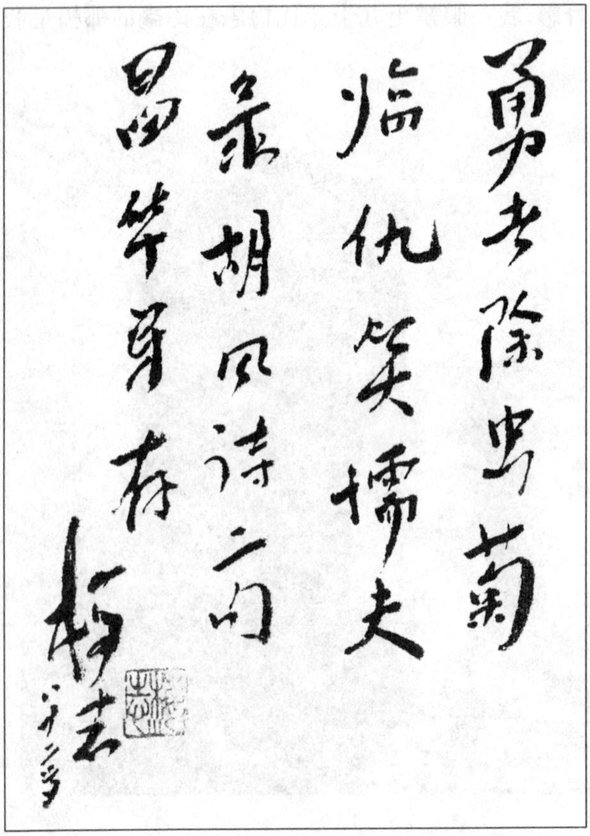
梅志手迹

绀弩老人的诗作，工于用典，我向梅志请益。梅志说，聂绀弩与胡风是老朋友，一九二九年在日本就相识了。解放前后，他们交往很多。胡风第一次被关了十年出来后，第一个来看他的老朋友就是老聂。可惜一个多月后，胡风又被遣出北京，老聂来送别时赠送了这张条幅。面对着胡、聂两个亡灵，梅志说得很动容，后来照相时，我特地为梅志在雕像和条幅前留了一张影。

胡风雕像对面是两只老式大书橱，我着意浏览了一下，里面存放的多为老书，有不少马列著作，有一半的书脊上都贴着某图书馆的标签。梅志告诉我，这些都是当年抄家抄去的，后来发还的部分。最为珍贵的大概是一部木盒装的四十年代版的《鲁迅全集》了。书橱一侧紧依着的是梅志的办公桌，老式三抽桌上堆着书稿杂物，桌身和抽屉正面胡乱粘着许多动画图案小贴画，我想那一定是梅志孙辈的杰作。八十岁的梅志，就在这张简陋的小桌前完成长篇巨构《往事如烟——胡风沉冤录》和《胡风传》的。梅志衰年在含饴弄孙的愉悦中回忆、写作，寂寞又喧闹，想来是一生中最幸福的时光。

记得谈完书稿事宜告辞时，我请梅志为我题词留念，她没有丝毫的矫作，没有自谦书法不好，欣然慨允。她知道我求的并非全是她的墨迹。她问我写什么，还未及我作答，便自语说就写两句胡风的诗吧。我说那是最有意义不过的了。她是认真的，先在一张空白信笺上试写了一遍，然后挥毫于册页："勇者除虫菊，临仇笑懦夫。"我在她提笔的瞬间按下了相机的快门。

梅志与胡风的散文合集（"双叶丛书"之一种）是由其女晓风选编的。来稿时，没有书名。晓风嘱我代拟。我试拟《二度梅》，被梅志否决了。晓风来信没有说明原因，只说她母亲不喜欢。后改为梅志自拟的《长情赞》，晓风说，那是她父亲在狱中写给母亲一首诗的题名，"自然有特殊意义"。后来我想，十九是我拟的书名太俗，又是以"梅"为中心，而梅志全侧重于胡风的"长情"，书名大方又有内涵，比我想的好得多。

我迄今珍藏着梅志亲笔为该书写的序言，她对胡风炽烈的爱是火一般的，怀念是刻骨铭心的："记得过去我只要看到红得耀眼的枫叶，就总会捋下两片来，一片赠胡风，夹在他的日记本里，一片就夹在我正在看的书中。可惜，这些红叶一片也没有留下……如今每年面对红叶时，我除了感到酸楚之外，总要想起一些往事。"在序中，梅志慨叹自己"早已成孤叶一片"。千字短文，血泪写就。书名《长情赞》三个字，我本请她自己题写，她没有。她写信对我说，胡风亲笔写的那首诗原稿不存了，她在胡风评论集手稿中集了"长情赞"三个字。

梅志的生活态度一生低调，晚年在总结自己时说："我实为一个平庸的老妪，仅比一般人多受了一点苦难，也就多知道一点为人之大不易。其实，我也仅仅是尽自己的一点能力，不伤害生灵，不哗众取宠，老老实实做人而已！今天还能坦坦然地见人，理直气壮地说话，可能也是我的平庸吧！"

最后一次见到梅志是一九九八年，在纪念许广平诞辰一百周年暨《许广平文集》首发式上（她与许广平私交很深，一九三六年她与胡风共同参加了鲁迅的治丧和送葬工作）。那日纪念会上，她是由鲁迅的儿媳马新云陪伴的。因我是那部文集的责任编辑，又都是老熟人，我们三人还合了张影。

梅志的逝世，最早是海婴用电话告诉我的。海婴说，梅志弥留之际，对家人和前去探望的友人说她还要写几本书呢。海婴又说，她的子女们根据母亲的一贯处世原则，商定不劳烦亲友，丧事从简，不举行告别仪式。

梅开了，梅谢了。静悄悄地开，无声息地谢。

暗香浮动，大美无言。

杨宪益的落晖

杨宪益(1915～2009)先生是京华名士,以诗酒风流著称。他与吴祖光、苗子、王世襄等是文化“圈子”里的朋友,他的妹妹杨苡是我尊敬的文学前辈,其外甥女赵蘅是我的好友,而我结识杨宪益却很晚。大概他是翻译家,不是我所追随的作家吧。直至二〇〇八年我写“文化名人背影”系列时对他发生浓厚兴趣,广泛搜罗他的资料,想为他与夫人戴乃迭各写一篇文章。我曾冒昧地给他写过一信,没有回复。不过,当我将《杨宪益的百年流水》写好后,托赵蘅转请杨宪益审正,他认真审读文稿,纠正若干史实舛误。后托人带给我一信,只有七个字:“昌华同志,谢谢你。”二〇〇九年春,我专程进京拟拜访他,谁料他突然住院手术,不便见我。就这样永远地“失之交臂”。《人物》杂志刊发该文的前一个月,杨宪益逝世,他没能看到,再次“失之交臂”,这确是一件憾事。

杨宪益

杨宪益先生去世后,我没有写纪念文字,因我们没有什么交往,无多少过从可忆,且将我写的“百年流水”最后一段节录于此,聊作缅怀。

“千夫之诺诺,不如一士之谔谔”。

上世纪八十年代末,在一次全民关注的变故中,杨宪益在一个错误时间、错误地点向错误的对象说了一个中共党员不应该说的“错话”。“最后,经过正常的组织程序，我退出了中国共产党。”杨宪益在《自传》中如是说。

一九九〇年杨宪益写了首《自嘲》，可视为他的感慨：“清淡夷甫终无用，击鼓祢衡未必佳。差似窗前水仙草，只长叶子不开花。”

昙花一现之后，杨宪益的生活又趋于平淡。开始他“有酒有烟万事足，无官无党一身轻”的生活。然而即令在晚年辉煌的时候，他内心深处却深藏着因“文革”导致家散人亡椎心的痛苦。大儿子杨烨因患心因性精神病，后赴英国治疗、休养。后于一九七九年圣诞节期间在屋内用汽油自焚，结束了年轻的生命。这使母亲戴乃迭的身心受到严重的创伤，痛不欲生，以致精神也出现了问题。

一九八九年戴乃迭病重，杨宪益谢绝一切交游，带着忏悔的心情悉心照料她。戴乃迭于一九九九年十一月十七日怀着“我不后悔”的心态，平静地告别人世。他们伉俪五十九年相濡以沫，事业上珠联璧合的合作，使他们双双获得“译界泰斗”的美誉，也创造了人生的传奇。

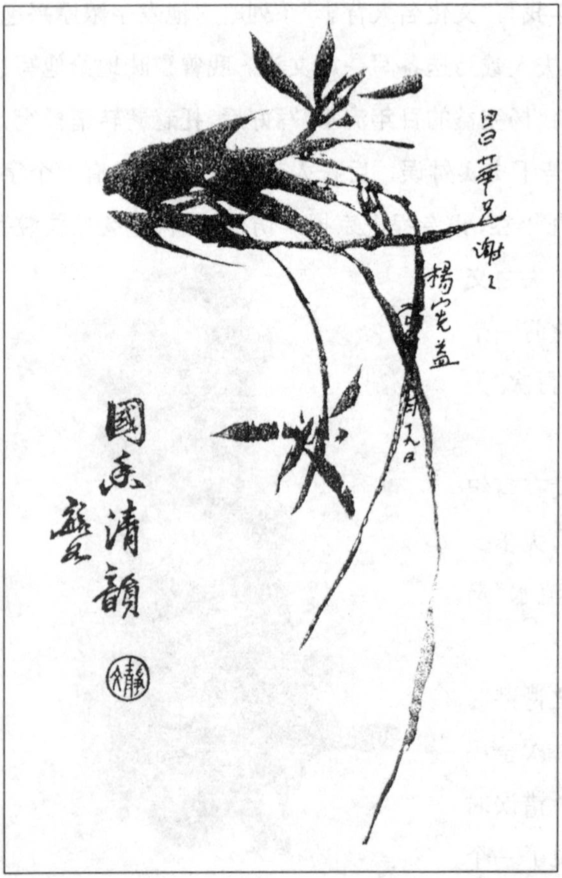

杨宪益致作者短简

杨宪益为悼念妻子，写了一首无比哀婉的《无题》诗：

早期比翼赴幽冥，
不料中途失健翎；
结发糟糠贫贱惯，
陷身囹圄死生轻。
青春作伴多成鬼，
白首同归我负卿；

天若有情天亦老，
从来银汉隔双星。

但是，许多人只知道戴乃迭是杨宪益的妻子，却少有人知道，她是一位华籍英人。她原名 Gladys Margaret Tayler（格拉蒂丝·玛格丽特·泰勒），戴乃迭是她的中文名字。她出身于传教士兼教师的家庭，生于北京。因倾慕中国传统文化而与杨宪益结缡。在半个多世纪的长时间里，夫妇二人联袂将中国文学作品译成英文，从先秦散文到《红楼梦》多达百余种。为中国文化走向世界贡献巨大。她是《中国文学》出版社老专家，数十年来，她培养了大批知名翻译和业务骨干，也是在国际上享有盛誉的翻译家和中外文化交流活动家。文革中，她曾与杨宪益同遭四年牢狱之灾。

丁聪贺杨宪益90华诞之画作

一九九三年三月香港大学授杨宪益名誉博士学位。值得称道的是他与诺贝尔和平奖得主特里萨修女（Mother Teresa）共同获得这一荣誉。

杨宪益晚年写了部英文自传《白虎星照命》，写到七十七岁。二〇〇一年出了中文版，名为《漏船载酒忆当年》（北京出版社，薛鸿时译），他在传末说“写一个人的传记，要做到诚实和公平从来不是一件容易的事。""要想写一本诚实的自传就更加困难了。"对自己的这部自传,他说:"觉得它读起来像一部流浪汉小说或流浪汉传奇。后来,我的生活越来越和当代政治联系在一起了,我又觉得这部自传更像一本政治宣言书或自辩书,用来说明我过去的所为是正当的。"结句是:"因为我对我以前的所作所为并不到羞耻和遗憾。假如我还能重新活一遍,我还会像以前那样生活。"

廉颇老矣!

杨宪益已是九十有五的白发老者,按中国传统以九进十,他已是百岁人瑞了。沧桑百年,世事尽揽襟袍。中国的,外邦的什么山他都玩过,什么鸟他都见过;九天的月他揽过,五洋的鳖他捉过;天堂他去过,地狱他下过。似入看山是山,看山不是山,看水是水,看水不是水的化境。什么生死、名利、荣辱,他本"无所谓",目下更是无所谓了。

他隐居京华一小胡同深处,寄寓小女儿家中,在他个人拥有的十平米的小天地里,空荡寥寂。作为著述等身的翻译大家,杨宪益连自己的自传也没有留存;作为收藏家杨宪益,半张纸片也没留。他把这些身外之物分送友人或捐赠博物馆了,一如他当年将大把的金钱与青春掷之流水。墙上那幅画的题词"不知老翁有何事,独坐此处等人来"是他衰年生存现状的真实写照。等谁呢?娇妻与爱子远去天国永不再归,一女在异邦,一女在为稻粱谋;亲朋故旧,大多凋零,健在者多已步履维艰了。前些年,他做了一次伤筋动骨的大手术,健康如江河日下。"虎落平阳一壶酒"?(杨敏如句)杨宪益最钟情的那二锅头瓶子已给白大褂没收了,他大概只有与烟为伍了。陪伴他的是窗外懒洋洋的阳光,指缝间那星时闪时灭的烟火。唯能对语的是蜷在足下的那只小猫了。

(感谢杨苡先生提供文字资料及图片)

怀念张素我“大姐”

十二月三日，我忽接周元亚兄电话，告诉我他的老母张素我（1915～2011）去世了。不胜悲哀。月前她老人家还来电话和信，问寄来新版的《张治中传》收到没有，音犹在耳，刹那间，怎么就天地永隔两世茫茫了呢？

张素我先生是著名的“和平将军”张治中的长女。她曾任多届全国政协委员，第六届全国妇联副主席、民革中央监委副主席等职。

张素我　张昌华　摄

因缘际会。我俩都是《团结报》(民革中央机关报)的作者,以文会友而相识;我们同趣(写稿)同姓(张氏)又同乡(皖人),而结成“忘年交”。相识两年后,她坚持要收我为她的小弟弟。恭敬不如从命,我遂以“大姐”称之,其实她比我的老母还大八岁呢!

在与素我先生的交往中,我深感她有其父之风,是位爱国爱民、富有爱心的前辈,是位个性率真、热情、平易近人的蔼然长者。

说来有趣,我第一次给她写信,不慎将她的名字写错了。她在复函中温和地说,她叫“素我”,非“素娥”。后来我始知,张治中将军对女儿的起名非常讲究:素,本色,白色,洁白,纯粹。素我者,我行我素也。她的平凡而又不平凡的一生,是她名字的最好注脚。

张素我以平凡的人生书写了一个大写的正直的人字。一九三五年,她从金陵女子大学肄业,旋赴英国西南大学(Exe ter)留学,学习教育。一九三七年,国内全面抗战开始,当时国民党许多达官贵人寻觅后路,纷纷把子女送到国外,而张治中却在此时打电报令女儿火速回国,为蒙难的祖国效力。“国家兴亡,匹夫有责。”(张将军一贯如此,全国刚解放,他又把在美留学的三女儿素初召回,为新中国服务)二十二岁的张素我毅然地中断学业,以一腔热血回国,投入到如火如荼的抗战中去。张素我八月十一日回国,只在苏州匆匆见父亲一面,当日夜间张治中便率部赴沪作战。为培养女儿的吃苦精神,张治中令素我奔赴贫穷落后的安徽农村,在其捐办的巢湖黄麓小学当校长,并亲自兼课。尔后,随着战事的发展,张素我辗转长沙、重庆、西安、兰州,浪迹天涯,始终坚持她所热爱的教育事业和妇女工作。为培养抗日人才,她在湖南干部行政学校任妇女训练员班副主任;战争中,一大批儿童生灵涂炭,沈钧儒、郭沫若、李德全、邓颖超、郭秀仪和张素我(代表其母洪希厚)等二十余人联名倡议成立战时儿童保育会。很快,宋氏三姐妹、何香凝等签名作为联合发起人。宋美龄出任战时儿童保育会理事长。一九三八年,张素我参加由宋美龄组织召开的庐山妇女谈话会,并在其麾下进行救助妇女、儿童工作,嗣后她又陪同宋美龄到湖南慰问伤兵;继而,又在西安中央军校七分校教外语……一九五〇年张素我在香港,又由父亲召回内地参加祖国建设。此后她一直在教坛辛勤耕耘，桃李满天下。二〇〇四年，她由北京对外经贸大学教授教席走下杏坛。

张素我先生不仅是位教育家，同时是一位著名的社会活动家、爱国人士。她蝉联五届全国政协委员（三届常委）。任内，她关注国计民生，作为全国政协委员，张素我随团到全国各地去学习、调查研究，积极向政府建言献策：国土整治，环境保护，教师待遇，文物保护。坦言直陈。她以一个炎黄子孙的赤子之心，竭力履行一个民主爱国人士参政议政、民主监督的职责。张治中与蒋介石的关系特殊，张素我的丈夫周嘉彬（黄埔出身）又是蒋纬国留德时的同学。两家关系非同一般。张素我与周嘉彬结婚时，宋美龄亲书大红幅“宜尔室家”相赠，并送手表、衣料等物。后又赠她的英文著作《蒋介石夫人在战争及和平时期的文电》，用毛笔书写：“素我妹妹惠存。”落款为“蒋宋美龄二十七、九、十五”。为促进海峡两岸和平统一，张素我不仅向海内外亲友宣讲大陆的对台政策，一九九七年还先后给蒋纬国、孔令仪等国民党高端人士写信叙旧。蒋纬国亦抱病作复，温故叙家常。蒋纬国在医院还两次接见张素我赴台过访的大女儿周元敏、大女婿陈弘。张素我曾郑重地向有关方面提出：“为了尊重历史”，反对“台独”，应“以更加公正、客观地态度对待蒋介石这个人物”，团结海内外华人，她还积极建议出版《蒋介石文集》……

二〇〇七年，我为写《和平将军张治中》，数度拜访张素我先生。

她的崇文门寓所，是一处不太陈旧的老楼。住房宽敞、明亮。家中的陈设具有浓厚的怀旧情结：张治中与政要们的大幅历史照片、宋美龄的大幅彩照，以及上世纪二十年代戴季陶写给张治中的条幅悬挂厅中。

最令我感兴趣的是客厅中的一幅字。那是一九四七年张学良书赠张治中的一首诗。由张学良的旧属（秘书）王益知用篆书写的。诗曰：

总府远来义气深，山居何敢动佳宾。

不堪酒贱酬知己，唯有清茗对此心。

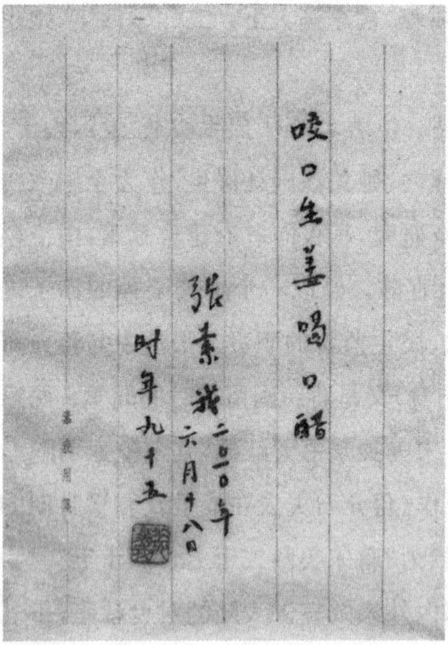

张素我手书家训

素我先生向我讲述这首诗的来龙去脉。她说，自一九三六年张学良将军被拘禁，到一九四七年间，父亲私下去探视三次。第一次是张学良一九三六年底护送蒋介石到南京，住（软禁）在南京鸡鸣寺宋子文公馆时。第二次是一九三八年，抗战已爆发，父亲任湖南省政府主席，张学良被拘禁在湘西沅陵一个寺庙里。父亲看他时，张学良托父亲代转一封信给蒋介石要求恢复自由。第三次是一九四七年底，张学良被拘在台湾新竹。当时父亲是西北行辕主任，台湾警备司令彭孟缉是父亲当年的学生，父亲向他提出要见张学良的要求。彭孟缉不敢答应。父亲表示“一切由我负责”后，彭孟缉才勉强同意。张素我又说：那次我是随父母一道去见张学良将军的。但他们谈话我不在场，赵四小姐带我们玩去了。后来从父亲的《三访张学良》的文章中才知道，张学良又托父亲向蒋介石、宋美龄提出两点要求：一是希望恢复他的人身自由，不一定要做事；二是不想与护卫（监视）他的刘副官（少将刘乙光）一家同住。父亲回南京后，立即向蒋介石作了报告，蒋介石不接话，父亲又找宋美龄。宋美龄觉得愧对张学良，后来帮忙解决了第二个要求。

面对墙上悬的那幅张学良与张治中的合影，我好奇地问那是谁拍的。素我笑了，颇有点自豪地说“是我拍的！”接着又说，文革中她家保存的许多历史照片，有的被红卫兵抄家时抄走，有的扔满一地，这是幸存中的一幅。那本宋美龄赠的英文版“文电”，也被抄走，一九七九年为《人民日报》社资料室珍藏，张素我通过时任社长的范敬宜讨了回来，她又将其转赠给中国妇女儿童博物馆。

为支持我写《和平将军张治中》，素我先生除向我讲述外，还给我寄赠许多文

张学良与张治中　张素我　摄

字图片资料。稿子写好后，我寄请他审阅。没想到她对文中“后院，一方净土”一节中关于她母亲洪希厚一九二九年到南京中央陆军军官学校（时张治中为该校教育长）一节的描写有意见，认为有损她母亲的形象，希我“酌处”。我基于尊重历史，在私下与其子周元亚相商后，还是保留了原貌。文章发表后，素我先生很高兴，非但没有责怪我，还将张治中的家训“咬口生姜，喝口醋”（意永葆寻常人家吃苦耐劳、简朴的本色）书赠于我。她待人礼数极周，对我每信必复，近年写不动了，她口述由儿孙代笔。

张素我先生晚年一直坚持写作，追怀如烟往事。后来她写不动了，改为口述，请人代笔。她极为敬重宋美龄。宋美龄逝世，张素我接受日本记者采访表示“非常悲痛”。她说“宋美龄是近代中国最有影响的女性之一”。宋美龄曾谦称张素我为“素我妹妹”，张素我一直称她为“蒋伯母”，近年她写了《我与宋美龄》。她说，“蒋伯母良好的道德修养，好学不倦的精神，优雅的气质，美丽的容貌，流畅的悦耳的英语讲话以及永远着中式服装的身影，深深地印在我的记忆中。”二〇一一年她为《我们的父亲——国民党将领后人在大陆》（华文出版社）作序，四月，还在《南方周刊》发表《张治中将军的最后岁月》，披露其父在“文革”中的遭遇和一九六六年国庆节在天安门城楼与毛泽东耐人寻味的对话，以及对“文革”的看法。

我清楚记得素我大姐多次对我说过，“我父亲是真正热爱和平的将军”。

安息吧，素我大姐。

（感谢张素我先生家属提供文字资料及图片）

悼张定和先生

趁着这黄昏，我悄悄地行，行到那薄暮的苍冥。一弓月，一粒星，似乎是她的离魂。她太乖巧，她太聪明，她照透我的心灵。

趁着这黄昏，我悄悄地行，行到那衰草的孤坟。一炷香，一杯水，晚风前长跪招魂。唤到她活，唤到她醒，唤到她一声声回应。

这首题为《趁着这黄昏》的温馨、凄婉的小诗，是张充和闺阁时代的少作。谁能想到竟是她献给一位殇逝的保姆的。

张氏十姐弟出生在合肥的名门望族。父张冀牖给孩子们起名都有一个“和”字，取“和以致福，善可钟祥”之意。每个孩子都有自己的保姆。这些保姆多为乡下年轻的寡妇，只有姓，没有名字。张家人一律称他们为“干干”，区别于“奶妈”（湿），也有干妈这层意思。二〇〇〇年，我访允和先生时，她说她动员姐弟们写一组“保姆列传”系列，刊在家庭杂志《水》上。元和、兆和都写了，响应最积极的当属宇和，还写了篇《门房列传》。我读过宇和的《我的汪干干：老妈》，十分感

张定和

人。二〇〇四年秋末，我拜访与我同居金陵的宇和先生。那时他已是八十六高龄的老人了，是张家十姐弟中唯一一个学自然科学的，但不乏文学的才情。宇和在回忆稚童时代时兴奋地对我说，那时人家说我们家三声不断：笑声、哭声、打闹声。十个孩子，十个保姆，跑进跑出像走马灯。说到保姆，我接过话题，“听说你们家的人对保姆的感情都很深?”宇和先生额首称是，说着转身走进书房拿出一封信(手写复印)来说：“三哥在这封信中有一段就写他的保姆。”这封名为《定和自叙》的家书，密密麻麻的蝇头小楷，长达六万字。《自叙》中第二部分《童年》中有一半文字是专写他的保姆高干干(区别奶妈)的。定和五岁丧母，全靠高干干在继奶妈之后带大的，她后来又带过他的儿子和女儿。抗战岁月，定和到重庆，高干干在安徽农村。当她听说定和的婚姻出了问题，儿子无人照料时放心不下，历经千辛万苦赶到重庆，照顾定和生活并带孩子。定和当时生活十分清苦，无法付给高干干工钱。高干干从未讨要过。解放后高干干随定和到北京，又帮他带女儿。高干干与定和一家相濡以沫共同生活了四十多年。

张定和(1916～2001)在自述中说，高干干从来未正式读过书。但天生颖慧，记忆力极强，心算快。虽没有学过算术，但“鸡兔同笼”之类的算学，她算得既快又准。高干干主要的职责是带定和(也带过充和)，兼当定和生母的佣人，为太太梳头。在梳头的时候，要太太教她认方块字，这样又成为太太的学生。她手脚勤快，记忆力特别好。“她能清楚的记得久远以前事情的细节，什么人，什么时辰，在什么地方，什么数目字等，就连我们家从我的祖父母起的所有人的生辰八字，和已故的人的忌日也都记得。”……

最令定和感念的是，生母去世以后，高干干像母亲一样关爱他，不仅在冷暖食宿上无微不至的关怀，重要的是在做人的品德上对他的熏陶。她常在定和面前讲述定和生母“待人宽厚”的故事。高干干在烧火做饭时总把定和搂在怀里，常对他说：“火要空心，人要忠心(要做有诚信的人)”的道理。定和说“她的艰苦朴素熏陶了我”。以至到市场经济时代，定和对高消费还不适应，他觉得，自己身上的一些传统美德，都是受高干干的影响。定和说，直至一九六五年高干干去世，他与她的关系一直未断。“她与我情同母子，我一直叫她‘姆妈’(这是苏

州的叫法，但却用合肥的方言。笔者也是皖人，深感这种“姆妈”的亲昵）

定和一生为疾病所累。1996 年他患病住院，缠身病榻，怀旧情绪越发浓烈，回首往事，追忆“姆妈”对他的关爱、温暖，深切感受到高干干是他“终生难忘的人”。想到高干干给他的母爱，思念之情油然而生。他让家里人找出他六十年前为充和四姐少年时期的诗作《趁着这黄昏》作谱的原稿，在医院病床上加工整理。定和生日那天，他的在京的第二代、第三代到病房与他欢聚，为他庆生。定和讲述了高干干关爱他的往事，又唱这支新谱歌给他们听，边唱边流泪。家人都很感动。定和是把这支歌，当做心香一炷献给他的“姆妈”的。从创作角度来说这或是定和的“绝笔”，一个主人在生命的边缘，以这种方式纪念他家的保姆可谓是一支“绝唱”。

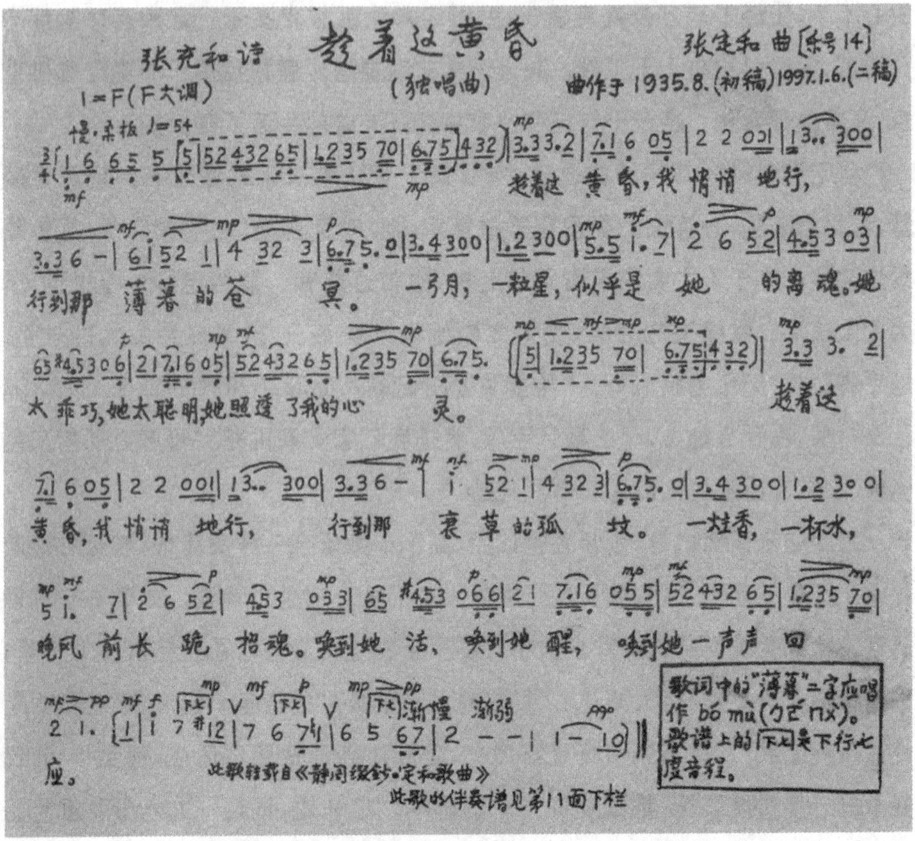

张定和手稿

既写到张定和，笔者忍不住要附上一笔。

张家十姊弟多才多艺，琴棋书画都有一手，都为日后的文化或科技精英。其声名以四姊妹称著，这或许多少与她们夫君的声名显赫不无关系：元和嫁给了昆曲大王顾传玠，允和的丈夫是语言学家周有光，兆和的夫君是文学家沈从文，充和的爱人是美籍汉学家傅汉思。其实，六个弟弟也都有可圈可点之处。张定和在音乐上的成就，颇令人称羡。定和生于一九一六年，适蔡锷云南起义一周年，父为其取名“定和”意为“重定共和”之意。一九三七年毕业于上海音专，师从黄自教授，受益终身。抗战爆发流浪至重庆，执教于国立戏专。其时风华正茂，才情横溢，为唤起民众抗战，曾为郭沫若的《棠棣之花》、田汉的《复活》（译本）、梁实秋的《奥赛罗》（译本）、顾毓琇的《岳飞》、余上沅的《募寒衣》、吴祖光的《凤凰城》等剧本谱曲，引起强烈反响。一九四六年八月，“张定和音乐作品演奏会”在上海隆重举行，节目都为抗战之声：《抗战建国歌》、《江南梦》、《流亡之歌》、《嘉陵江水静静流》、《艺术战壕颂》等。上海《大公报》出了一期“定和特刊”，张充和刊头题字，沈从文撰《张定和是个音乐迷》。吴祖光在《写在演出之前》称：“许多艺术家在这次抗战里展露他们的天才，定和先生该是其中值得骄傲的一个。”……由此奠定了定和在乐坛的地位。

张家自办刊物《水》

解放后，张定和在中央戏剧学院、中央实验歌剧院执教、工作，先后为田汉《十三陵水库畅想曲》、欧阳予倩的《桃花扇》以及陈白尘的《大风歌》等二十一部话剧、歌剧、舞剧、电影谱写音乐。二〇〇二年定和获中国音乐“金钟奖”终身奖。

张定和先生为人低调。笔者写过张氏四姊妹，与张家人较熟。出于定和业绩世人知之甚少，我托宇和代信，想去采访他。定和给我一长函，谦云：“回忆我自己走过的路，做过的事，无非是风云际会，多出自偶然。早年曾在戏剧学校工作，写了一些话剧插曲。曲随戏定，戏不演了，曲遂无用。自忖并无建树。”又引沈从文的“我和我的读者行将老去”，以乏善可陈、“静”度晚年而婉拒。

张定和的人生，充满艰辛坎坷，备尝荣辱。二〇一一年春，他以九五高龄谢世。定和走了，曲终韵自存。他留下的那些难忘的旋律将在历史的册页中回响。

（感谢张寰和先生提供文字资料及图片）

感念郁风

郁风(1916～2007)先生走了。我与郁风交浅，写不成像样子的怀念文字；但在不多的过从中有两件小事令我难忘。

二〇〇一年，《人民日报》海外版编辑杨鸥，知我为苗子、郁风编过散文合集《陌上花》，约我写一篇文章介绍一下这对伉俪。我将此事告诉郁风。郁风来信说，写来写去都是那些陈芝麻烂谷子，没多少意思，劝我别写了。我没听劝告，还是写了篇《墨池飞出北溟鱼》，礼赞他们夫妇的相濡以沫、荣辱与共的一生。文章发表后，我将剪报寄给郁风，她立即复信，不但没有责怪，反而鸣谢。

郁风是画家、散文家，是名人、忙人。她曾对我说，她现在什么都不缺，只缺时间。但她对我们这些做编辑的晚辈十分体贴。记得我为她编《陌上花》时，她在澳洲，已是年近八十岁的老太太了。她将选编书稿分三批寄给我，每批均有目录清单。最后一批列有一张偌大的多项目的表格：诸如篇名、原发刊物、发表日期、字数、备注等。她十分仔细，在表格上用四种不同颜色的笔区分，一一表明序号，并提出某图片插某文某处，甚而连该

郁　风　张昌华　摄

用异体字的地方，都作了备忘。汉字、阿拉伯字、拉丁文全用上了，目的是怕我混淆，为我编辑时提供了方便。她的文稿偶有笔误，均用涂改液更正，清清爽爽，一如其人简洁、端庄。由于她花了功夫，我编起来就得心应手了。我们合作得十分愉快。

因她是名人，我的一些同事慕郁风大名托我转言，想得到她题署的赠书。书寄来寄去实在不便，郁风让我把需签名本的同志名字告诉她，她一一写在不干胶的粘贴条上寄给我，由我往书上一贴就行。满足了她的仰慕者的要求。

二〇〇四年，我的同事刘文洁慕名以不菲的价格买了一幅署名郁风的画作。因不知真伪，拍成照片后请我寄给郁风本人鉴定。当时郁风正在病中，照理说她只需告诉我那是一幅假画即可。但她却抱病给刘文洁写了一封短简，一

《陌上花》

郁风[illegible]33篇目录

			写作年代	字数
人物小记	谐伯伯——五十年的家乡医生	A	0 19[illegible]	5500
	阿英同志的珍藏	A	0 1978	3000
	生命的强者——白薇	B	0 1984	8000
	面临生死抉择的心路历程	C	0	
	——纪念父亲殉难50周年		1989	7000
	「老顽固」傅雷	C	0 1991	2500
	王世襄的芳嘉园小院	C	0 1991	6500
	张伯[illegible]的文字游戏	C	0 1991	2000
	一颗超载负重的心	C	0	
	——纪念好友何塞·方提勒里		1992	6000
	作家周在澳洲	C	1992	7500
散文游记	自然·生活·创作	A	0 1954	7000
	森林里的红花	A	1961	2500
	冬日抒情	AB	0 1981	1500
	新旧之间——访澳、新侧记	A	1981	7000
	红花之岛西萨摩亚	AB	1981	7500
	生死之间	B	0 1983	3500
	湘行小记	B	0 1984	6500
	我来不待樱花迟	C	0 1991	1500
	巴黎琐写	0 AB	0 1983	14000

郁风手稿

面谢谢他对自己作品的喜爱；一面告诉他，他买的那幅是伪画；并且说她是画家，但她从不卖画。为了安慰刘文洁，她还寄了一幅印有自己画作的贺卡给他。刘文洁激动地说："这样的老太太，世上少有了。"

细微之处见精神，郁风这两件小事，让我感念。她用行动教我们如何做人处世。

二〇〇六年冬，我进京登门拜访他们夫妇时，只有苗子先生在家。苗子说，郁风住院了。

不久，便听到郁风仙逝的噩耗。我很难过。发了一封唁电：

郁郁葱葱九十载

风风光光一世情

缅怀吴祖光

一九九八年春，我拜访吴祖光(1917～2003)。吴先生开门一见是我，一边忙邀我入内，一边双眼直视我良久。嘴唇翕动一下又止，像是在问“你是——?”我明白:他记不起我的名字了，忙自报家门。他随之“哦”了一声，连叫了我两遍名字，又说“对不起”，还用手在脑后轻拍了两下，大发“人老了记性坏”的感慨。

吴祖光已过八十华诞，但当朋友们与他聊起世事来，他总固执地认为自己“十分幼稚，极不成熟”。他大概是想表明他仍有一颗天真不泯的童心。童言无忌吧，想啥说啥，爱说“闲”话。有朋友评他的爱说“闲话”十分有趣:说他像过去村塾里不守规矩的塾童，课堂上老爱插嘴说“闲话”，有时“闲话”还硌得长袍先生腰背疼。先生免不了要用戒尺敲他手心，以示惩罚;而他呢，又老不认错，老不接受教训，所以学到老，说到老，吃亏到老。

吴祖光不但爱说“闲话”，还爱管“闲事”。非他闲得难受，而是他实在对某些事看不下去，就像戏剧舞台上的绿林好汉，路见不平，只有拔刀相助为快。典型的是一九九二年他与“国贸”的那场官司。他读了《红颜一怒为自尊》，发现一个超市竟然强行对女顾客

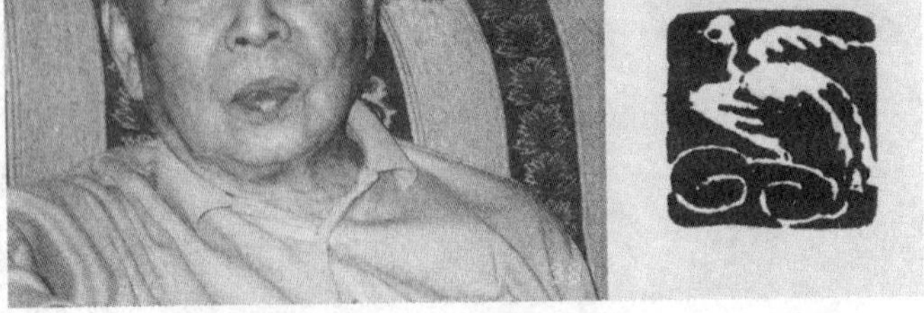

吴祖光　　印章为齐白石篆刻　张昌华　摄

搜身，如此侮辱人格，他先激动，后愤怒。挥毫写了《高档次的事业需要高素质员工》，对国贸这一不文明经商的行为进行了规劝。孰料国贸为转移大众视线，竟把七十五高龄的吴祖光告上法庭，说侵害了他们的名誉权。这叫多事有事了。国贸此举引起港、澳、台乃至国外的舆论大哗，几乎一边倒。声言要义务为吴祖光打官司的律师可以组成一个团。受理此案的法院弄得很被动，违背法律规定的期限，迟迟不作判决。旷日持久，直到一九九五年方宣判：吴祖光胜诉。正义终究战胜了邪恶。多管"闲事"而招致的这场官司先后缠了吴祖光三年，精神上的折磨不说，皮肉上也吃了大苦。他对我说，一九九二年十二月十四日深夜十一点，香港《明报》记者林翠芬第一个把她在港获得的"国贸状告吴祖光"的消息告诉了他。半夜中电话铃响，吴祖光精神恍惚地爬起来，在以金鸡独立式用单腿穿睡裤时摔倒，头跌在桌沿的玻璃板上，血流如注。次日，还强作欢颜，坚持为冯骥才的画展捧场，多义气！眉眼间一大块创口贴有伤大雅，最后还是新凤霞出点子，用她弃置的化妆油彩涂抹在青紫的伤口上遮丑，还是让同仁好友传为笑谈。

最逗的是某晚九时，为了应约会见这场官司中受害者一个女孩的母亲，吴祖光赶忙从杨宪益的宴席上请假告退，在家门口的马路上规规矩矩从人行道斑马线过街，还是被一辆小轿车撞伤了脚。肇祸的女士下车，十分热情，先说要带他到医院去看，后又要送他回家。吴祖光让这可人的世风感动得不知说啥才好，大有反欠了对方一笔人情债似的。吴祖光考虑已到了自家门口，当时的脚也不很痛，还能走，家里还有客人在等着；更主要的是怕让老伴知道了，就此剥夺他单独外出权，便婉谢肇事者。肇事者执意认真问了他的名姓地址，尽管吴祖光劝她们放心地走吧，她们仍坚持说第二天早上一定来看他。吴祖光的客气，成了肇事者的福气。那几位女辈再也没有露过面。伤筋动骨一百天，害得吴祖光到医院治疗两个月。吴祖光一直瞒着新凤霞说是走路不小心崴了脚。后来还是报纸把这件事捅了出来，有朋友怪他，为什么不记下那汽车的牌号和驾驶员证件号？吴祖光笑着说："记了又怎样，人家又不是故意的。"多有雅量的绅士，多与人为善的好老头儿。他平日以粗茶淡饭为安，只要多给他一点空间

吴祖光赠作者手迹

活络筋骨，他准活得更滋润。

说吴祖光“闲”，那真是冤枉了他。这位八十老翁，每天要做多少事：或写文章、练书法，或开名目繁多的杂会、接待五颜六色的访客。近年来，他忙于整理出版两百多万字的《吴祖光文集》，撰写二十集电视剧本《新凤霞传奇》，当然还少不了与新凤霞合办书画展。

吴祖光最大的业余爱好就是练书法了，有时冲动了，兴之所至，能通宵达旦。他曾赠我“生正逢时”一条幅。据说这是他某日夜不能寐，一口气挥毫写了十幅中的一幅。一九九四年，他与妻子合作出了本书画集。他俩一个画画，一个题字，珠联璧合。四十年前齐白石曾对新凤霞说：“你们是夫妻画，霞光万道，瑞气千条。夫妻画难得，你和祖光——‘霞’、‘光’，就是一幅画。”

如今，“霞”“光”与孤鹜齐飞了，新凤霞成了一幅凝固的画，吴祖光成了一道消失的风景。

无名氏，落叶未归根

记得法国哲学家帕斯卡(Blaise Pascal)曾经这样说过："人，不过是一棵苇草，是自然界最脆弱的东西。……"是的，人的生命相当纤细羸弱，受不起秋风的涤荡，稍不经意便灰飞烟灭。

二〇〇二年八月十一日，我接到无名氏(1917～2002)先生来函，称有两件琐事托我代处。并另附一纸复印的《卜乃夫白》，密密麻麻长达三页，细述他自端午节突发急性腹泻后，住院检查治疗始末。意在说明这一期间因病不能与诸友人互通音问，末句是"千言万语务请友好们原谅我不周之处，七月二十一日依枕书"。

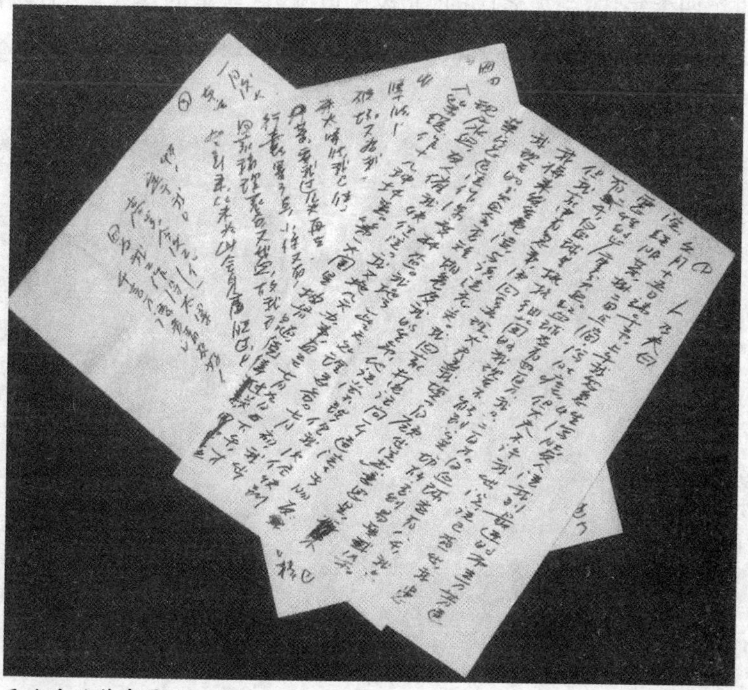

无名氏致作者最后一封信

接信后我即去函，坦言他已“功成名就”，切勿积劳成疾，请他务必珍摄自己。

十月初我在美旅次，偶读五日《世界日报》，惊悉无名氏因病住院，报纸还说他“已不能言语”。阅毕，心中不免一阵惶悚。十三日返宁，十四日到出版社上班，见案头有无名氏的来信，心中忐忑，匆匆拆阅：“谢谢您关心我的健康，我会多休息。但为了生活，仍不得不老牛耕田也。你要的书(《顾维钧其人其事》，笔者注)已由海运寄出，是我送你的，你不必付费。在养病，不多写。”寥寥五十余字，落款是九月二十九日。我当即提笔给他写信，询问近况。正欲封信时，接到澳大利亚袁雪晨先生电话(无名氏曾为他的长篇小说《骆驼行》作序)，称无名氏已于十日去世。听罢电话，我情不自禁地将无名氏的来信翻出来再细读一遍，当我读到“但为了生活，仍不得不老牛耕田也”一句时，不由得一阵鼻酸，殊不知这是一个孤苦伶仃的八十五岁老作家煮字疗饥的悲吟。

对酒当歌，人生几何？昨日音容灿烂，今朝黄土一抔，悲夫！

上世纪四十年代，当无名氏的《北极风情画》、《塔里的女人》一时风行时我刚刚出生。五、六十年代是读不到这些作品的。大概是七十年代前后，这两本

无名氏在南京凤凰台饭店　张昌华　摄

书以手抄本形式在民间流传，时我在一所中学执教，在收缴学生中传抄的这类禁书堆中，发现了它，粗粗浏览，有种莫名的好奇与兴奋，始知其人其书。直至上个世纪九十年代末，南京市作协秘书长冯亦同先生找我，说他访问台湾时见到无名氏，说他是南京人，小学中学都在南京读的，对故乡的感情很深，有意想在故乡的出版社出书，希望我能关注。我始与无名氏相识。那时，广州、上海、浙江的出版社已陆续出他的作品，适逢我社拟出《无名氏传》，我们的联系便频繁起来。他说他很想能读到《无名氏传》校样，我就从责编郭济访处索取寄给他。无名氏很认真地审读，作了若干修订后退我。该书出版后，颇受读者欢迎，半年后再版了一次。此间，我提出希望他寄一些书稿来供我选用。无名氏先寄来若干部旧著，我选中其中一本他青年时代的自传《绿色的回声》，那是写他青年时代与一位俄国少女的恋爱往事。我觉得书名太雅了点，建议改为《我心荡漾》，副题为“俄国少女妲尼娅与我的故事”。并请他续写七十年代后他们又恢复联系一章《余韵》。无名氏很乐意合作，同意我的全部要求，又为本书重新作序。此后不久我向他索新作。他寄来两本，一是他个人人生经历的爱情书简、情诗之类；一是杂感随笔。书名分别为《说爱情》、《蜜语》。我通读原稿，作了必要的删节归类后，觉得这两个书名不够上乘，建议改为《谈情》、《说爱》，以相同的开本、版式互映，以引起读者的兴趣。无名氏很大度，十分爽快地采纳了我的建议。这三本书，我们社同时推出，还印了两份彩页广告随书发行。无名氏十分高兴。新千年前后，上海文艺出版社陆续推出他的多部书稿，加上我社的三本，先后又有三种关于他的传记、评传问世，着实让大陆的传媒热闹了一阵子。

二〇〇一年，他先后两次来南京谈书稿、讲学和洽谈《北极风情画》电视剧本改编事宜，都是由我接待的，接站、送行、订房、购票及本埠旅游均由我一手操办。大概他觉得我为人办事还算热情、认真，夸我乐为他作嫁，我说这是编辑对作者应尽的义务。他打趣地溢美我是“当代孟尝君”。并说很愿意和我做“忘年交”。还打电话到我家中，对我太太说“下次到南京来，一定要到你们家吃饭”。孰料，下次永不再了。

在我与无名氏交往过程中，他的勤奋和不服老的精神令我钦佩。记得在宁期间他每晚或有朋友来访，或谈书稿，次日一早按时起床，上午照样精神抖擞地接待来客。令我好奇的是，他随身携带一管毛笔、一瓶墨汁和白纸，日练书法。他说这既是做功课，又是修身养性。他挺会注意保养身体，一把小梳子常梳头，还有一小物件常按摩脚心。喜素食，忌大荤。记得第一次来找我时是由两位杭州时老邻居陪同的。第二次来时，他只身一人拎个大(真的很大)皮箱，单枪匹马走天下。那阵子他应邀先后到复旦大学、南京大学、南开大学去讲学，乐此不疲。大有老骥伏枥，志在千里之气概。全不觉他已是八十开外的垂暮之年的老翁了。记得南京市作协在鸡鸣寺素菜馆为他洗尘时，席间他对南京的盐水鸭、煮干丝兴趣特浓，直夸是美味。还说，明年他再来时，当由他作东还在这家馆子回请大家。他说好夏天来南京的，因健康原因未成行，谁能料及那次与南京文学界朋友的晤聚，竟是他“最后的晚餐”呢！

无名氏给我的信(及传真)多，电话就更多。多为他从台北打来，一打便少不了半小时以上，连我也觉得手提话筒发酸。他天南地北十分健谈。我怕他长途话费负担过重，劝他省着点，他说他不在乎，难得找朋友聊天，莫非是他孤身一人在台北太寂寞了吧？

怎么说无名氏也该算是一位名人了。但他为人谦和。记得当初他读完《无名氏传》校样后，来信说：“这本传记资料丰富，观点卓越，文笔流畅，结构谨严，是一本佳作，惟溢美我绝不敢当。美中不足处是有若干史料舛误。”他很通达，又说：“这也难怪，他(指书之作者耿传明)并未和我交换过意见，也未见过面，能写成这样，是很难得了。过几天，我会和他通话，向他致谢，也要向贵社致谢。”一派君子风度。

他的书法遒劲，有品。曾有几位朋友慕他的书法，托请我代求。每求必应，还说“不满意的话，我回去定下心来再重写”。

无名氏是一位颇恋旧的人。据我所知，他曾多次用稿费资助他的前妻刘女士及其友好。他曾与我谈过他的前妻，对她在那个年月离他而去，他能理解并宽容。他说，他真的很感谢她，50～60年代，他不工作，是她养活了他。没有她的宽容和支持，要是找另外一位女人，他根本无法完成四百万字《无名书》。一

无名氏与马福美　　　　（无名氏生前提供）

九九八年回大陆时，无名氏还在朋友家见她一面，并照了一张合影。他说，是时尽管相对无言，但感激之情已尽显在不言中了。起码他是如此。

无名氏早年就读的南京大石桥小学，现易名为南师附小，记得最后一次离别南京的下午，他要我带他到母校去看看。并以不同角度，让我给他在校牌门口、校园内斯霞塑像前照了两张像，说带回去留念。回到台北后，他在五种色彩的花笺上写了一篇八百字的《忆金陵》给我作纪念，畅抒他对故土的眷恋。

他私下对我说过，近年来他的日子不好过。赴台后新组家庭的破裂和寄人篱下的苍悲，以及经济的拮据，使他的身心受到了摧残。他说他很想在他能动的时候，多爬点格子，多攒点钱，将来好到杭州买套房子，打算在西湖畔度过他的余年。然而这一切都是一枕黄粱。坎坷一生的无名氏怎么也没想到他竟客死台北。这片落叶，谅难归根了。

无名氏有名，卜乃夫是也。著名老报人卜少夫之弟。

哀黄裳先生

闾庭多落叶，慨然知已秋。

黄　裳　张昌华　摄

黄裳（1919～2012），这棵文坛常青树，九十岁后仍笔耕不辍，新作迭出。然世事无常，他的新书《纸上蹁跹》刚上架，《唁汝昌》的墨迹未干，自己也变成一片黄叶化作尘泥了。噩耗传来，邹小娟打电话来，说黄裳先生走了，南京的文化人都很钦羡他、热络他，我们应该表达我们的哀悼。其实，小娟不说，我也会的。

我想，南京人爱黄裳，除崇敬先生本人外，或多或少缘自他与南京的渊源、对南京的感情，以及他为南京留下的经典文字《金陵五记》吧。我与黄裳相识于新千年。十一年的过从，黄裳致我函札三十五通。先生历来惜字如金，信札虽短，但言简意赅。今抚笺思人，先生的音容笑貌、率性真情盈溢于字里行间。

黄裳的文名饮誉当代文坛。“腹有诗书气自华”，他博学广识，在文学领域涉猎也多，以散文称著。他的文字古朴典雅可称雄时下，那珠玑文字可以下酒。然先生自敛、谦逊，我深有感触。新千年，我选编一本现当代名人写南京的散文集《南京情调》，向先生乞序。先生自谦“愧不敢当”，终经不住我的盛情与执著而命笔，光增了该书的篇幅。之后，《人物》杂志约我写黄裳，我函请先生接受我的采访。先生客气地说：“不胜荣幸并惶恐。平生碌碌，无可言说，行径都在过去所出诸集中……我不善言辞，接谈甚难令先生满意。但亟愿晤面，如承过访，当扫径以待也。”一派平蔼，温馨可人。诚如先生所言，他不善言辞，采访基本是一问一答；但先生思维敏捷，每答中肯到位。初稿写出我请他寓目。先生阅后复我，说我对他“感情吹嘘，不安之至，感与愧并。”“有关史实诸事，少加删润即于稿前加墨，务希谅之。”我检视改稿，先生除删去一处稍稍“过誉”之词，还纠正两处舛误。《黄裳：书香人和》发表后为《读书文摘》等多家报刊转载，大家都很高兴。

黄裳对鲁迅先生尊崇之至。二〇〇八年我编《鲁迅的艺术世界》，请他赐序，先生一口承允，但不贸然下笔，在读了全书大样后才写。序中说：“回忆个人数十年来受到（鲁迅）先生的种种熏习、垂教……产生绝大的影响。”黄裳爱收藏，珍惜前贤纸墨如命。世人鲜知的是，他慨然把自己珍藏多年的鲁迅手迹捐赠给国家。

二〇一〇年我已退休多年，仍有幸为先生编四卷本《黄裳散文》，始得缘通读了黄裳的六大卷三百万余言《黄裳文集》。梳理分类费时三月，选目数易其稿，多至可以装订成册。但这次合作不大“圆满”，先生旨意是选本要“出新”，力选一些以往选本中未及的篇目；而出版社追求的是有“卖点”，要可读性的名篇。应该说各自成理，都没有错，惟我夹在中间，有点难受。我必须沟通双方、兼顾两头，选目一变再变，书名一改再改。用先生后来的话说：最后总是“老板说了算”。先生显然有所不快，最终还是接受了，并对我的辛劳表示感谢，表现了前辈对后学的宽容。黄裳先生虽不善辞令，但有个性，刚柔并济。有时性情率真，有话直说。我曾将两本小书呈他审正，他读后指出《走近钱锺书》文中对钱手写

黄裳手迹

书信释文的一处误读；一眼指出《陈寅恪：惟大英雄能本色》中，陈氏自寿诗中“平生所学供埋骨，晚岁为诗欠砍头”一句，后自改为“笑乱头”，我沿的是旧说。先生慧眼“疑非事实”，一针见血挑明“那是不明诗法之妄人”所为。并确凿指出始作俑者及出处，令我辈孤陋寡闻者肃然起敬。

黄裳平时不苟言笑，望之俨然，即之也温，言辞中时有幽默。因他笔下的南京堪称一绝，似乎成了一种符号。有出版单位或个人出相关南京的书，常托我请黄先生赐序。久而久之，先生不干了，幽默我说：“余为南京新书作序，甚感荣幸。近来我几成有关南京的新书的专业写序户。”二〇〇〇年岁末，他来南京故地重游，我有幸陪他访鸡鸣寺、探胭脂井、登扫叶楼、寻老虎桥旧址等，均属跑马看花，匆匆一瞥。晚餐席间，我请他在我的册页题墨，他在自述故地重游行色匆匆时，结句是“自笑如老伶工登场点到而已”。令人捧腹。

黄裳喜收藏名人墨迹，我在读他的《珠还记幸》后，竭力效法。他的书法，我很欣赏。某年见他为友人倪培翔花笺上的题诗，眼馋得很，斗胆张口索字。先生于大暑中挥汗命笔，为我写了首他五十年前旧作《无题》，挂号寄来。这幅字收在我刚刚出版的《名家翰墨》一书中。九月五日中午我将此书付邮，孰料晚间先生作古，天人永隔。

书比人长寿。黄裳的《金陵五记》是金陵的文化瑰宝之一，犹如南京明城墙上一块砖石，与金陵同在。

忆吴冠中二三事

作为一家地方出版社的编辑，总想打入京门能在高层次作家中游走，以组发他们的作品。记得上世纪八十年代末办《东方纪事》杂志时，我从北京友人处，抄得一长串在京的江苏籍作家信址，大打“乡情牌”，每期给乡贤们寄杂志，联络感情，以期能得到他们的支持。吴冠中（1919～2010）先生是我追求的对象之一。

上世纪九十年代初，我社出版一套“名人自传”丛书，在业界反响不俗。我试着给吴先生写信，邀他入盟，希望他写自传。吴冠中先生在复信中说：“时下传记满天飞，我一向无意生前写传记，人们想读李清照、八大山人、梵高等有突出才华、性格、遭遇及贡献的传记。自立传记，或贻笑后人，或增添废纸而已。”又云，“不少人想写我传记，我均婉谢，只知中国艺术研究院美术研究所翟墨同志仍坚持在写，不知他将交哪家出版，似乎是群言出版社。”谢绝之

吴冠中

后，不忘鸣谢："愧对编者伯乐！"(1992.7.4致笔者)三年后，我为霍达编《霍达报告文学选》，内有霍达写吴冠中的一篇。我便在给先生寄这本书的同时写信，希望他能编一本散文作品集交我社出版。先生复信说："我虽爱好文学，毕竟是手艺人，识字无多，读书太少，偶写文，纯由于自流，从不硬挤，故成品少，配不上作家。虽然承蒙约稿的不少，颇自愧。若日后有合适的稿子，当请教。"(1995.10.18致笔者)吴冠中的艺术散文风格独特，诗画交融，见解独到，又敢说真话，各家出版社竞相争夺。我所供职的是一家地方小社，从人力、财力，出版质量上无法与财大气粗的同行相比，且先生主要精力用于作画，文字产品少。我社一直无缘出版。

我总觉得自己在编辑生涯中，没能组到吴先生的稿子是件憾事。更况我们社是先生故乡的出版社，更觉遗憾，甚而惭愧。十年后的二〇〇五年，我已退休，仍不时地帮出版社约稿。某日逛书店见先生的《画外文思》，文图相配，十分悦目，卖得也俏。这又激起我出版先生作品的欲望，于是我又给先生写信旧话重提，提议从另一视角为他编一本。先生严谨，复信说，"近期不拟出版这方面的作品，以免读者有重复之感。"(2005.7致笔者)

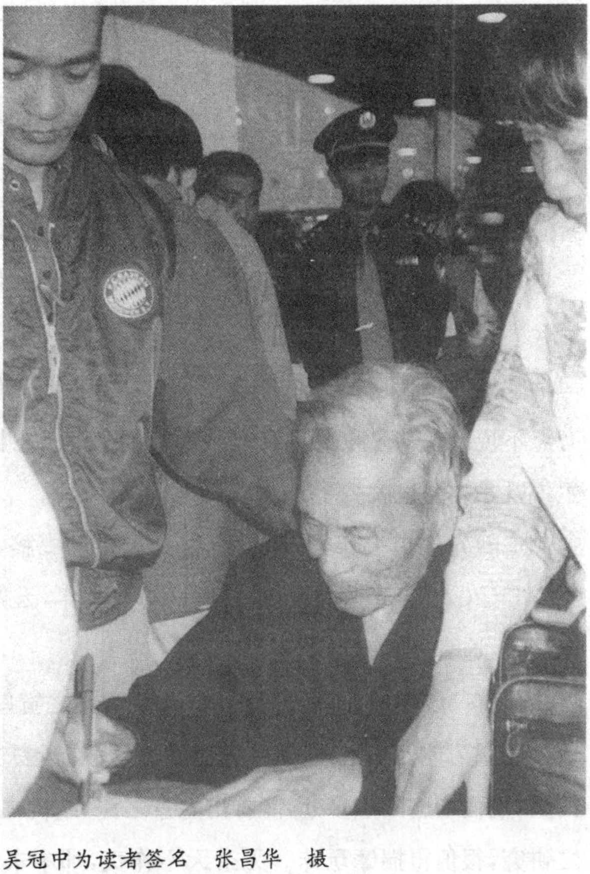

吴冠中为读者签名　张昌华　摄

然而，我终于还是做了一回编吴冠中先生稿子的责任编辑。那是在此后不久，社里拟出版一册《鲁迅的艺术世界》，由我充责编，并参与策划。在研究请谁作序时，我首先提出吴冠中。吴冠中崇拜鲁迅，视鲁迅为精神之父。他曾说“在我看来，一百个齐白石也抵不上一个鲁迅的社会功能，多个少个齐白石无所谓，但少了一个鲁迅，中国人的脊梁就少了半截。”“我不该学丹青，我该学文学，成为鲁迅那样的文学家，从这个角度来说，是丹青负我。”此非矫情，当是他真实思想的写照。当时先生已八十五岁高龄，如果由出版社或我出面来请他作序，显然分量是不够的，于是我提请海婴出面。他们本熟识，又同为全国政协委员。海婴赞同，但谦言他不知这封信如何落笔。在上海的一次出版该书的讨论中周令飞提议这封信由我起草，让其父海婴过目、审订。毕，信由海婴签名盖章发出。不久，海婴接到吴冠中的复函：“有关鲁迅先生之事，本当尽力，但对先生的艺术世界，实在不够洞悉”、“对三味书屋之梅花鹿及腊梅花，成为我对祖国之花之象征，也多次见诸文字。先生对版画之推动，对书画之品味，令我随时关心。但若要执笔撰‘鲁迅的艺术世界’则觉远远无力掌握，恐反失先生真貌，再三思之，难于为力，故迟复多日，终于败下阵来，希海婴先生多多见谅。”(2006.12.30致海婴)这虽是复函，然吴冠中对鲁迅的尊崇，对鲁迅于中国美术事业的贡献赞颂已跃然纸端，于是我们商定即以此信作为代序刊于书首。后来这件事不知怎么传到先生耳中，变成我“冒充”海婴给他写信。偏偏出版社寄给他的样书不知何故他又没有收到。先生最恨作假，自然有点不悦。获知先生的不高兴我实惶恐，忙给先生打电话，说明事情原委。先生说既是误会也就算了。

追随先生十多年，即使没有组到先生的书稿，然每到新年，我仍寄贺卡拜年。二〇〇五年春节除夕，他打电话给我拜年，云他年岁已大，一般不写信只打电话了，这真令我有点受宠若惊。

还有一段小插曲，足见吴冠中先生为人之宽厚。上世纪九十年代初，某出版社约我为他们编本书，需吴先生手稿，我觍颜去求，先生慨然惠我《水仙》手稿两页，稿面增删圈点多处，能看出立意之深，结构之谨严，文思之活跃，遣词造句之讲究，很值得揣摩玩味。无奈天不作美，那本书竟因变故夭折了。直至新千年，我给他寄贺卡时，才敢将此信息告之，说了一番歉疚的话后，我说那手稿被我追回，我留着压箱底作纪念，不想还了。先生大度，复信说："感谢盛意，人情透明，君子之交。"(1999.12.16致笔者)

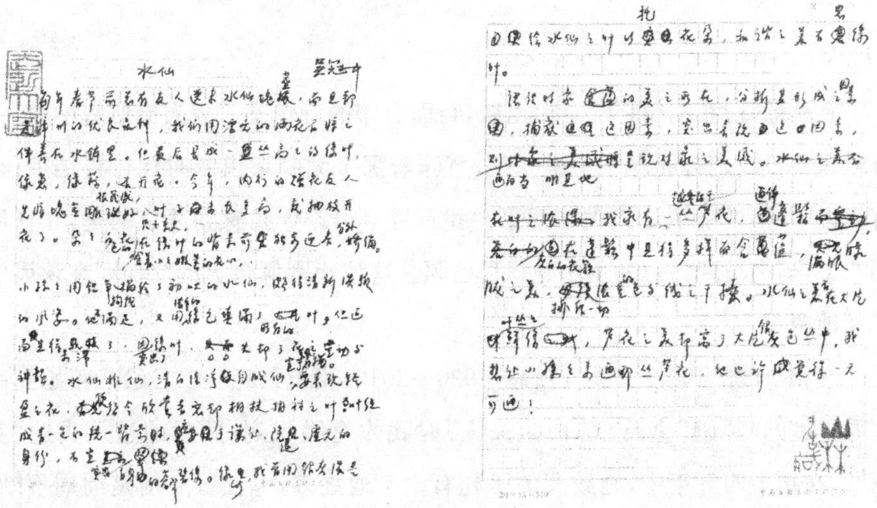

吴冠中赠作者手稿

前些年我进京常到方庄拜访那儿的师友，虽就在先生的楼下，从不敢造访，深怕打扰他的清静。我与先生只有一面之缘，那是二〇〇〇年十月，先生为他的《吴冠中画韵美文》来宁签售。做为他的"粉丝"我赶赴锁金村南京国展中心，排队列在第三名。此前我们互不相识。轮到签我时，我自报家门。先生立身握着我的手："谢谢，谢谢！"十年过去了，先生也走了，然我仍觉掌心有先生的手的余温。

追忆吕恩

立秋那日，我的《百年风度》出版，封面上印的诗句是："故人恰似庭中树，一日秋风一日疏。"有朋友见了说"好"，意味着那个大师辈出的时代行将结束；也有人说不好，说读了让人太伤感了。我不置否可。令我感到悲哀的是，立秋后第八日，当书送到吕恩的手中她双目已瞑。这位戏剧舞台上的"绿叶"在秋风中默默地凋零了。

在相交的的师友中，我与吕恩(1920～2012)相识最晚。二〇〇八年她到南京看望她的"师妈"金玲(陈白尘夫人)时我才有缘识荆，此后的过从真的"甚密"。在短短四五年中，她致我的函札有六十通之多，电话曾一度是周周不断。她的信最初是手写，自她学会电脑后便改用点鼠标了。

吕恩文化水平不高，但她的人生阅历之丰令人钦羡：曹禺、夏衍、张骏祥、吴祖光、苗子、郁风、唐瑜、丁聪、周璇、胡蝶、王人美等一批社会名流都是她的朋友。她与张大千、徐悲鸿、叶浅予也有交往。尽管她是一九四九年后《雷雨》中繁漪的第一个扮演者，但她多次对我说过，她是舞台上配角演员，"跑龙套"的，一片

吕　恩　张昌华　摄

“绿叶”。当然这或是她的自谦。正因为她的阅历丰富，经历的磨难也多，暮年回首往事，她很想将胸中的故事说出来，与大家分享。尽管她写作水平有限，甚至文中常有错别字，但文笔俏皮，故事精彩，读者喜欢。她不服老。八十多岁还请周有光教她发短信、用电脑写作。那时我已退休多年，以一杯茶、一支烟、一本书打发时光，比较悠闲。吕恩便郑重地邀请我为她的文字润色，她知我在传媒界有朋友，又委托我为她当“红娘”推荐作品。我素喜干这类“手有余香”事，曾将她的作品推荐在香港《大公报》、《文汇报》、《人民日报》和《人物》杂志上发表。吕恩上世纪四十年代一度生活在香港，写香港的故事多，我油然想到董桥主持的“苹果树下”。二〇一一年初我将她介绍给董桥。董桥慧眼，一眼认定吕恩是“苹果树下”的一棵蓬勃青春的老树，对我说“吕恩的文章我都要”。当她的第一篇《寻猫记》在“苹果”发表后，反响不俗，特别是一位暌违四十年之久的香港老友，藉此与她恢复了联络。当我把董桥对她作品的浓厚兴趣转告她后，吕恩兴奋得不得了，创作热情陡涨。在短短的一年多内，她在“苹果”上发了十来篇文字。这对一个文化水平不高、九十岁的老人而言，不能不说是难能的可贵，甚而可说是一个奇迹！

说起来很好玩，我俩是两代人。可在接受新事物上我远不如她。我至今不会打电脑。我们的交流方式既洋又土，她洋我土。吕恩将打好的初稿电子版传我，我请人打印后用笔修改再寄回。一篇文章有时要三两个来回才完工，其间还需用电话沟通。她耳背，听电话有时还要冯姨（保姆）帮忙。她曾幽默我，说她过去是舞台上的“绿叶”，现在我做她的“绿叶”了。我说我乐意、我高兴。某日，她忽然来电话向我索董桥的地址。我问她为什么。她说有人要请董桥吃饭。我问谁？她说她儿子（胡其鸣，常到香港公出）。我告诉董桥。董桥忙说“不用，不用”。大概她觉得我这人办事还比较认真，当听说张素我收我为“小老弟”时，她也执意要我叫她“大姐”——一位比我老妈还老的老大姐。

吕恩自言是个“粗人”，但品位绝对不俗。她希望我在帮她的文章选择媒体时，关注文化人爱读的报纸。她善解人意。有一次，我觉得她的某文写得一般，投“大报”有难度，便提议为她另找“婆家”。她很爽快：“好，大姐就听你的吧。”

在做人方面吕恩礼数极周，每逢年节我没开口，她便发电子函贺节，每每不忘问候我的家人。他的儿子在世界各地跑，有时在国外带点小礼物，还不忘让我分享。她知道我喜欢写民国文化人，六月上旬她已在病中，住院期间偶而回家，翻检出残存的二十多封同辈友人致她的信，挂号寄我，说为我提供写作素材。我受宠若惊，将信登记造册，给她一清单，说明这些信只暂存我处，某日只要她或儿子其鸣需要，立即璧还。她在来信中和电话中，屡屡声明：不要了，其鸣搞工的，不喜欢这些，送你的。见我态度认真，她后来又叫冯姨打电话，再三说明是“送”不是“存”。令我无比动容的是，七月二十五日（她逝世前20天）给我一短信，写在巴掌大的纸上。云：“这次我在医院时间很久，承你多次来电问候。现我又找出两封可能有价值的信赠你……想对你写作有用。”这两封信是曹禺和黄永玉的，并对信的背景作了简要说明（我当专文以记）。那时她已有月余不能进食，全靠输液维持羸弱的生命。信封已无力写完，地址是请阿姨代写的，但我和她的名字是她自己写就，落款字迹之笔划已是“天书”了。孰料，二十天后她便溘然而逝。此刻轻抚吕恩那巴掌大短简，回眸她的音容笑貌、点点滴滴，真的有点潸然了。

吕恩在戏剧舞台上，或真是一片绿叶，知者不多；但在人生舞台上，依我看她是一朵红花。她身边有那么多师友都喜欢她，像一片片绿叶簇拥着她，呵护着她。记得她对我说的一件趣事，一九四八年，她与白杨、陶金由港返沪拍电影外景，她的“干爸爸”夏衍托她把一份重要“东西”带回内地。吕恩在过海关时，以送自己的剧照、塞小费的技巧，“忽悠”了检查人员，顺利完成了任务。回港后，夏衍拍着她的肩膀夸她：“吕恩，干得不错！”吕恩问夏衍，“白杨比我心细，为什么不叫她？”夏衍幽默地说：“你糊涂，胆大！”我还清楚记得她说这话时得意的样子。

吕恩的率真、坦诚，实属罕见。我曾做过她的专访，开场白她便说，你什么问题都可以问。这话壮了我的胆，提了一些本不敢问的问题。她坦然面对历史，不回避人生旅途中曾有的情感经历。谈起与吴祖光，是那样坦然，他们最后虽然成“怨偶”分手了，但内心仍互存感激。他们最后一次与朋友们晤聚是为八

吕恩与郑秀(右)、张允和(左) (吕恩 提供)

十八岁的唐瑜做寿,那时吴祖光已患老年痴呆症,饭桌上光吃饭不说话了。餐毕吴祖光突然向唐瑜夫人李德秀说,想与吕恩照张相。吕恩大大方方地与他合了张影。此成永诀。爱,是不能忘记的。二〇〇八年她是专程来南京看望金玲,尽管金玲大不了她几岁,她一口一个“师妈”,叫得那样自然、亲切。吕恩知恩。

吕恩逝世消息,次日我已获知。但我不明白,她的家人为何不通知我。直至十七日夜十一点,我才收到她家人发来电子函,告知吕恩“后事”已全部处理完毕,并特地说明,这是他们遵吕恩遗嘱办完善后再通知我的。

吕恩本是位普通的演员,当她挥别人世时,国内乃至港台有许多报纸都作了报道,有的甚而不惜用整版篇幅。绿叶也受尊敬的。

吕恩大姐,安息吧。你是“绿叶”,也是“红花”!

刘绍唐、王爱生伉俪恩我

斗胆用了这么个标题，写了这么一篇小文章，不怕前辈和同道笑我的愚妄和浅薄，纯缘于有感而发，出自感动和怀念。

上世纪八十年代，我由教育界跻身于出版业，不久受命襄理总编辑蔡玉洗创办一本纪实性杂志《东方纪事》。那时我是地道的门外汉，对办刊物一点经验也没有，遂潜心研究海内外相关刊物筹办的思路。

一次在总社图书馆港台室初见《传记文学》，颇觉新鲜。我尤为关注"发刊词"。所幸馆内藏有自创刊号起的《传记文学》合订本，满满一书橱。刘绍唐(1921～2000)先生说"传记文学为传记领域的一种文学"，"唯有真挚才可以感人，也唯有真实才富有历史价值"。

《传记文学》是记人的，而我要办的刊物是记事的。但基于人与事本属一炉，他们都必须以真实为生命的理念，因此我认同并欣赏绍唐先生的"对历史负责，对读者负责"的观点。绍唐先生本是以此"自勉"，却也"勉"了后学的我。特别是他对编辑出版上的"三不"主义，其

刘绍唐

中严肃认真、不为金钱所左右，坚持刊物的风格和品位我尤为敬佩。这些都或多或少地影响了我。

我襄理的那本《东方纪事》杂志正适文化大环境宽松之时，确实也红火了一阵子。后来，我调离杂志，专事图书编辑工作，但没有中断对《传记文学》的兴趣，常到图书馆借阅，遂对“野史馆长”绍唐先生的编辑理念、作风有进一步了解。刘绍唐毕生致力于民国史的研究，积累民国史料，为人作嫁“给史家找材料，为文学开生路”，四十年如一日，构筑“民国史长城”。唐德刚先生称誉他“以一人敌一国”并非虚言。

上世纪九十年代初，我个人的编辑兴趣由文学类转向文史、人物传记。那时江苏文艺出版社正在编一套颇具规模的《名人自传》丛书。由于历史的原因，海峡两岸暌隔了四十年，文化没有交流，资料也特别匮乏。随着历史老人的脚步，一时被珠埋的人物，相继成为“出土文物”，为扩充自己的视野，获取有价值的资料，我把《传记文学》作为一个窗口。这一时期我策划、编选的《浪漫人生》(赵元任、杨步伟)，《双佳楼梦影》(陈源、凌叔华)，《岁月留痕》(郁达夫、王映霞)，《双城集》(林海音、何凡)，《我们的和弦》(柏杨、张香华)，《苏雪林自传》以及顾毓琇的《百龄自述》都是从《传记文学》上发表的相关文章得到启发或得来的线索而成书的。且就说顾毓琇先生吧，上世纪二三十年代他已在文坛成名，而我竟闻所未闻。直至某年在《传记文学》上读到他的《九一自述》，他丰富多彩的人生引起了我莫大的兴趣，多方打听他的信址与其联系，终在他百龄华诞时为他选编了《百龄自述》，组织翻译了其英文自传《*One Family _ Two Worlds*(一个家庭两个世界)》。说也有趣，在编

刘绍唐(中)与王爱生(左)

《浪漫人生》一书时，我为找不到赵元任、杨步伟的老照片而苦恼，后来还是翻阅了逐年的《传记文学》，从中找到他们结婚时胡适题赠的打油诗和他们夫妇与梅贻琦、萨本栋、顾毓琇在南京中山陵踏雪赏梅的照片，我也就堂而皇之地“偷”了下来……

由于我致力编纂名人类书稿，遍访了中国文坛现当代名家，凡五六十位之多，多为耄耋之年的“民国人物”，在与他们的交往过从中，加深了对他们作品人品的了解，积累了不少一手资料。九十年代后期，我已淡出编席。受绍唐先生“私藏等于销毁，发表才是保存”观点的影响，我着手整理这些材料，并陆续成为文字，冒昧地投寄给绍唐先生。蒙绍唐先生垂青连续发表了好几篇，并予热情鼓励。绍唐先生病后，王爱生师母一直殷殷垂注，不仅勖勉，又把读者对我作品的意见反馈给我，长函短简二十余通。数年如一日绝非一个“谢”字而了得。

历史是过去了的事，永远也不会过去的是传记文学；生命是燃烧着的火，每念及绍唐先生一直在心中燃烧的是他的师友风义。

大自然温柔，也残酷；秋未至，枝头已有黄叶凋零。

王爱生师母于二〇〇九年七月十八日一梦不醒，大概是她老人家在梦中见到了久违的绍唐先生，阔别九载，要互诉的衷肠太多太多，她乐而忘返了。我持此说事有“根据”的。王师母在赐我二十多通信札中，至少有十通谈及绍唐先生和他的《传记文学》。信的落款都是“刘王爱生”。以我之资奢谈与王师母情谊，不免有矫情之嫌，我们缘悭一面，只有信件往来和三次通话而已。

从沪上出差回来，惊悉师母羽化，我的第一反应是展读她致我的全部函札。摩挲她那一手苍劲、娟秀小楷的字里行间，重温她对我的谆谆教诲与殷殷嘉勉；回味她那吴侬软语般纤纤声音，凝视她赠我慈爱清瘦的小照，她的音容笑貌萦绕在耳畔、眼前和心田，教我终生难忘！

我与师母的相识，是真正的以《传记文学》结缘，以文会友（师）。《传记文学》为我洞开另一番史学天地。它的新观点、新资讯和老文风，广我知识，拓我眼界，提升了我自身的文学品位和编辑业务水准。在如沐春风的不经意中，我

“民国史长城”《传记文学》

由《传记文学》的读者转化为它的作者。因工作关系，我接触钱锺书等不少耄耋之年的“民国文化人”，所感亦多。上世纪末，我贸然给刘绍唐先生写信并附习作以求指正。《传记文学》陆续发表了几篇，而直接与我联系的却是师母，大概那时绍唐先生正在病中吧。师母在致我的信中，不仅告诉我她审阅拙作后的感想、转达读者的反映，而且给一些教我愧不敢当的溢美和热情的鼓励。当她知我立意写民国文化人但资料缺乏时，不仅亲自给我寄来《叶公超其人其事》、《我论鲁迅》、《刘绍唐文集》等书，还嘱邱庆麟先生为我寄来毛子水《师友记》、《蒋廷黻回忆录》和整套光盘。他俩成了我写作的“后勤部长”，为我日后的民国人物写作提供了极大的方便。说阳光或过实，说雨露却真切。

绍唐先生走后，师母沉浸在巨大的悲痛之中，但她明白坚持办好《传记文学》是对九泉之下的刘先生最大安慰，也是最佳的纪念方式。师母以七十高龄的瘦弱女子的肩，擎起《传记文学》之旗，在万般艰难困苦中继续经营；然而她毕竟年事已高，精力不济。在《传记文学》失去“舵手”之后，面临着关门打烊或持续前行艰难选择。她实在不忍绍唐先生呕心沥血创业、惨淡经营三十八年的《传记文学》在自己手中画上句号。她在寻觅新的"舵手"。"《传记文学》自刘先生去逝(世)后,我又继续办了半年,经过思考,还是决定转让给办报有名的成舍我先生的两位女公子(成露茜、成嘉玲,笔者),我觉得给她们办《传记文学》还是有继续维持水准不断出版下去的前途。我现在只承她们好意挂一个名誉发行人的虚名,实际上不过问社内任何事情,只是偶尔有纪念先生的文章,她们约我写文章,过了今年四十周年纪念我再写一篇文章后,以后也不会再写什么了,因为我不会写,写得不好,没内容反而不好。《传记文学》是刘先生的一生心血,他今年去世二年,让我更感愁哀,因为像他这样的人太少了。"(2002.2.28 致笔者信,下同)接着在四月二十日来信又说"我在《传记文学》写的几篇文章,也是新接办的成社长邀我写的,刊出后许多看到的朋友都希望我再写一些,以往办《传记文学》和刘先生的一些往事,让刘先生一生心血所创办的《传记文学》那近三十八年辛苦经历的一段岁月所发生的一些事情,让知道的和不知道的读者们增添一些回忆。不过要回味往事,再一滴一滴地写出来,也是件痛苦的事。"在二〇〇三年二月十一日的信中又说:"今年是绍唐去世三周年纪念,我没有写文章,昨天我们去存放他骨灰的松山寺去看他,然后在他生前最常爱吃的北平同庆楼餐厅,最亲近的朋友们坐了两桌,大家一起追怀离去已经整整三年的绍唐。"

上述可见,师母对成氏姐妹的挚爱、信任,对《传记文学》前途充满信心。事实证明,这是一件明智之举;从信的字行中,让人脉感到她对绍唐先生刻骨铭心的眷恋。

唐德刚先生是《传记文学》作者群中重中之重,中坚之中坚。唐先生喻刘先生主持的传记文学出版社,在民国史料的整理与出版上"以一人敌一国",并非过誉之词。他们两人携手珠联璧合,友谊笃深。鉴此,我曾想写一篇弘扬刘、唐精诚合作修筑"长城"的文章,以飨大陆读者。我将此想法告诉师母,她表示"支持",又说"唐先生他应不会反对"。当我请她示知唐先生的联络方式时,她又犹豫了:"唐教授最近曾经中风住院,现在家休养,医嘱不看书,不写字,记忆也很差，已经八十多岁的年龄精力自然衰退……又况写给他的信件太多，他已没有时间和精神回信了。”(2002.4.2)后来在我再三坚请之下，她不得不示我唐先生的美国地址，还再三叮嘱：“不要告诉(他)是我告诉你的。”

一个多么善解人意的师母啊!

师母与绍唐先生茹苦含辛共同经营《传记文学》近四十年，她见过当代中国不少政要、权贵和名流雅士，腹藏着多少鲜为人知的史事。我曾多次提请她将这些写出来，供史家研究。她复信说，她确实见过许多名人，赵元任夫妇、林海音夫妇以及大陆的季羡林先生等等。但她仍自谦“我不会写”、“写不好，不如不写”。寥寥数语，顿显谦谦君子之风。我说世人都誉绍唐先生是“野史馆馆长”，对中国近代史有大贡献。师母只淡淡地说：“绍唐先生只是把他一生三十八年最精华的人生时段献于他喜爱的《传记文学》，留给后来研究中国史的人们一些参考资料，算是他对我国史界的一点小小贡献吧。”(2002.12.24)当我称道她在北京大学历史系捐设“刘绍唐奖励基金”一事，她说北大是刘先生的母校，那也是承刘先生的遗愿。

师母把一切看得那样自然与平淡，她是一位崇实、谦逊的女性。

拙著《青瓷碎片·名人老相册》出版后，我寄师母一册。她即回信说，读后感慨颇多：“现在存留的人物中，无论在文学、外交、政治……领域已找不到像前辈那样多彩多姿出类拔萃的精彩人物了！看了你写的书，让我非常怀念已逝去已久的人和事，以前的时候已不可能再来，现在的日子再不好过也要过下去。我的年事已高，今年已七十八岁，以后会过得如何？谁也无法预料，希望我和一双儿女能平安地顺利地生活下去。”(2005.4.9)给人一点淡淡的哀愁。我知道，师母不愿一人回大陆，心中有个“结”，因为绍唐先生与她曾有约定，“预定办《传记文学》四十年后退休，在上海购屋度余年，因他唯一的一位弟弟住在上海，他希望晚年兄弟二人可以欢聚一堂。没想到天不假年，一切未如人愿”。(2002.12.24)

我们的通信大多谈文人文事，偶也涉及家常。二○○四年我托友人给她捎去南京的名茶和一盒雨花石，她书札鸣谢，并说她喜爱南京，因为她曾在南京读过中学。我戏说我们是“半个老乡”了。我诚邀她将来得便的时候，不妨到南京来故地重游。我说我会偕她去谒中山陵，登鸡鸣寺，看台城柳，到夫子庙秦淮河放棹，观灯影听桨声……她悲哀地说：“我年事已高，又有高血压、骨质疏松等症，因此不想离台到他处去住，尤其住此将近六十年，一切习惯了，大陆的寒冷气候我不能适应，相熟的亲朋好友们也日渐因各种缘故离开，其实我是很孤寂的，只有自我调适，自加保重，希望好好地生活下去，但愿两岸很快开通，大陆的亲友们能自由往来！”（2006.12.22）是的，当年她与刘先生有约，拟定居沪上，现在孑然一人，她怎能做伤心之旅呢。

刘绍唐先生纪念文集

我曾对师母许诺，他年我若能赴台，第一个要拜见的是她。本来寄希望随今年五月北京中国传记文学会赴台，我名本在册，后几经组团，名字被圈去，未能与师母有一面之缘，终生遗憾。

十二年来，我在《传记文学》发表了近四十篇作品，绝少退稿。我的三本民国文化人背影《曾经风雅》、《民国风景》和《故人风情》中主要作品几近首发在《传记文学》上，诚然是《传记文学》树上结的两枚小果子。当我在品尝青果愉悦的时候，我怎能忘记王师母的栽培之恩以及后任者成露茜博士的浇灌之爱呢。

我有一个梦想，梦想自己将来能变成一粒小小的沙子，以嵌在绍唐先生、王师母构筑的“民国史长城”和成博士加固、延绵长城中某一方城砖的砖缝中，以不负前辈和今贤对我的期望。

为天上的绍唐先生和爱生师母祈福。

（感谢王爱生女士生前提供的文字资料及图片）

私信中的夏志清

“手折衰杨悲老大，故人零落已无多。”

二〇一四年元旦钟声即将落锤的片刻，癸巳严冬的寒风掠过中国文学之树的枝头，又抖落了一片叶子，著名文学评论家夏志清（1921～2013）先生化作春泥了。我作为一名地方出版社的文学编辑，于上世纪末有幸结识夏先生，为他出版了两部书稿，十年间的过从，得缘收藏他二十三通手札。先生的华翰几乎都是清一色的书在 A4 大白纸上，那一手蝇头小楷写得苍秀、典雅，有铁划银钩之韵。今抚笺诵读，感慨良多。先生为人的辛劳、率真和宽厚，为文的大胆、秉直和新意，都可在私信中读出一二。

夏志清新书封面

我结识夏志清先生，纯属偶然。上世纪九十年代，我出版了陈西滢、凌叔华的《双佳楼梦影》，其女陈小滢从伦敦来信，并附来夏志清给她的信，云夏先生十分推崇她父亲，希望我能寄一本《梦影》给他。书寄出后不久，夏先生复函鸣谢，开首即说：“华埠大上海（饭店，笔者）匆匆一聚，您留给我的印象倒很深刻。”

我愕然。盖此前我从未去过美国，何来“一聚”？谅是先生文名太盛，与其过从者太多，他李冠(李景端，译林出版社总编辑)张戴了。未几，钱锺书先生过世，有关方面出了本纪念集《一寸千思》，内收先生与我的追怀文字，我得样书甚早，顺寄一册给先生先睹为快。先生很高兴，我们遂结忘年交。他是父执辈，我一直称他为“先生”，他不以为然：“我们兄弟相称最方便，最合适，以后来信不必称弟为‘先生’，用不到如此客气也。”(2006.12.29 致笔者函)恭敬不如从命，那以后我便堂而皇之地称他为“大兄”，或谓“夏公”。继之，我斗胆开口向他组稿。退休后又为先生张罗出了本《中国古典小说》，二〇〇八年末，他因健康欠佳，不时进出医院，我再也不好意思再烦扰他的清静。但岁月更替，每逢年节，一份祝福我是必送的。

十年间，先生来信往往下笔千言，泻出许多我感兴趣的人与事：诸如胡适、林语堂、朱光潜、夏济安、无名氏、刘绍铭、白先勇和王德威等。先生评说世事或臧否人物，坦然有度，谈生活拉家常，幽默风趣。他的生存状况、人文情怀跃然纸上。不妨择其一二分列于后，亦飨诸公同好。

夏志清与夫人王洞摄于寓所客厅，后为吴昌硕画作。

重温夏公手示，眼前幻化出他那案牍劳形坐忘的身影，字里行间充盈的是“忙”，甚而有点“乱”。夏公青灯黄卷一生。我曾问他缘何将散文集冠名《鸡窗集》。他说：“‘鸡窗夜静开书卷’，鸡窗即是书寓的代名，我生肖属鸡，差不多每晚二三点钟‘鸡窗夜静’之时，我不在读书，即在写文章、打字，而且往往二三点后才入睡，那正是古代农村社会鸡鸣起床的时候了。”而写这封信末句正是“已夜深二时，不写了”。（2004.12.30）。夏公寓居的是百年老公寓，书房或较逼仄，独特的是“我的书房内有五只大小不同的书桌，有些抽屉不常动用。所有的桌面上堆满书报杂物，一年难得清理一次。”“隔几天我即八十三满岁，要做的事太多，反而忘却了。”（2004.1.29）台湾廖玉蕙教授访问他后写了篇《在砧板上写评论》，我觉得好奇。他说：“我的书桌不大，上面放了一块木砧板，我在上面看书写文很方便，可是砧板左右两边及前面所有的信件、文件给后来放上去的书报杂物盖住了，就不易找到，非得把书桌三面先加清理不可。”年高，健忘，又忙，不可避免地有点“乱”，故导致不少类似骑驴找驴的喜剧。某年，我写了篇《夏志清的人文情怀》寄请他指正。久不见回音，我追询，他说“遍翻不见”，嘱我重寄一份。不几日，忽接他来函：“上星期我清理了一次，忽然发现吾兄六月六日毛笔大函尚未开阅，自感惭愧不堪。”又云：“说出来你不会相信，我有恐惧拆信症。今天下午觉得积信实在太多了，只好一一处理。”

夏公是老顽童，他还跟我玩过“将功赎罪”的游戏。那算是他对没及时拆我的信的补偿：“自感惭愧……我更觉得不好意思了。将功赎罪，先寄上照片四幅”，继而又寄来几张，有一幅特大，竟是哥大出版社以他的大头像作 *C.T.Hsia ON CHINESE LITERATURE*（《夏志清评论中国文学》）封面样稿送我留念，还题了一段感人至深的话。

我写给夏公的信都用毛笔，恭恭正正。他很高兴，复信云：“兄每给我毛笔信，读来总感到特别快慰。来美后，我已五十多年未提毛笔写字，也应该抽出些时间来练字了。”听他这一说，我求字欲望陡生，遂寄去一函“北平笺谱”，请他方便时为我写几行字。他复信说“《北平笺谱》名贵，兄送我上好的信纸，正好要用毛笔试试。”接着又大发感慨：“美国的生活，一点也不闲率，心境不对，不宜磨墨

夏志清与夫人王洞、王德威

写字。""等有了闲情逸致再写毛笔字如何?"并表示"一定要写"。可是三年过去了,他与我玩"躲猫猫"。因我有此雅好,当旧话重提时,老人家向我诉苦了:或砚台找不到了,或磨墨太烦人或桌面太小等。后来,见他来信中说:"您称弟为'不老的夏公',在八十年代我可以熬夜工作,的确不觉得老。九二年得心脏病后,无论如何是个老人了,每天量血压多次,夜间两点钟就一定要上床了……等那一天有闲清理桌子,我一定写封毛笔信呈兄留念也"(2006.6.12)自那以后,我再也不好意思也不忍心向他求字了。我在日记中曾写"有点遗憾,夏公欠我一幅字"。

夏公在信中屡谦自己是"瞎忙",从历年来信中可看出:他为出版社所逼写书、编书忙,为友人新著写序忙,为台版《我们仨》写捧场文字忙,为校注张爱玲最后几年的信忙,为《夏氏昆仲与中国文学》研讨会忙,还有"白先勇先生即来纽约,我又要大忙三天"……

"濯去旧见,以来新意",是批评家夏公一生的不懈追求。他拂去历史的尘埃，秉笔书史，其《中国现代小说史》颠覆了主流文学史的传统，从历史的枯井中，将被珠埋的钱锺书、沈从文、张爱玲和张天翼发掘出来。捧红了前三位，尤其是张爱玲。其实，他的文学批评风格历来如此。我受友人托请，代为联系英文版《镜花缘》出版事宜，我向夏公打听译者林太乙的住址。先生说，他们相识，林也到他舍下小叙过；但友情不深，还有件伤感情的事："一九六五年，美国《东方学会季刊》约我写书评，评的是 Lai Ming 君所写的一本《中国文学史》。弟一九六二年刚进哥大，勤于写作，有人叫我写书评当然一口答应。我不知 Lai Ming 为何许人，发现他这本书写得很坏，错误百出，我就写了篇严厉的评文。评文刊出后，才知道黎明(Lai Ming)乃林太乙之丈夫，语堂先生的乘龙快婿，而且书出版以前语堂曾加以审阅过，所以一篇文章出来，得罪了三个人。从此，也无人采用那本文学史当教科书、必读参考书。但所有错误，黎明也无法反辩，只好忍气吞声，抱怨在心里。"(2003.2.2)即令如此，他还是将林太乙的信址告诉了我，而且为我指点迷津："兄可直接写信给她，信封外皆可用中文，太乙中英文皆好，写了英文小说，往往有自译的中文版出版。"(同上)

夏公是位好打抱不平者，对虹影在《K》中的黄色描写，他认为"这种作为是不道德的"。同时，他很新潮，甚可说可爱。他劝陈小滢自己写她母亲同洋人有一段情的始末，"以正视听"。他为人率真，他捧沈从文，因刘文典曾看不起沈从文，所以"我一直对他(刘)反感甚深"。当他读了我的《还有一个刘文典》后，对我说："不知此人也有些真才实学，也相当可爱。"他对我文章中出现的把吴晓铃写成吴晓玲的错误，也毫不客气地批评。

夏公是位"谈吐随意，作文谨慎"者。在与记者访谈中，他为褒或贬某人或事，喜用口头禅"一塌糊涂"，谈自己的"文学史"也喜欢说"我真是天才"、"我真是聪明"之类的话，不免给人产生"高调"、"自炫"印象；但就他致我的二十多封信中(净字达一万五千之多)，真的一点也看不出。他为人平和得很，一点也不高调，倒很厚道、宽容，老顽童味十足。就当年他赴美留学，胡适见他是沪江大学(教会学校)背景，写推荐信不热情，后来，他的《中国现代文学史》一炮打响，兄长夏济安多次劝他给老校长胡适送一本，他终不肯。我在写他的文章中，批评他与胡适憋气显得有点“小家子气或小孩子气”，他读了之后并没有反驳或不高兴，回信只说：“我生胡一点小气，即他小看了我，认为我不必申请哈佛、耶鲁。一九五一年我即将拿到博士学位前写封英文信给胡先生，告知他即将拿到Ph.D，在求职方面可否帮忙。此信胡未复。我也有些生气或失望。”（2004.12.30）直到三年后，他在信中才说当年不送书给胡适的一半原因是朋友王某将“现代”擅译成“近代”，像只苍蝇钉在封面上，“我很感不愉快，觉得丢我的脸”，他说一般人“现代”、“近代”乱用没有关系，而我用了，让胡适、林语堂先生看了会笑话。“所以不想把书寄呈两大师……只是有苦说不出而已。”他还告诉我，至今他都没向那个弄错书名的朋友明说这件事，“免得他生气。朋友间讲起这事来，吾兄还是第一人，表示我俩真是兄弟了。”（2007.1.29）有位华人女士Z多次采访他，机器录音，全凭即兴，整理成文字又不让他看一下，擅自到处发表；且以她发了洋财的阔人眼光看夏公，对他生存现状的“贫寒”多有不屑。夏公并未因自尊受损而不快，只为“她从未给我看过，可能怕我生气，因此我对她真有些生气了”。虽生气，也只“有些”罢了。对曾经给他有过些微帮助的人，他常念不忘。陈子善先生在对他《中国现代文学史》等书的出版鼎力帮助，他在致我的信中多次表示感激之情。《中国古典小说》（中译本）出版后致函于我：“兄把译者姓名放在每章结尾括号内，可能对胡益民（译者，笔者）诸君有些不太尊重。但给人的印象，书好像是夏某自己写（译）的。”聊见其为人之厚。夏公乐于助人，乐到主动“多事”。他知我与周有光、张允和先生熟悉，当《合肥四姐妹》英文版在美一上市，他便热情向我推荐：“上星期我在《纽约时报》星期天书评周刊上，看到一篇评合肥张家四千金传的一本书，题名 *four sisters of hefei*。作者金安平（Annping Chin），约二十年前是我的学生，当时指导教授是哥治“中国思想史”的狄百瑞。她在哥大拿到M·A后，在耶鲁取得了博士学位，专攻中国史，且留校教书，而且早已同耶鲁中国史讲座教授史景迁（Jonathan D. Spence）结了婚。史景迁写了好多本中国史著作，论及康熙皇帝、太平天国、中国通史等大小题目。兄对张家姊妹大有兴趣，可买一册请朋友审阅，译成中文后是否会有销路，如有销路，不妨请可靠的译者把它译出，在国内销售。此书新出，我想香港西文

书店一定买得到。如无，我在纽约代购亦可。附上《时报》书评供参考。”(2003.2.2)

还有一件事鲜有人知道。夏公当年写《中国现代文学史》时，限于资料，没有读到萧红的作品，后来读了“发现萧红好得一塌糊涂”，他想做一篇专论，正巧葛浩文那时正以萧红为题做博士论文。夏公说他如抢先发表，葛浩文的论文必然就受到影响，因此，他改写端木蕻良。

细微之处见精神。夏志清致我的私信的细微末节中，我们或会读出“夏判官”的可敬与可爱来。

斯人已去，斯文永存。

（感谢王洞女士提供图片）

范用活在我心中

京华方庄范用(1923～2010)寓所,刻下已是门扉紧扣。“范老板”被丁聪、汪曾祺、王世襄一伙老哥们拉去喝酒了,一醉难起,永不再归了。

范用远去西天,时已一月,我没做只字缅怀,只在飒飒的秋风里,不时静静地翻阅、默诵他致我的一叠手札,将其装订成册,作为永久的纪念。惟从他那工整而略显疏放颇具个性的字里行间去捕捉他的音容与身影。

对范用先生,我不避“我的朋友胡适之”之嫌。我与范用的师友之谊,或是京华文人圈外密切的一位。识荆于九十年代初,嗣后我每每进京,公务外的一等大事,便是访谒先生。方庄寓所他门口那块小木牌上醒目地写着“范用”两个字,那是苗子的手迹。早年,一按门铃,里面马上传来“来啦”的回应。夏时,先生是一身“短打”,白汗背心,黑中装短裤,老圆口布鞋,一个“小尺码”(先生自谑)的老头,摇着柄大蒲扇蹒跚而至;有时甚而哼着小曲,一副仙风道骨模样。渐渐地,先生便策杖开门迎客了;不

范　用　张昌华　摄

知何时，开门的竟是家人或保姆了。早年造访，如适午餐时分，我便邀先生到小区对面小酒馆喝两盅，先生从不矫情，把手一挥“走吧！”记得某次剧作家李龙云、三联编辑曾蔷陪席，餐毕见剩有颇丰的菜肴，先生下令“打包”，命时尚独身的曾蔷拿回去打发晚饭。自先生老伴离去后，他再也不肯赏脸与我对酌了。记得有回我坚请再三，先生忽地打开冰箱，端出一碗女儿为他备好的可口的盖浇饭示我：“不吃，女儿回来要骂的。”再以后，先生几近足不出户了。不见日出日落，只觉先生白发多于黑发，步履滞缓沉重起来，谈锋大减，声色日衰，气喘吁吁了。

犹记最后一次拜访是二〇〇九年岁秋，我偕他的老属下《人物》杂志编辑赵立造访，先生已缠绵病榻。见我们来访，先生披着红花格衬衫从卧室匆匆而出，发蓬如草；一只袖子怎么也穿不上，还是家人帮忙。自己扣扣子也错了位。那次我们本想与他合张影，实在不敢难为他了。范用先生向以坐拥书城为乐，刻下已给人一种人书俱老的感觉。一度春秋过，先生遽然回归道山。呜呼！

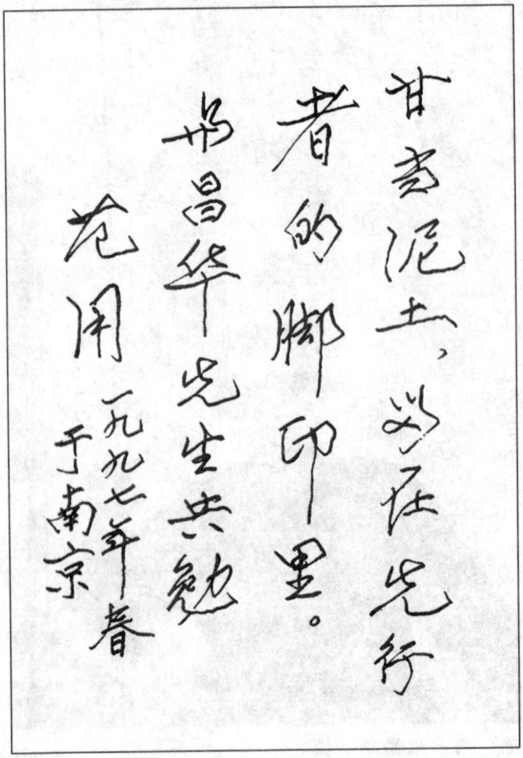

范用手迹

追忆我首次拜访，见他满室是书，犹如琅嬛宝地。客厅酒柜里摆满大大小小各式中外酒瓶，奇形怪状。大者如炮弹，小者似手雷。墙上悬挂着黄永玉为其作的一幅肖像漫画，持书卷挟酒瓮，题字为“除却借书沽酒外，更无一事扰公卿”，以及苗子的对联“且共欢此饮，时还读我书”（集陶渊明句），活画出书痴酒仙“范老板”。这或是归隐后先生日常生活的真实写照。回宁后我写了篇《范用：三多先生》，说他是位友多、书多、酒多的名士。他粲然一笑，谅是默认了。

范用是我最为敬重的出版界前辈。他是镇江人，乡情拉近了我们间的距离。我经营的老年作者圈，大都是他的故旧。我们所谈话题以书与人为多。他的"读书无禁区"的观点，对出书品位的追求，对作者的尊重，以及行事风格潜移默化着我。给我感受最深的是他的尊师道、重友情。有两件小事是我亲见亲历的，铭心难忘。新千年前后，范用来南京作客两次，难得给我"表现"一下的机会。那几日我鞍前马后侍奉左右，不亦乐乎！一九九七年那次，他对我说，此行南京要见两个人。一是戈宝权，一是金玲（陈白尘夫人）。戈先生僵卧病榻有年，我陪先生到海军某医院探望，戈先生时已不能言语，终日于昏睡中。夫人梁培兰晃动戈先生身子，朗声说："你的老朋友范用来看你了！"戈先生无语，许久才缓睁双眼，范用坐在他身边，握着他的手，连连说："戈先生，我是范用，我是范用！"戈先生茫然，没有任何表示。范用仔细端详着，伤感地说："瘦多了，瘦多了。"说着说着眼圈红了起来。因戈先生无意识，我们呆了一会欲走。告别时，范用又大声说："戈先生，我们走了。"苍天有眼，戈先生忽睁大眼睛痴望着范用，嘴角略显微微一笑。大家都很高兴。我搀范用下楼时，他忽然停下脚步问我："活生生的一个人，怎么变成这样子呢？"边说边摇头。这是他俩的诀别。

范用与陈白尘的关系非同一般。他多次对我说，白尘先生是他的老师。他们相交于四十年代的重庆。范用说他那时年纪小，爱好文学，陈白尘很喜欢他，教他写小说。范用又抱怨自己不争气，一辈子也没写成一篇像样子的小说。我知道，陈白尘过世后，他的《牛棚日记》无法出版。金玲进京向范用求援。范用那时恰遭腿骨骨折，在病床上读完书稿，称赞不已。后他安排三联出版，并亲自操刀，为该书设计封面，署名叶雨（业余）。新书发布会，先生的骨折未愈，他让家人架着亲临现场。陈白尘本江苏籍，晚年居南京。夫人金玲整理完他的"文集"希望出版。进京找中国文联、作协、出版社，因资金问题，无人肯接手，悬荡无着。最后江苏省委宣传部安排由江苏文艺出版社出版。因资金不到位，社里也只能空列选题计划，虚位以待。范用知我在文艺社供职后，三番五次写信或面谈，希望我能鼎力支持，说“帮白尘先生的忙，就是帮我的忙”。其情之殷切，令我感动。因我无权拍板，只敢表示频敲边鼓，尽最大努力促成。范用到南京去看金玲，嘱我全程陪同，我后来想他可能有点什么“意思”。记得那天上午，我陪范用去青云巷看金玲，车到巷口，范用突然招呼我停车。我见他有足疾，巷子不太窄，要径直开进。范用坚持不可。我忽然想起立在朝天宫的那块“文武官员军民人等至此下马”的下马碑来，定是范用出自对白尘先生的敬重吧。足有半里之遥，范用拄杖一步一趋，挪进小山坡上的陈宅。一见金玲，范用自然而亲切地叫了声“师母!”眼圈也霎时红了起来。其实金玲比范用长不了几岁。进屋第一件事，范用便找陈白尘的遗像。金玲将我们引进设立在她卧室内的陈白尘小灵堂。范用一见陈的遗像顿时潸然泪下，点了一炷香，恭恭敬敬地鞠了三个九十度的躬。坐在厅内那陈旧的沙发上，范用向金玲嘘寒问暖，问她还有什么困难或要求时，金玲只提《陈白尘文集》搁浅事，说省委有了说法，叫文艺社出版，但没见动静。范用指着我说:“他就是文艺出版社的，这件事就交给他吧。”随之，我就成了陈宅的常客。两年后，由我任责任编辑的八卷本《陈白尘文集》终于出版了。我给范用寄了一套。先生又是电话，又是信，一再鸣谢，说了一番令我汗颜的感谢话。说他也了却了一件心事。

范用先生对我的出版工作不仅关心，而且大力支持。出版《双叶丛书》(名人伉俪合集)《爱的罗曼》(徐志摩、陆小曼一集)时，听说我急觅四十年代晨光版《志摩纪念》一书，爱书如命的范用，立马把自己的珍藏本寄给我。事后我要给他开点资料费，他坚拒不收。听说我要找陈西滢的后人，他马上把打听得来其女陈小滢的伦敦信址告知我。一次，他不知怎么谈起郑超麟的书搁浅了。我不知天高地厚，提出给我带回江苏试试。先生直摆手:“你惹不起那个麻烦。”我心知肚明，那是先生对我的爱护。先生屡次对我说:“没品位、没价值的书，千万别出。”欣慰的是先生这一教诲，在我日后的出版实践中总算是坚守下来。

我受先生的恩泽颇多。从私益来说，先生赐我多件先贤遗墨，那都是无价之瑰宝。

一个偶然机会，我获得一枚茅盾的《中国现代文学史》题签，遂萌生辑藏题签的兴趣。我写了篇《我辑题签》的千字文，刊在不见经传的小报上，竟被他看到。某日，忽接范用一短简，云知我喜藏题签，他将所藏的宋庆龄为“三联书店成立三十周年纪念集”的题签送我。我受宠大惊，立即打电话、写信致谢。之后，他又寄来茅盾、丰子恺、苗子题签数枚。不久，我登门拜访。问他最近在忙些什么。先生说有时写点“豆腐干”，幽默地说“骗点钱，好买书”。童趣十足地从抽屉中翻出一本小学生《算术》练习簿，封皮上写着“卖文”两个字。上记着某月某日某刊刊登某文，得稿费若干的流水账。旋而又说，他的兴趣转移了，在整理抄录七十年来前辈师友给他的信函。接着捧出一自制的大剪贴本，一页一页翻给我看，簌地滑落一页极粗劣破旧的黄纸，那是张伯驹的手迹，他随手递给我“给你”，又说，“遗憾没有落款”。翻着翻着，忽见书页上粘着一枚启功自题的《启功韵语》签条，他又信手撕下：“也给你吧。”俗气的我没客气，厚颜收下，只轻飘飘地说了两声“多谢”。我又开玩笑地问他，“你怎么舍得?”先生淡然地说：“我知道你不会拿出去换钱。”走笔至此，我不禁由衷地感谢先生如此信任我。我想我的儿孙也绝不会拿它换钱的。

记得范用陪同丁聪来宁签售丁聪的《我画你写》那次。他们下榻东南大学榴园宾馆，与我的成贤街寓所相距一步之遥。我去拜访，丁聪赐我一册，并题“愿听逆耳之言，不作违心之论”。那是一册文化名人肖像集，范用的肖像亦在其内。我请先生在他的肖像旁签字。先生幽默题了一句：“昌华兄一笑，这是我吗?”一位朋友提示我，如能求得多位肖像主人签名，那可是签名本一绝了。谈何容易，那么多名人，星散各地，更有许多位我不识或够不着的。转念一想范用先生是名士，京华文化名人宴客，十九都要请他，无君不成席。我就斗胆请先生代劳。先生坦然地说“那就带着吧”。此书存范用处年余，“璧还”我时已有启功、张中行、黄永玉等二十余位签名。从签名者落款的日期、地点、使用笔具可以推断，或餐桌或茶座或医院或宅第。我不难想象先生为我义务“打工”的辛劳。摩挲把玩这册签名本，隐隐能体觉先生的手温。我无法想象出先生是如何向这些长于他的前辈开口为我求签的，但我肯定求签时他一定是翻到某页，恭送到前辈们的面前，甚而递上备好的签字笔……有那么多名士肯赏脸，与其说

范用赏画　张昌华　摄

范老板的面子大，远不如说范用先生人缘好。

我对范用先生的感戴，这支拙笔是难以描摹的。范用“走”后，《人物》编辑部的赵立在第一时间告知我这一噩耗。我往先生家打电话无人接听，我只能用特快专递方式，致函三联编辑部转致哀悼。一封信只写了一句话：“范用先生永远活在我心中！”

新凤霞的绝唱

新凤霞(1927～1998)走了,走得如此匆匆,不及向亲朋握别;这片"飘零的叶子"戏剧性地将她向人世谢幕的舞台选在夫君的故土常州,真不愧为评剧大师的绝唱。叶落归根。此系天意乎,亦抑是她的夙愿:宁愿飘零碾作尘,只为亲人故罢。

我认识新凤霞始于上世纪九十年代初。自打一结识起,不论是通信、电话或见面,我都称她为新师母。那时,她已有多部回忆录问世,读者对她的富有传奇色彩的人生颇有兴趣,我想为他们伉俪出一本以家庭、亲情为中心的散文合

新凤霞　张昌华　摄

集，纪念他们夫妇相濡以沫所度过的四十多个春秋的心路历程。新凤霞听完我的策划构想后十分兴奋，直说“太好了，太好了。”合集的文章，我请他们自选；他们夫妇却公推我代选。于是我有缘获得他们夫妇大量的赠书，以至罕见的海外版本。新凤霞在每本赠书上都签名，戏称我为“老弟”。我将初选的书目呈他们夫妇审正，并请其为该书起个书名。吴祖光先生说他忙，正在为本书赶写序言，新凤霞说：“昌华同志，你就代劳吧。”却之不恭，只好从命。据我通读文稿后的印象，加之对他们的了解，觉得他俩的作品（当然含新凤霞的评剧代表作《刘巧儿》）、人品都有他人不可企及或曰独到之处，故将书名拟为《绝唱》，幸蒙得到首

吴祖光与新凤霞　张昌华　摄

肯。出书后，我专程进京，新凤霞见到《绝唱》装帧别致、印刷上乘，还配有他们夫妇在不同历史时期的生活照，乐得直说“太棒了”，并对吴祖光先生说：“这是我出的第二十本书，是最漂亮的一本、最有纪念意义的一本。我们要多买一点送朋友！”

《绝唱》面世后，受到社会各层面读者的关注，特别是圈内人士的喜爱。出版社接到大量的读者来信，有要求邮购的，有对作者表示敬意的，有询问新凤霞

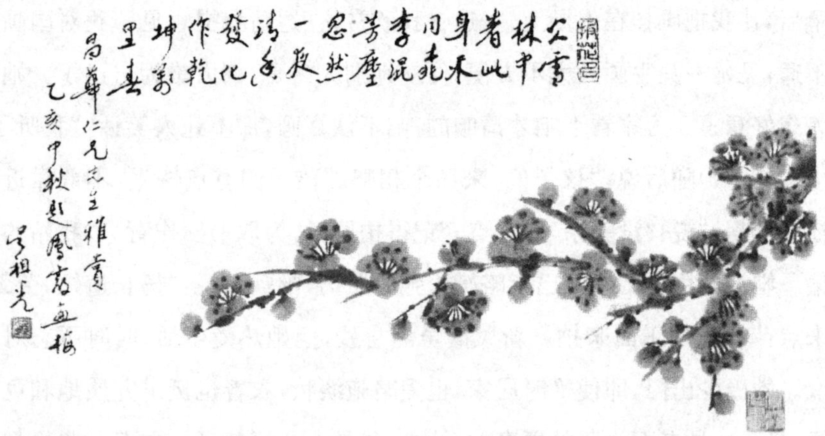

吴祖光新凤霞赠作者画作

身体近况或热情提供治疗偏瘫良方的，大多由我代处了。直至去岁末，还有若干封海外读者来信，其中一封是上海籍在美国攻读博士后的夫妇寄来的，洋洋数千言，谈他们人生的坎坷、在海外求学的艰辛，以及阅读《绝唱》后他们所得到的鼓舞和力量。我将此信转给新凤霞时附言说，因读者没有丝毫复信要求，以“公事公办”形式，由我代复算了。孰料，吴祖光先生来信告知，说新凤霞与他读了这封信都很感动，又给这位读者复了信。

新凤霞为人十分谦和，一点都不端架子。因此，我每每进京只要得便，总爱去看看她，听她说自个儿的说不尽的故事。去时，总见新凤霞或写作或画画或坐在沙发上休息。不论在干什么，手杖总靠在她最便取的椅背上或书橱的把手上，身旁总放着一只白色的移动手提电话。他们夫妇的朋友出奇的多，电话忙，接、传电话的总是她，或祖光祖光喊个不停，或时不时地听到她那明亮的甜甜的带有戏剧对白韵味的“谢谢”、“再见”。我的一位同仁和他上小学的女儿以及他女儿的两个小同学，都很想看看“刘巧儿奶奶”，我带他们一起去看她。那天她正在画画，孩子们一见她便喊她奶奶，她高兴了，说“远方来的小客人，先坐下，让我画上最后一笔”。我见她在画一棵长青藤和一串水灵灵的葡萄。她说，这是一家杂志创刊十周年纪念请她画的。那天天很热，她左手残废，只能用一只右手作画，不时停下画笔，用手揩汗，样子很艰难，让人既钦佩又心酸。她收起笔后，让我把画挂在书橱上，一边自我欣赏，一边请我提意见。我对国画是一窍不通，见她一只手画画太不方便，便劝她别太认真，别太难为自己了。她说："那怎么好意思。人家看上咱才请咱的，咱不认真画，那不让人笑话?"我听了，脸不由一红。她随后说："孩子们，来照个相吧。"孩子们有点怯生，不敢靠近她。她摇了摇拐杖说："没关系，靠近点。"记得拍照时，为取书橱作背景，我站的位置较偏。她笑着用手指着下巴上略嫌松弛的肌肉，幽默地说："扬长避短，劳驾您，过来点。"让我从正面来拍。新凤霞虽然身残，但她热爱生活，时时不忘对美的追求。她极少出门，即使平时居家，也爱略施淡妆，衣着也挺讲究质地和色彩的亮丽，显示一种老而弥坚的青春的活力。我是一个好事者。本埠一些报刊界的朋友，常盯着我代他们向新凤霞约稿。向她约稿的报刊很多，所以每次我总要找个不成理由的理由请她赐稿。只要我一提出，她从不拒绝，爽气地说"我支持你的朋友"。如手头有新作，她准谦虚地说："拿去看看吧，不够格，还给我。"还不忘抱歉一笑："字写得不好，看了别笑话。"手边没有稿子时会说："等着吧，写好了就给你。"有时还会叮嘱一句："你别忘了，打电话来催。"

呜呼，我再也催不到新师母的稿子了。

四月十三日一早，同仁朱安妮告知我"新凤霞去世了"，我愣了一下，便坚认为是谣传。一个月前，我刚收到她寄来的新著《人缘》，十天前吴祖光先生还来信告知她的近况，不胜感慨地说："她一直接受大量的报纸约稿，每日伏案写作，这精神真令我感动。"这才几天，她怎么会走了呢？然而，白纸黑字的报纸，逼得我不得不承认这残酷的事实。我想拨个电话，向吴祖光先生表示一下我对新师母的哀悼，眼前突然浮现起新凤霞那一手握拐杖一手听电话，那满脸悦色的神情，清晰地意识到再也听不到那明亮的甜甜的带有戏剧对白韵味的"谢谢"和"再见"声了。我不愿接受这个事实，于是改到邮局发了一封唁电，聊表心香一瓣：

亦艺亦文凤已成绝唱
为人为己霞落缀哀辞

怀念李光谟先生

癸巳初冬，南京雾霾。“伸手不见五指”那天的清晨，我突然接到成都岱峻兄的电话：“光谟先生走了！”我愕然不已，十天前他还给我打过电话，长谈了半个多小时，那缓慢、苍老、沙哑的京音还萦绕耳畔。我们相约明年春暖花开时我进京去看他，他怎么爽约，说走就走了呢？岱峻兄说他即启程进京，为先生送别。我请他替我送只花篮，聊表寸心。

其实，我与李光谟（1926～2013）、岱峻，至今尚无面缘。光谟是“考古学之父”、“最后一个迷人的学阀”李济（1896～1979）先生的哲嗣，岱峻是《李济传》（江苏文艺出版社）的作者，我为该传写了篇小书评。缘此，三地三人在这个大千世界中相遇、相识。二〇〇九年十一月，光谟先生应南京博物院（原中央博物院，李济是创始人）之邀，参加故院长曾昭燏百年诞辰纪念会。光谟邀我面晤，恰我不在南京，失之交臂，遗憾终生。那时我正在进行民国文化人小传的写作，缘此常向先生讨教“中研院”那些令人追怀的往事，故信函、

李光谟

电话从未间断。

光谟先生是谦谦然的君子，集教育家、翻译家、学者于一身。他是《历史唯物主义理论》的译者，《马克思主义哲学原理》三个版本的终审定稿者，一个在业界享有声誉的翻译家。论年龄他是我的父执辈，然而他每每赐函称“兄”。我从《李济传》中发现李济与赵元任、杨步伟的关系复杂微妙、既亲又疏，我想写篇小文探本求源。为帮助我写作，光谟慨赠《李济学术文化随笔》、《李济与清华》和《李济考古学论文选集》等大著和图片资料，受益匪浅。

光谟先生有君子风度，他对赵元任先生尊崇有加，每言必是“赵伯伯”、“杨伯母”。他对我说，赵先生每次回国探亲，都要请他吃饭，嘘寒问暖，视若子侄。当我向其询问李、赵“矛盾”的原由时，光谟说“应该是沟通少，误会多吧”。后来我写了篇《教我如何不想他们——李济、赵元任之间的恩怨探幽》。他读后，觉得比较公允、客观。

我从出版社退休后，在一家民刊《百家湖》打杂，该刊有一“文史专栏”，我向光谟邀稿，先生不以一名不见经传的小民刊不屑，立即给我们写了《是“教”我，还是“叫”我》，写他在餐桌上向赵元任伯伯求教的故事。文笔生动、幽然，具史料价值，深受读者欢迎。之后，我每期向他赠阅《百家湖》，他打电话向我道谢，说“白吃白拿”（免费阅读）不好意思，又说以后如有合适的材料再给我写点什么。就在逝世的前一个月，他寄来新作《三十年里唯一的一次见面》。光谟先生一九四八年底随父入台想进台湾大学续读，但校方要他降一级入学，他不干。一九四九年二月他又回到同济大学复读，从此骨肉分离。一九五九年仲夏，有关方面安排他们父子一次“秘密会面”，他写的就是这件事情。光谟先生十分认真，当此稿尚在途中，他两次电话询问收到否。附信谦云：“供《百家湖》补白，如不能用就罢了。”因此话题既敏锐又沉重，《百家湖》小民刊负载不起；加之文短，有许多事来龙去脉没交代详尽，我只能鞠躬婉谢。当我告知不便用时，他连连说“没关系，没关系”。这是我们最后一次通话，长达半小时多，有些细节留给我印象极深，至今音犹在耳。他说，那年与父母秘密会见，“为了双方安全，没有留下任何音像资料，全凭记忆”。他说一九五九年他境遇很不好，党内的任何处分他都受了，正在面临劝退（“文革”后恢复党籍）。当时他在农村搞社教，吃不饱。收到通知由乡间回京途中，肚子太饿，还在老乡的玉米地里偷了两个玉米棒，生啃了。当时太穷，见父亲时穿的一套半新的西装还是向朋友借的。所谓见面，就是与父母在一起吃了一顿饭，让他们“单独”谈了一个多小时，时有一位女同志出入“倒茶水”。有关方面先“动之以情”，后“晓之以理”，向李济提出归来定居、工作、观光，来去自由等三个方案。光谟说父亲考虑在台湾家人的安全，即使回来对国家恐也无什么贡献，婉谢了。无果。送别出境时，光谟说他手中有把香蕉想送给母亲路上吃，刚踩到地上黄线，工作人员拍拍他的肩，他却步了。光谟说由珠海返京途中坐的是软卧，他真想砸窗跳下去……光谟对我说，这件事只有许倬云在文章中涉及过一笔，对刊物采访时讲过一点儿；但从未有向我说的这么多、这么细。之前，光谟信中对我说过，父亲很爱他，困难时期，父亲通过香港的朋友，给他寄过油、米等日用品；偶尔也收到转寄来的家书，因为太怕，读过后都烧掉了。父亲去世后，直到一九九五年他才回到一九四九年离开的台湾。家中已人去楼空，带回的只有父亲残留的一些手稿、信函等资料。退休以后，他致力于整理父亲的遗著，出版了《李济考古学论文选集》等，作为纪念。

令李光谟遗憾的是，父亲去世后留给他一笔遗产，他很想遵从父亲的遗愿，捐出一部分设立“李济考古奖学金”，可是社科院考古所申请批复的报告石沉大海。光谟后来听说，有位领导在中国考古学会理事会上讲：不能以一个一九四九年离开大陆的人的名义来设立奖学金。后来，令李光谟欣慰的是，二〇一一年“发现中国基金”正式设立“发现中国李济考古学奖学金”，其第一届颁奖仪式就在李济母校清华大学举办。

一度被屏蔽的李济的名字近年又显现出来，李济的著作陆续在出版，对李济的研究也在深入……

李光谟先生走了，九泉下再也没有什么不可逾越的这线、那线了，他可尽情与父亲李济相拥、相泣、相歌，尽享天伦之乐。

（感谢李宁女士提供照片）

怀念“本家”张守义

秋风萧瑟。一枚落叶静静地卧在树根下，酒仙张守义却飘然云天外，时在戊子秋暮。

张守义（1930～2008）先生毕生供职于人民文学出版社，主要从事外国文学书籍的装帧设计和插图的创作。他的作品以鲜明的个性与风格，得到业界和社会的一致认可，成为书籍装帧界的领军人物，享有“中国第一封面”之雅号。

张守义

我与张守义先生曾有浅浅的过从。上世纪九十年代初，我向霍达组长篇小说《未穿的红嫁衣》的稿子时，霍达提出一个先决条件，即该书封面希望能由她请张守义设计。能有“中国第一封面”亲手操刀本是可遇不可求的，我一口应允。不久，守义先生将《未穿的红嫁衣》封面设计稿寄来。画面简洁、朴素，以跳跃的色块取胜，同时采用凹凸新工艺，又富现代感。他还在信中说，如果我有什么好的意见，欢迎提出来，他可修改。一个月后，他又寄来听从多方意见修改后的精、平两个版本全部制版图稿和版式，对用料等若干要求或注意事项都一一写在版式纸上。一个图书封面设计权威的谦逊和认真，令我敬佩。那是一次愉快的合作。霍达后来告诉我：那是她把张守义请到家中，她的爱人王为政与张守义整整喝了一箱啤酒，熬了一夜完成的。

张守义的人品与作品同样具有魅力，可那时我们只有神交，没有面缘。

一九九四年全国书展在北京举行，张守义是布展的艺术总监。那天，我正在本出版社的展台上忙着，同事速泰熙对我说，张守义在，要不要见见他。我说当然。谈说之间，速泰熙突然说：“来了！来了！”我问在哪。他说：“那个拎啤酒瓶的！”我顺眼看去，只见一个头发蓬松、瘦高个子，耸着肩，手拎啤酒瓶的小老头向我们展区走来。我们刚寒暄了几句，他的助手赶来找他说有急事。守义先生送我一张名片，与我们展团的几位出版同仁合影后，就匆匆走了。

一九九八年岁暮，守义先生应南京出版界友人之邀，来宁主持南京大学出版社一套重点图书装帧设计。我知悉后，尽地主之谊为他饯行。席间，我俩并坐。我发现守义先生真“怪”，那天从开宴到离席，他的手一

致作者卡贺

直没有摸筷子。既不吃菜，也不吃饭，任凭大家央劝，他只抱着啤酒喝个不停。记得那天喝的是扎啤，一只状似企鹅的啤酒壶引起他的兴趣。他信手抓起一页纸画了起来，在画的壶上写了“酒仙”两个字，还配了一只高脚杯。我开玩笑地说：“你是酒不离口，画不离手。”他笑了笑，说那就送给您作纪念吧。落款是“酒仙丁丑冬于金陵”。我不禁油然想起了他的另一个雅号：“画痴”。他在进入创作构思时，往往如醉如痴，因此被同行们戏称为“画痴”。人们常说：“吃饭不理公事。”然而，即使是在吃饭时，而且是在与朋友一道欢宴之时，他想到了什么就不觉技痒，非画点什么不行。不是对绘画痴迷到骨髓里去的人会达到这样的无人无我的境界么？

特别有趣味的是他随身带了一个手挖的葫芦形的纸版。他用手指蘸蘸印泥，在画右上方按了一个“葫芦印”，幽默地说“这可不是赝品！”接画时，我说谢谢酒仙。他对我耳语：“我是酒仙，不是酒鬼。”又说因为他年少时便患胃病，吃饭不消化，每天只吃少量的鸡蛋和饼干。医嘱每天可喝三瓶啤酒果腹。原来如此！

二〇〇四年在桂林全国书市上，我们又不期而遇。是时，他在云南人民出

即席作的贺卡

版社展台上签售他的新作《张守义的笑》。出于对先生的仰慕，我当场买了一本，默默地排队请他签名。当他为我签名时发现了我，马上站起来与我握手，“谢谢您来捧场”，又说：“这本书应该由我送您。”说着便从口袋中掏钱，被我止住。他又说：“那好，下次您到北京来，我请您喝酒！”没想到那竟是最后的握手。

罗孚:风景中的风景

——"北京十年"外的故事

如果将二流堂骚人墨客们比做当代中国文坛一道风景的话,那么,罗孚(1921~2014)堪可为风景中的风景。

罗孚,何方神圣?

搜索百度罗孚词条,跳上第一位的是名牌汽车,只有你静心梳理扒抉,方能钩出沉在同名姓深处的香港老报人罗孚。

罗孚,是风靡大陆的董桥的推手,也是梁羽生、金庸武侠小说的催生婆,还是曾遭非议的"余则成"。一个非等闲之辈。

罗孚,原名罗承勋,笔名丝韦、辛文芷等。一九二一年生于广西桂林一个业

罗　孚

已式微的书香门第。少年罗孚聪明好学，文理兼秀，有“小神童”之誉。考大学时获广西考区理科第一名，然而由于祖父过世，父亲无力承担他的学费而作罢。此前一时兴起，他投奔在国民党桂系任职的亲戚，当准尉司书员，数月后觉得无聊重归故里。二十岁时被桂林《大公报》聘为职员，后随报社到重庆，辗转香港，一干四十年，从一而终。

《大公报》一九〇二年由英敛之创办，是上世纪中国最受知识界读者欢迎的报纸，它以“不党、不卖、不私、不盲”宗旨著称，适时报道一系列国内外重大历史事件，见证了一个时代。英敛之、张季鸾、胡政之、王云生、范长江、杨刚和萧乾等《大公报》精英，光耀上世纪中国报业。罗孚早期一直在杨刚麾下工作，在思想和业务上受其影响甚巨。在《大公报》平台上，罗孚先后结识柳亚子、梁漱溟、田汉、林默涵和聂绀弩等一大批文人雅士、革命者。柳亚子是国民党元老、诗人。他是名士，上世纪四十年代常与文友雅集诗酒唱和，在《大公报》时发伤时感世遣闷之作。当时思想激进的罗孚，曾与人一道写过剑戟短文加以嘲讽，以彰显自己的“革命”。一九四四年日军大举进攻湘桂，衡阳之战正酣。桂林举行一次“国旗大游行”，即由国旗做前导，后跟宣传车，柳亚子与李济深等站在车上，用扩音器喊话，动员民众捐款支前。其声势浩大，慷慨悲壮。此情此景让罗孚震撼，对柳亚子抱有愧疚。次年，鲁迅逝世九周年，他热情向柳亚子约稿。诗人不计前嫌，惠寄一篇长文和两首诗作。鲁迅和周作人都是年轻罗孚的崇拜偶像，他模仿鲁迅的杂文笔法，以“封建余”笔名在报上辟“立此存照”专栏，揭露国民党官场的黑暗、腐败。

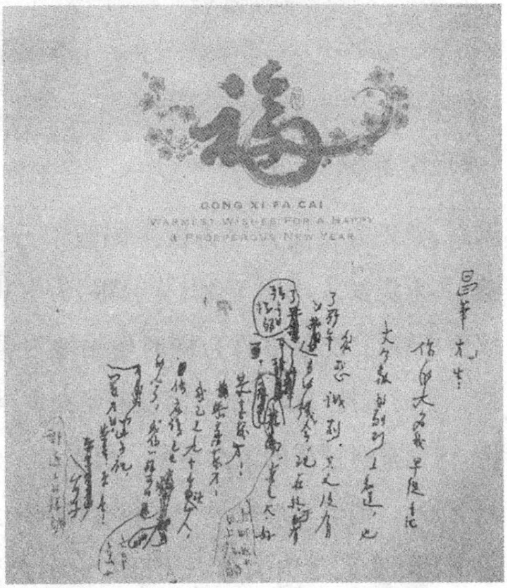

罗孚晚年手迹

廖承志(右)接见罗孚

同时，他还为第三方势力民主同盟宋云彬办的《民主周刊》写专栏“无花的蔷薇”。重庆岁月，罗孚利用《大公报》为中共做宣传，一次曾以八整版篇幅发表抗议美军暴行(沈崇事件)，同时偷偷地为重庆地下党办的《反攻》杂志做编辑工作。当时主持《反攻》的赵隆侃经常向罗孚推荐革命理论书籍，鼓舞他的革命热情，这当是对罗孚的革命启蒙。罗孚是个爱国的热血青年，自觉地加入“文人论政”行列。他侥幸地躲过一九四七年国民党对《大公报》员工的大逮捕。当时的《大公报》在夹缝中生存，一九四八年《大公报》为求异地发展，开辟香港阵地。罗孚带着一套《鲁迅全集》随费彝民到香港开疆拓土。是年，经林默涵(一说胡绳)介绍加入中国共产党。入党监督人是第二任香港新华社长黄作梅和吴获舟。罗孚的党员身份当时是保密的，直到他在一九六七年“反英抗暴”行动中锋芒毕露才渐为公开。

所谓“反英抗暴”是由九龙一间工厂劳资纠纷引发的。当时港英警方以警棍和橡胶子弹血腥镇压罢工工人，打伤百余人，拘捕一百多人。受当时国内文化大革命极“左”思潮的影响，香港左派也想在香港这块英殖民地掀起一场反英斗争。罗孚时任《大公报》副总编兼《新晚报》总编辑，同时肩负报社斗争委员会执行小组组长，罗孚在《大公报》一篇文章中有句时髦的名言“不到赤柱非好汉”。赤柱，乃港英政府的重要监狱。左派为斗垮斗臭港英当局，在各处遍置真假“菠萝”（炸弹），此举炸了港警，也误伤了民众。但也迫使港英政府改变思维，开始对民众实施怀柔政策。在这场你死我活的斗争中，罗孚始终站在第一线，还要负责报社日常事务，每日工作二十小时。他全家上阵，儿子海曼和海沙都才是十来岁的少年，在学校和家庭影响下，与报馆子弟组织战斗队，四处散发传单，置放假“菠萝”，然后向警局报警，制造混乱。罗孚不加制止，有时还带他们一起干，以至海沙差点被捕。或是人在江湖，黄袍加身，身不由己吧。四十年后有人评论罗孚的“时评”，说他长时间脱不了“左”字。一九九三年三月十五日美纽约的《东方新闻报》认为罗孚“时评”的遣词造句“与文革时红卫兵的大字报十分相似”。

当时罗孚思想激进，或曰真的“左”得可以。他的小儿子海雷后来也说父亲“左气逼人”，还说他“愚忠”，气得罗孚用藤条修理他，海雷拿一支桌球棍相

香港反英抗暴(1967)

抗……相映成趣的是，他也“右”得可笑，或在不经意间犯了错误。一是一九六九年美国发射“阿波罗”登月成功，他斗胆把这一新闻作头条刊出，为稳妥计，他保留一条更大标题新闻放在前面，还配写了评论。孰料报纸一出，上面有人指责这是公开的“为美帝张目，长敌人志气，灭自己威风。”他在《大公报》全体大会上做多次检查才过关。另一次是上世纪五十年代，对苏共二十大的报道，上面要求“低调”，不渲染，不评论。可罗孚觉得他手下的《新晚报》是标榜“知识性、趣味性”的报纸，有点“自由度”。《新晚报》报道时，在刊出新华社消息时，又刊出国际新闻社的新闻，还配上被轰下台的多位苏联领导人照片。这下闯下弥天大祸，上面认为这是一起“政治事故”，所幸有位通达的领导为他承担了责任。

香港的历史背景和独特的地理位置，决定了它自开埠以来一直是国际间谍中心。一九四九年以后，它是国共两党一块没有硝烟的战场。一九四八年，《大公报》决定到香港复刊，当时策划和主持实施这一工作的是胡政之先生，他把“大公”在全国三家报馆年轻精英集中起来，调到香港，罗孚亦在其中。后来，胡政之因病回上海，由费彝民先生接替。金庸是替补上海方面一个编辑的缺，稍后赴港的。梁羽生则是一九四九年在港自己考入《大公报》的。共产党员的罗孚那时是负有特殊使命的。儒雅的罗孚“日渐活跃，爱交友，喜喝酒。他一沾酒脸泛红，显醉意”。但他总说“我是醉名甚大而已”，实则似醉非醉。更何况那也是社会活动家的需要或必做的功课。罗孚以文会友，以报统战，由小编辑到报社掌门人，从“红得发紫”到“冷冻十年”，左右前后沧桑故事，令人慨叹。

罗孚毕竟是一介书生，且谈谈他的文事、人际交往和对香港乃至对中国文坛的贡献更具意义。

一九四九年春，《大公报》易帜（有人称“起义”）改变民间报刊性质，与《文汇报》同隶新华社属下。显然，这两张报纸在香港的受众有限，为改变这一格局，一九五〇年十月，《新晚报》（《大公报》子报）应运而生，它贴近民众，低调行世。罗出任总编辑，严庆澍（唐人）辅佐，开始在报业如林的香港拼搏。办报老手罗孚打出“知识性、趣味性”这张牌。当时的编辑和作者阵容鼎盛一时，其中“唐宋金梁”名噪香江，都是“大公”同人。唐，就是笔名唐人的严庆澍；宋是笔名宋乔的周榆瑞；金，就是笔名金庸的查良镛；梁，为笔名梁羽生的陈文统，都是后来各自有名篇传世的大家。

有人说罗孚是新武侠金庸与梁羽生的催生婆，那是实至名归。当时《新晚报》相当开放，一版、头条重镇，当然是香港和国际重大社会新闻主宰，其它版面百花齐放：设“下午茶座”、“天方夜谭”、“香港风情”和“文化快餐”专栏，“球经”、“马经”也一齐上，致使晚报是在下午的球场和马场上的看客们，人手一份的必备物。所谓新武侠小说的诞生，真可谓天时地利人和。天时，时逢一九五四年，香港太极拳掌门人吴公仪欲与鹤拳派老大陈克夫比武，签下“各安天命”生死状，制造了悬念。地利，香港法律禁打擂，而近在咫尺的澳门开放此业，澳门闻人何贤(何厚铧之父)一口应承，于是擂台移至澳门；这消息反倒轰动香港，万人蚁涌前去。港澳各大报显赫报道，大小报一抢而空。人和，则功归罗孚，尽管三拳两脚，太极拳门人把白鹤派门人打得鼻血直流而收场；然街谈巷议不绝于耳。新闻斫轮老手罗孚慧眼金睛，考量民众心理后，决定在《新晚报》刊登武侠小说。比武次日便大登广告，以吊足“好斗”读者胃口。罗孚早相中爱下棋、爱读武侠的梁羽生，认定他能担当大任。果然，梁羽生不负所望，第三天，梁羽生的《龙虎斗京华》便披挂上阵。他边写边发，马不停蹄。梁羽生后来回忆说：“大家都很担心武侠小说能不能得到读者喜欢，但从第一天刊出后，读者反映十分喜欢。最明显的是报纸销量增加了，当时叫‘起纸’，那时《新晚报》的竞争对手是《星岛晚报》，此举抢了风头，抢了读者，长了志气。”

梁羽生，广西人，是罗孚的老乡，原名陈文统，因受民国武侠作家宫白羽的《十二金钱镖》影响，而名“羽生”。姓“梁”，因此前他以梁慧如的笔名写过不少文化随笔。他原本读的是经济学，却偏爱看武侠、下棋。象棋、围棋都很拿手。还有一段与诗人聂绀弩下棋的佳话。当年在香港，聂与梁灯下对局，酣战之中，聂不思回报馆写社评，托友人代劳，嘱其勿“告密”；若干年后梁到京华，与聂博弈难解难分，竟把同来北京度蜜月的新婚夫人“打入冷宫”丢在饭店如弃履，成为笑谈。梁羽生对武侠有自己的理解，他认为武侠小说应有武有侠。武是手段，侠为目的。一个人可以没有武功，但不可少侠义。可谓正义之说。

梁羽生一举成名。他本是“大公”的人，“大公”要梁羽生为本报写武侠，梁只能听从，不能分身再为“新晚”作嫁，遂向罗孚推荐好友金庸。金庸早就见猎心喜，一口承诺。不久在《新晚报》推出武侠处女作《书剑恩仇录》。横空出世的金庸广博文史，一出手便以更成熟的魅力吸引读者，报纸销路倍增，洛阳纸贵。首战告捷，金庸兴趣骤生，一写写了十五年，名满天下。他比梁晚一年出道，然名却在其上。既生瑜何生亮？还是瑜亮互映？

梁是武侠小说的开山鼻祖，金庸是后起之秀，这是不争之实。

罗孚（下中）与金庸（下左）、梁羽生（上中）和黄永玉（上左）

对评论金、梁，罗孚有自己一说。罗孚认为：“梁羽生初出，有些势孤；金庸后起，两人以双剑合璧之姿，大大地壮大了武侠小说的声势，奠定了新武侠小说的基础。”他回避了伯仲之说，弦外之音仍可听出。有位好事的记者曾问罗孚，两位大侠之间的关系如何？罗孚说“表面还是不错，见面客客气气。但在我看来，梁羽生对金庸有点不服气，但是他也不好说出来，毕竟金庸名满天下。他并不去跟金庸比，但实际上又在比。”罗孚在他的《金色的金庸》中说“金庸有金”。

开首出语幽默："一分为二是金庸。合二而一就是镛——查良镛了。"他认为尽管金庸办过《明报》，玩过电影，都有影响，但他的名字始终是与武侠联在一起的。金庸拿得起，放得下，十五年写十五部武侠小说，说闭门就封刀。还有件趣事风传，一九八五年金庸捐港大一百万元。事后港大赠他一个"博士"衔，据说，支票是他亲自交当时港大校长黄丽松，黄校长收下后，开玩笑说：你漏写一个〇了（一千万）。金庸后来真的补送了九百万。罗孚认为，凭金的才识、业绩，得个博士毫不为过。罗孚亦好奇，后曾向金庸询过九百万一事。金告之："他向黄丽松的继任人王赓武校长捐过港币八百万，那是在获博士学位后的事。"尽管如此，坊间"传说"稍有差池，金大侠的侠风是不谬的。

令晚年罗孚深感不安的是他对梁羽生抱有愧疚。在六十年代他着意办了一个"形右实左"的文艺月刊《海光文艺》，或许是为光大方兴未艾的武侠小说，他决定刊发一篇"金梁合论"的理论文章。时金庸已脱"大公"，创办另一风格的《明报》，与"大公"、"文汇"山头对立，曾为"核子与裤子"（六十年代，陈毅反对苏联的暗算，撤回专家，收回核弹样品等愤慨地说："宁可不穿裤子，也要核子。"笔者注）问题展开一场笔战，两家俨如敌国，不相往来，但罗孚仍想发金庸文章或评论其作品文字，打开杂志的销路。罗孚先邀梁羽生写"金梁合论"，梁先踌躇，后提出用笔名佟硕之，如有人问及，要罗孚认账是他罗孚的笔名。罗孚答应了。此密一保二十载。二十二年后，罗孚在北京《读书》上发表《侠影下的梁羽生》方才披露。孰料，海外有人借此作文指责梁借金抬高自己。其实梁羽生一直以金、梁排序，文中多有自谦自责，没有对金的敌意贬抑，更没有对自己作不实吹嘘。更有甚者：文章刚发表时，报社内部左先生认为梁是有意在吹捧金庸（金当时与"大公"对立），遭到严厉批评，甚而警告他"当心将来死无葬身之地"。梁为人厚道，直到二十九年后，他才将此话告诉罗孚，这更让罗孚更觉得愧对老友了。梁羽生钦佩金庸，初不睦，七十年代后两人和好。一九九四年，金庸到悉尼参加作家节，梁在会上发言说："金庸是对武侠小说贡献最大的人，我把他喻为中国的大仲马。我相信，他没有料到当初骂他的人，如今会给他这样高的评价。"再说当年罗孚也力邀金庸也写长篇回应文字，以壮报纸宣传效果。金庸婉拒，只写二千字《一个讲故事人的自白》，谦言自已只是一个“讲故事的人”，把写武侠“当作种娱乐”而已，不像梁羽生那样，是严肃的“文艺工作者”，故而“梁金不能相提并论”。读来似有画外音。金庸不愿作长文，这多少使罗孚有点失望。金庸也厚道，二〇〇九年梁羽生去世，金庸作《痛悼梁羽生兄》，声情并茂。他也不忘当年老友罗孚。某年，他赴京会见总书记胡耀邦时，敢向接待者提出“不情之请”，要探视被幽居北京的罗孚。虽未获准，但令罗孚感激。

针对罗孚为金、梁武侠小说催生之实，有人半真半假对罗说：“没有你，就不会有新武侠小说了。”罗孚说：“我当时只不过适逢其会，尽一个编辑人约稿责任而已。”“我们搞是偶然，他们两人终成为武侠大师是必然的。因为他们有这个身手，必然在雕龙、屠龙上显现出来。”罗孚说至于他自己，“只不过是为他人开玩笑的材料罢了”。对外界评论香港文化“除了金庸，只有平庸”一说，罗孚不以为然。他认为香港董桥的文字风格独特，后来以柳苏为笔名写了《你一定要读董桥》，为董桥赢得一大批大陆读者。除了金庸，还有董桥！

罗孚主持的《新晚报》引起读者注目的第一面旗帜是“人物志”。先是周榆瑞的《侍卫官杂记》，后为唐人的《金陵春梦》。唐人即严庆澍，江苏苏州人，燕京大学新闻系毕业。他一生著书五十部，笔名繁多。著小说是阮朗，写剧本是颜开，作散文是江南雨。《新晚报》同人戏称他是“严老总”，同人称他“老总”，大概他曾写过《总司令备忘录》。罗孚说他有老总之才，“李广难封”而已。抗战时期他做过救亡宣传，抗战胜利后到《大公报》。最初搞发行，曾派驻台湾分馆，从业广告，不时客串写些通讯。《金陵春梦》在《新晚报》连载十多年，五六十年代风靡大陆（内部发行），故被大陆人认为他是香港最大的大作家。《金陵春梦》用章回体写蒋介石在大陆的大半生，从崛起到覆灭，至遁往台岛。当初唐人手头没有资料，仅从友人送他五张八行笺而萌创作之念。那是蒋当年一个侍卫官退休回香港写的，记录他奉蒋介石之命在重庆监视蒋的兄长郑绍发的经过。唐人以此为小说骨架，再据蒋氏家谱、相关传记、浙江史志等敷衍成篇的。唐人笔名由来，也很有典。当第一集“郑三发子”书稿送排字房，快要上机付印时，校对催他最后确定署名。他忽然想起引发他写此书的《侍卫官杂记》作者叫宋乔，严庆澍信口说:“唐宋元明清嘛,就叫‘唐人’好了。”后以此名行世。老朋友宋乔也开玩笑说这是唐人骑在他头上。罗孚说唐人勤奋过人,一般人上班是朝九晚五,而他是朝九晚九,每日工作在十二个小时。最后倒在写字台上。又说,唐人或是入全国政协香港报人中最早的一位,也是唯一死后入住八宝山的一位(1981 年病逝北京)。据传他是地下党员或做过统战工作。台湾后来的“总统”严家淦,是他本家的长辈。他在台工作时,是严府常客。张国焘妻子的文章他也能组到在《新晚报》上刊发。唐与罗孚、叶灵凤交情深,当年他们常下馆子煮酒论文,他是他们几位老哥们的司库(负责收支稿费付酒资的账房先生)。至于《侍卫官杂记》,那是本杂记,也曾一纸风行大陆。作者宋乔曾在《新晚报》主持英文电讯翻译工作,本职是《大公报》社长英文秘书,还挂名做过《大公报》督印人。北师大毕业,“一二九”运动曾遭驻北平宪兵秘密关押,幸得赏识其才华的司徒雷登疏通获救;后入西南联大,崇拜闻一多,处处仿效。一九四二年由重庆英国大使馆推荐去广西桂林任英国新闻处新闻官。他凭特殊身份、地位,为《大公报》采写不少有分量的新闻。在重庆曾拜会周恩来;美战时情报局长来华,他作为译员见到蒋介石夫妇等大人物。后任上海《大公报》驻南京记者,一九四九年到港后为“大公”驻港发行人。真实身份复杂。五十年代后期,突然在香港失踪,出现在伦敦街头,还出版一本《彷徨与选择》……

新闻人罗孚很有书卷气,文质彬彬,温和敦厚又风趣健谈,因此人脉广,友朋多。廖承志叫他“罗秀才”,报社同人喊他“罗斯福”(美总统,笔者)。他的上司、第四任香港新华社社长王匡知他喜欢书法,主动向他送礼——送了一幅黄宾虹的书法和一幅李可染的山水。朋友说这是上级“讨好”下级。罗孚进京拜过“皇上”溥仪,从当年主持侨务港澳工作的廖承志手中,把溥仪《我的前半生》拿回在《新晚报》连载。溥仪空前绝后的人生经历、传奇,为《新晚报》俘获一大批读者。继之,他又通过曹聚仁,得到周作人的《知堂回忆录》,与“张作霖传记”同时揭载,盛极一时。罗孚于六十年代亦趋八道湾拜访过周作人,并获赠其书法长卷。曹聚仁当时服务于《星岛日报》,与罗孚“两立”,后化干戈为玉帛。罗在《新晚报》刊了曹的《文坛感旧录》,亦风行一时。曹聚仁大气,知罗孚喜收藏,慨然将《知堂回忆录》原稿赠之。罗孚亦非私我之辈,又将这部一尺厚、弥足珍贵的周作人晚年手稿,慨赠中国现代文学馆。这可是他在被幽北京十年之后!罗孚还将四千册藏书捐给故乡广西师大图书馆,并用稿费在广西师大设"柳苏文学奖";他收藏的鲁迅致徐懋庸的一封信也捐给了国家,连他最宝爱的黄宾虹墨宝也转让给香港艺术馆。

罗孚儒雅。朋友说他"朴素到几乎随便","一套藏青色西装,一条枣红领带,一件灰色冷衫,穿到第二年春夏之间。夏天则是几件夏老威,眼熟得很。十年、八年二十年不变。""上班、出门、回家,挤电车……往往边吃饭边改稿。"对权势不忮不求,如此忠诚的公仆,实为稀有。更为稀有的是他纵横捭阖,游走于海峡两岸三地文林报界,如鱼得水,不辱使命。且不说香江的知交曹聚仁,也不说台北传奇人物徐复观,只说与北京"大自由主义者"聂绀弩的二十多年的君子之交,淡如水,浓如血。其情浓缩在《繁花时节怀绀弩——聂绀弩传》代序中。罗孚也幽默,居京前期,聂绀弩接济罗孚,一下子送了两千元(两年生活费),罗孚将钱退还,附了一首小诗:"人生穷达费沉吟,白首终难变此心,家有千金欣已足,何须更惠两千金。"前一"千金"指他有女儿,后面的两"千金"指钞票。一九八一年聂绀弩作诗赠罗孚末四句为:"能三句话赅一切,不七尺躯雄万夫。惜墨如金金似水,我行我素我罗孚。"

北京十年,罗孚祸乎福乎?他失去自由,收获一大片友谊。十年的忘年交有沈从文、夏衍、冰心、启功、钟敬文等;师兼友者有吴祖光、新凤霞、杨宪益、唐瑜、苗子、郁风、丁聪、沈峻、范用、王世襄、黄宗江、邵燕祥等等。当时他的名字叫史林安,或为编号"四〇二"的谐音,可苗子、郁风偏叫他"史临安"。临安者,南宋偏安之地杭州也。在京幽居还没"解放"时,范用斗胆为他出版第一部书《香港,香港……》,署名柳苏:柳宗元、苏东坡。罗孚说他安敢自比柳、苏,只取其中谪贬之意罢了。

走了罗孚,来了柳苏。

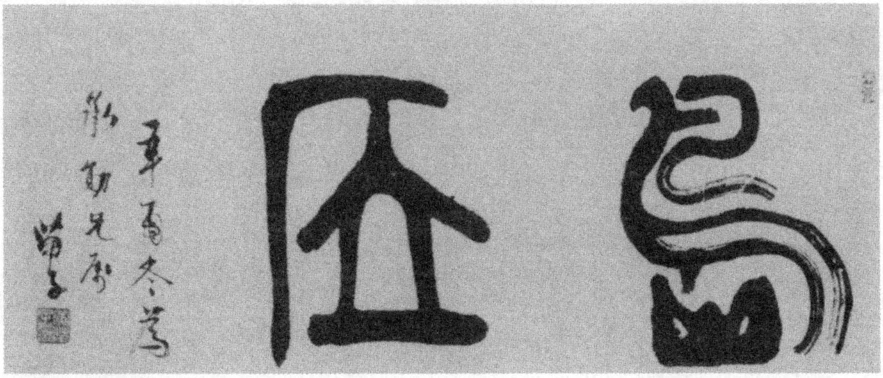

苗子题字“岛居”

当年的罗孚，有人称他是香港左派文化骨干“一支健笔”。现今罗孚说他早年文章不忍卒读，“四十多年来我写了不少假话、错话，铁证如山，无地自容”。萧乾评论说：“这是巴金《真话集》问世以来，我第二次见识到这样的勇气，这样的良知，这样的自我揭露。”也有人说，罗孚“北京十年”的七部作品“柳苏比罗孚，又多了一点冷峻和老辣，好像还有一点忧伤和无奈”。也有人说他“步《大公报》许多前贤后尘，四十一年尘与土，成为那个时代革命知识分子经常遇到带有悲剧色彩的宿命”。还有人说罗孚的生活史是香港文化史的一个侧面写实。凡此种种，无论怎么说，至于那一堆“烂事”，谁人能说得清？无论怎么说，罗孚不失为一道文人中“风景中的风景”。

笔者斗胆套用柳苏的名篇名作结：“你一定要读柳苏！”

（感谢罗孚先生提供文字资料及图片）

根深葉茂

贺周有光先生茶寿

辞旧迎新，贺岁祝福，古今中西，概莫能外。每适岁除，贺卡扑扇着翅翼，在人们眼前翩来舞去，报告春的消息。

仁者寿。当二〇一三年元旦的钟声敲响，周有光（1906～　）先生已享茶寿之尊。历史上孔孟及皇帝老儿们也只不过七十三、八十四，而周有光却寿登一百零八，好像“史无前例”。这或是上苍对他的眷顾，还是自修的功德？

周有光是前清的遗民，但思想新潮，曾以三不（不过生日、不过年节、不写遗嘱）自律。期颐年后，每逢寿诞，晚辈族人、门生后学，时有送蛋糕、献花篮、置寿宴之举，入世的先生只能随遇而安。周有光桑梓常州，是我们的乡贤。友人毛乐耕提议，周老茶寿人生难遇，我们送副寿联“意思”一下。我说周老不喜于此，恭敬不如从命；如若执意，不妨折中一下，送副嵌名联吧。乐耕遂撰一联，曰：

周有光茶寿留影　张昌华　摄

有恒有道有灵慧

光国光宗光学坛

朋友们皆称佳作，说这是对周有光先生“有光一生，一生有光”的经典概括。请谁执笔呢，思来想去，邵燕祥先生是不二人选。燕祥素敬周老为师长，且擅书。我邀燕祥，燕祥一口应允，沐手焚香挥毫书就。燕祥是诗人，书法隽逸中蕴着遒劲，儒雅兼之风流。神形具备，悦目赏心。

上联曰：“有恒有道有灵慧”。

恒者，久也、常也。周有光本一学人，喝洋墨水长大，早年学经济出身，与黄金、美金打交道，中年奉命改业语言文字，做波泼摸佛游戏；晚岁研究历史，从故纸堆中寻觅云起云落之秘奥。然先生毕竟一书生，业数变而道不改。先生是砚田的耕夫，不时将从业心得播种在方格垄亩中，以白纸黑字存世任人评点。鲐背之年，仍坚持为《群言》杂志撰卷首语，数年不辍，时有惊世骇俗警句显现笔端。期颐年后，还陆续出版《百岁新稿》、《拾贝集》和《静思集》多部。我手写我心，一刻不消停。

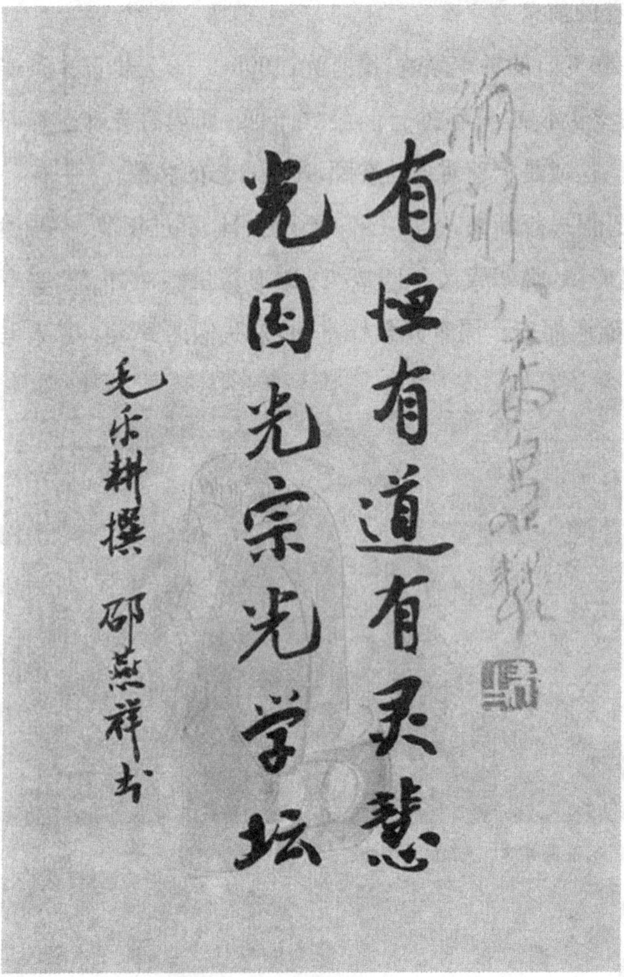

邵燕祥书毛乐耕贺周有光茶寿联

道者，路、途径、方向也，又曰道义也。周有光之道，崇尚人文，尊人权，主张人道，弘扬人性……总之将人字大写，把人字写端正。诚此或是他一生“有光”之本。有趣的是一百零五岁时，他还出版了《朝闻道集》(新世界出版社，2009年版)语出《论语》(朝闻道，夕可死矣)，谅是他对道之尊重与渴望，真不愧是位学融中西，道贯古今的“道”人。

灵慧者，灵敏睿智也。周有光慧眼如炬，洞若观火。他理智、豁达又幽默。他自言是个素人，有颗平常心。他理智，面对沧桑世事“卒然临之而不惊，无故加之而不怒”，以一颗淡定的心，坐看斗转星移。一百零七岁时接受记者采访时说：“别人都做五年计划，我只做一年计划。不过我相信，活到一百零八岁，我没问题的。”果不其然！他豁达，二〇〇二年他的老伴张允和突然走了，他最初很伤感，俄顷释然，“我们结婚七十年，婚前交友八年，一共七十八年，我从来没有想到有一天两人中少一个人！她忽然离我而去，使我不知所措。后来我忽然想起，青年时候看到一位哲学家说：个种的死亡是动物进化的必要条件。我恍然大悟了，我已经九十八岁，活到一百岁也只有两年了，跟她同归灵山，为时不远，这是自然规律。这一想，我泰然了。”(2003.7.10致笔者函)允和走后，他把整理她的遗著《昆曲日记》当作最好的纪念。日记出版了，周有光又活了十年。他幽默，自嘲自己患有“多语症”。上世纪五十年代，全国政协请委员们看戏，周有光带只象牙望远镜看戏，不时把玩，逗得邻座眼馋，三番五次向他借。散场后，他问友人那邻座是谁，朋友说是溥仪。周有光不露声色地说：“早知道他是皇上，我就进贡给他了。”众人大笑，他却一本正经。文革中，闲得无聊，单位有人戏出上联：“伊凡彼得斯大林”，征集下联。周有光马上抢答：“秦皇汉武毛泽东”。殊不知那年月幽默要付代价的，他缘此被判为“现行反革命”，加之他有“前科”，是“洋翰林”、“反动学术权威”，数罪并罚，被发配到遥远的宁夏劳改，差点丢掉老命。在宁夏劳教时，他与教育家林汉达看守高粱地，无聊得很。林问：“未亡人、遗孀、寡妇，哪一种说法好?”周答：“大人物的寡妇叫遗孀，小人物的遗孀叫寡妇”。说完两人哈哈大笑……对多语的周有光，老友聂绀弩曾作打油诗赠之：“黄河之水天上倾，一口高悬四座惊。谁主谁客茶两碗，蔫头蔫脑话三千。”

粉碎“四人帮”后，周有光在他那逼仄的蜗居作《新陋室铭》自娱。诗云：

山不在高，只要有葱郁的树林，

水不在深，只要有洄游的鱼群。

这是陋室，只有我唯物主义快乐自寻。

房间阴暗，更显窗子明亮，

书桌不平，要怪我伏案太勤。

门槛破烂，偏多不速之客，

地板跳舞，欢迎老友来临。

卧室就是厨房，饮食方便，

书橱兼作菜橱，菜有书香……

历史的瞬间　刘香成　摄

二〇〇四年，周有光大病了一场，他以为大限已到，孰料又“活”了过来。我看望他时，他对我说：“佛家讲，和尚活到九十九岁时死去，叫圆寂，功德圆满了；而我的功德还不圆满，被阎王打发回来了。”

周有光的灵慧或曰慧黠，还表现在创新上。他百岁后的杂文立意新颖，观点独特，往往穿越时空。诸如《刺客列传和现代恐怖》、《苏联历史札记》、《后资本主义的曙光》等等。有对前苏联从崛起到解体的分析，有对东西方文明特征及其融合、冲突的解读，以及语言文字的形成和发展等，故有人誉他为“思想者”。二〇一一年，普奖得主华人摄影家刘香成邀周有光为其摄影集作序，周有光别出心裁，称刘是“摄影历史学家”，见证了“苏联最后一秒钟”——指拍摄到戈尔巴乔夫宣读苏联解体讲话稿时，最后一页稿纸坠落的瞬间。序文只二〇三个字，结句是：“戈尔巴乔夫宣布苏联终止的讲稿，将永远‘漂浮’在刘香成先生的摄影‘空间’，向全世界的观众，为苏联的反人类历史，作撕心裂肺的‘忏悔’！”

历史进退，匹夫有责。近年，国人振奋疾呼“爱国”，周有光又提出新观点，谓“爱国，要从爱人类的角度来爱”……周有光晚年的文字间透发出一个公众知识分子的人文情怀，由此而观，下联的“光国光宗光学坛”真是贴切不过了。

谨以此文恭贺周有光先生一〇八岁华诞。

冯其庸，清风拂面

冯其庸(1924～　)先生系无锡前洲人，是我所崇敬的前辈乡贤。我与先生的过从虽年久，然交少。在时断时续的二十多年的交往中，有两三件小事，难以忘怀。

上世纪八十年代，我供职的出版社草创，大多数编辑同人多从基层调来，尚没有自己的作者队伍。我们找来一本中国作协会员花名册，将在京的苏籍名人一一抄录并联系，我这个草根缘此结识先生。冯其庸先生桑梓情深，对故乡的出版业热情支持，我的信他几乎每信必复，每求必应。他在致我的第一封信写道：

昌华同志：

来信收到，寄来扬州评话《武松》及《东方纪事》均收到。谢谢。属撰散文，手头有《绿杨城郭忆扬州》一文，原拟由《散文世界》发，今已属其勿发，将复留存稿寄奉，请酌处。《东方纪事》办得甚好，祝愿她能茁壮成长，我近日即南行去温州，归拟返宁，如有时间当图晤面。匆匆不一一。

顺问

近好！

稿子请勿删改，谢谢。

冯其庸　四月二十六日(1988)

冯其庸

接读先生来信和赐稿，我兴奋得难以言表，更为先生的热情、诚挚而感动。他没有卖人情，说此稿是专为我们写的，坦诚相告此稿本为他刊而撰，今易主而已。那时出版业落后，铅排。我接稿后即编发下厂，正在一校时，忽又接先生来函：

"我于月初去温州前曾寄奉一稿，不知收到否？此稿原寄《散文世界》，因很久未得回信，连是否收到稿都未有信，值您索稿我即复印一份寄您，并通过李希凡同志属他们勿再发此稿（原稿是李希凡代为寄出的），不想忽接来信，说文章已发表，不日即将刊物寄来云云。这样，您处的稿就不能发了，只好请您撤下此稿，不知造成了您的困难没有？我定当于近期寄您一稿，以补前失，至请鉴谅。"

紧接着六月十日冯先生寄来了新作《大块假我以文章》，云"以补前失"。

此后，我俩的交往日渐多了起来，他途经南京曾多次约我晤叙。那时他居京华，寓张自忠路段祺瑞执政府旧址大院内，与我进京出差定点住宿单位中纪委招待所（今和敬府宾馆）一墙之隔，公干之余常到他府上请益，有幸目睹他挥毫泼墨的潇洒风采。情动之下，遂起"歹念"，回宁后斗胆写信试向先生求墨，不料先生雅兴大发，同时惠赐我一幅《秋风图》和一幅字。那字写的是李白的《黄鹤楼送孟浩然之广陵》，大概是想呼应他赐的《绿杨城郭忆扬州》一文吧。

一九九三年，我应某出版社之约选编《中国近现代名人手迹》一书，出版社希望请一大名人作序撑台面，我油然想到集诗文书画于一身的冯其庸先生，遂函请。先生一口承应，在审读了我的选目后寄来了长篇"序言"。数日后，又追一函，对我此前提供的选目提出中肯的意见和建议，信云：

"上次的名单粗粗看了一下，未及细核。去年中华书局出版《中华书局收藏现代名人书信迹（集）》一书，所收极广（楚图南即收），一可补您漏收，二可解决墨迹问题，望速找来一看，又所收清代名人里，记得有李莲英，我查《清代七百名人传》里也未收此人，我意还是不收为好。此《七百名人传》也可作为您的参考。如方便，分类以后的名单，希仍寄我一看，也许还可有一得之愚。'中华'书务必找来一看。

又，先师王蘧常先生的墨迹，我处有极精品。可供选用。"

是时先生正患小恙，仍抱病作序，而且指出入选篇目欠妥部分，以及必看的参考书都一一罗列周详，他的博学、他的谨严、他的谦逊，以及对晚学的关爱，让我感受了前辈学人的人格魅力。然而，天不作美，因那家出版社社长易人，接手者考虑此书可能赔本，迟迟没有进展，最终一命呜呼。我将此事电话告先生，他说，“出版社有虑也可理解”，先生一笑了之。新千年，大概是在他楼兰之行后，某次他途经南京，又邀我去饭店晤叙。我觍颜应召，一见面，我便就“手迹”未能出版的事表示歉意。他见我尴尬的样子，摇摇手，宽慰我：“正常，正常。不谈这个。”告辞时，我已出门，他忽然追了出来叫我：“回来！回来！”我忙折回头，他将一只大信封递给我：“一幅小画，留作纪念。”那一刻，我真不知道说什么才好，只有鞠躬致意。先生斋名“宽堂”，是堂之宽敞？非也。襟抱之广，有容乃大也。欠冯先生的这笔人情债，一直压在我心头十多年，还有费尽心机求得赵朴初、朱屺瞻二老的题签呢。很觉得无颜面对江东父老。后来先生迁居通县，知他勤于学术研究，我再也不好意思烦先生了。关系渐疏渐远，一晃就是十多年。

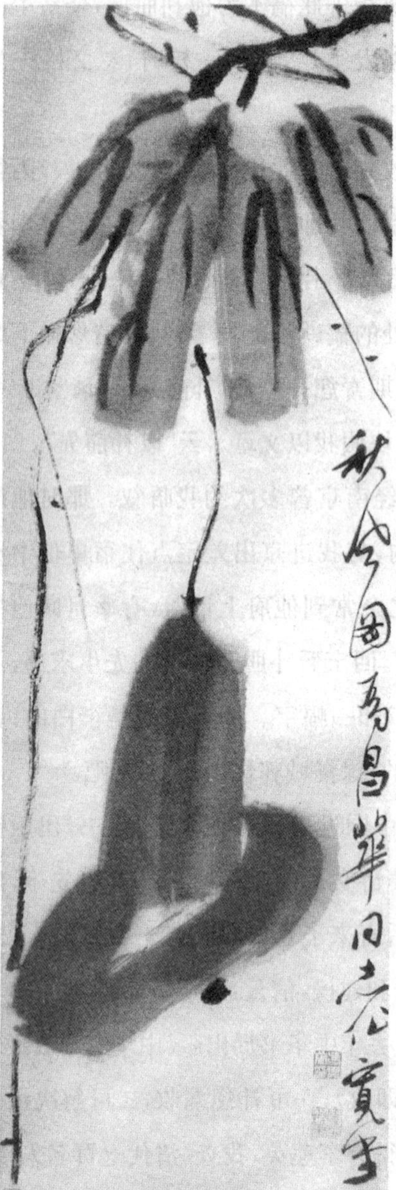

冯其庸画作

我退休九年后，应友人之邀，帮忙操持一文化刊物《百家湖》，某日忽发奇想，试着重拾那段与冯其庸先生的旧谊，先寄杂志投石问路，一年后才给他写信。这时先生年已九十，仍热情回应。但听电话、写信均已不便，多由其夫人夏师母转达。我向先生请安并询近况，两个来回后，试请先生赐文稿和画作。师母说，老先生体弱、事多，已写不动了；但邮来了画册供选用。去岁末与夏师母言谈中，师母说冯先生老家无锡办了个“冯其庸艺术馆”，先生有篇名为《我的根在前洲》的即兴讲话发在《中国文化报》上，建议我有兴趣看看。我忙找来报纸拜读，先生对故土的眷念热爱，对故乡前贤的揄扬尊崇，对晚辈的殷切期望，尽显其中。我一时兴起就擅作主张，对该文中的一些时效性极强的句子做了一点小处理，将原题易为先生文中的诗句《坐对青山忆旧人》，凡原稿更动处用红字标出，另打印一份更动后的文本一并奉先生，恳请他同意发表，以光增《百家湖》篇幅。冯先生接到后甚觉不安，立即让夏师母来电话表示感谢，说让我费了那么大劲梳理讲话稿；继而又说先生觉得如再发表“不大合适”。我问为什么。师母说：“老先生觉得不管怎么说仍是旧稿，有一稿两投之嫌。”我解释说现在的出版法不存在“两投”一说，而且我们是内刊，读者层也不同……请师母斡旋，希先生俯允。一会儿，夏师母回话，“老先生老派作风，喜自律，总觉得一文两用不大好，不过画作尽管用。”这番话令我想起二十五年前先生处理那篇《绿杨城廓忆扬州》的认真劲来，我只能以恭敬不如从命而作罢了。

冯先生的坚辞，像一座大山一样巍立在他我之间。我明白了那是学人的尊严。感谢冯其庸先生古风之淳朴，为人之厚道，为后生传承了学人的风范。

女儿眼中的梁实秋

梁文茜(1927～　)是梁实秋的长女,迄今生活在大陆的唯一一个梁实秋的子女。一九八七年梁实秋遽然在台去世,梁文茜急欲赴台奔丧,台湾当局不予放行,成为当时社会一大新闻。我那时始知梁文茜其事,结识其人是最近的事。我想为梁实秋先生编一本"别样"的散文集,为版权事宜专程进京叩访了梁文茜女士。

梁文茜女士原是北京市政府参事室参事,业律师,曾任北京四海律师事务所主任。现已届八十高龄,在北京寓所安度晚年。她虽年事已高,但思维敏捷,记忆力特强。在我们谈完书稿事宜后,话题油然转到梁实秋先生的为人与趣事上。

我请梁文茜谈谈她对乃父的印象。文茜说:我父亲首先是一个教授,编了八万多条词汇的英汉字典,作为学习工具。无论他早年在大陆,还是后来在台湾,他终身从教,是个地地道道的教书匠,他桃李满天下;其次他是个文艺批评家、散文家和翻译家。谈到译事,梁文茜颇自豪地说:父亲除教书外把毕生精力投到翻译《莎士比亚戏剧全集》上,煌煌四十一卷。一个翻译家以他的"一支笔"用四十年的时间译完莎氏的四十一本书,这在世界上是仅

梁文茜　张昌华　摄

有的。

我问为什么梁先生不找人合译呢？

梁文茜说，上世纪三十年代父亲在青岛大学教书时，胡适提议，请闻一多、梁实秋等四人合译莎剧。因各有各的原因，其他三位没有动笔，只有我父亲一人动真的，译了起来。他越译越觉得莎士比亚的伟大，兴趣大增。尽管他人退场，翻译的难度很大，他还是坚持下来了。父亲勤奋又敬业。他患有严重的痔疮，发作时叫人坐卧不安。可他一伏案工作就把这一切都忘了。一次他的痔疮复发出血，血水透过裤子洇到坐椅上，他一点也不知道，还是母亲（程季淑）发现了，为他缝了只棉垫，让他坐着舒服些。到台湾后，他仍继续莎剧的翻译工作，直到他七十岁时才将莎剧全部译完。

重庆北碚梁实秋故居——雅舍　倪培翔　摄

梁文茜在谈到父亲的成就时，多次提及她的母亲。她说家务杂事，子女教育全由母亲一人包揽，父亲是既不动嘴，更不动手的。她认为父亲的功劳有一半应记在母亲的账上。母亲去世后，父亲写悼文《槐园忆梦》时，在书桌上自悬一条警句："加紧写作，以慰亡妻在天之灵。"他是泪水和着墨水写的。

当话题转到梁实秋的为人时，梁文茜说：我父亲的敦厚、谦和是有名的。他说话幽默，心地善良，与人的关系融洽。特别是对家中的佣人们，他从不以主人的身份摆架子，而是把他们当成与自己一样的人，地位平等。

梁文茜举了两个例子：家里曾有位老佣人，叫梁大妈。在我们家里一做做了二三十年，照顾过我（梁文茜）们母女两代人。梁大妈的儿子要结婚没有房子，家中的房子本不多，我父亲硬是挤出一间给梁大妈的儿子结婚，还送新娘子一件首饰。八十年代，我父亲写信回来时还常托我问候北京的梁大妈。一次还寄了五十美金，嘱我买盒点心送给梁大妈。我自己买了一盒，另外把父亲寄来的五十美金送给梁大妈，说是千里鹅毛。老梁大妈感动得不得了，直说"梁先生真好！"

梁文茜又说：三十年代我们住在青岛，租房。别人家的房租都是一月一月的交，我父亲总是喜欢把一年的一下交清。一次，只租用了半年，我们就要搬家了。房东主动提出退还半年租金。父亲拒收，推拉多次。父亲为宽慰房东最后说，这是我违约，提前搬走，责任在我，就算违约金吧。房东这才没坚持。房东也很仁义，我们走时，他送给我们家许多礼物。

我问梁实秋先生有什么嗜好。

梁文茜笑了笑说：一是好吃。我们家好吃有传统。我爷爷（梁咸熙，清末秀才）是有名的美食家。自号饱蠹楼主。父亲好吃有胜于祖父，他当年曾是北京厚德福饭庄的股东之一。他的一百多篇谈吃的散文，都是"吃"出来的，像他写的那篇《铁烙蛋》就是当年厚德福饭庄的招牌菜。再一个嗜好是下棋。梁文茜指着身旁的围棋对我说："我们全家都会下。下围棋传代传到我孙女王雨菽，她曾是全国少年组冠军呢。"梁文茜又说，当年在重庆，父亲常与我弟弟文骐下围棋，文骐喜欢悔子，父亲很恼火。两人常为此红脸。谁也不认输账。当年在重庆雅舍旧居里，父亲书房有一张写字台，还放一张围棋桌。父亲把下棋当作一种高雅的休闲。

我说梁实秋先生自离开大陆三十多年来未能到北京看看，实在遗憾。梁文茜认真地说，我父亲是爱国的。抗战时，他是国民参议员，不怕危险，到抗日前线视察，鼓励将士抗战。后来到了美国，有人要他入美籍，他始终不愿，只拿个绿卡。说到这儿，梁文茜拿出那张摄有雅舍围棋桌照片对我说：当年父亲听到闻一多先生被暗杀的消息时，他正在与朋友下围棋，一时激动，拳击棋盘，一只棋子掉到破地板缝里，再也没有抠出来。一九八一年夏天妹妹文蔷回北京探亲，我特地陪她到当年内务部街旧居去看看，好向父亲做个详尽的汇报。我发现父亲卧房后一棵枣树上结满大青枣。我摘了一小枝枣树叶，上面有颗青枣，妹妹文蔷把它带回台湾，作为送给父亲的礼物。父亲看了老泪纵横，把那颗青枣用酒精泡在一只玻璃瓶里，当作标本放在客厅的桌子上，不时看看。谁知没过几天，那颗泡在酒精里的枣子居然变红了，像颗大红玛瑙。谁说草木无情？大家都说这是“青枣传情”。

最后，梁文茜动情地说：我父亲去世很突然，但他早有遗嘱，他的遗嘱希望入殓时不穿西装，穿长袍马褂，戴中式帽子。坟地要选在高山坡上，好让他眺望故土。家人都照办了。方便的时候，我希望能移灵北京。叶落归根，完成他的心愿。

请余光中签名

半为实用,半为风雅。我家有一只多层的大书橱,最上一层贴有“恕不外借”的小纸条,有点藏私的味道。惟于负暄品茗自我欣赏旧物时,或与藏书同道“比阔斗富”的当口,始启橱展读,大有沐香之诚。其实,那也不是什么历久弥香的稀世珍籍,徒一摞作家本人签名本而已。不过,清一色的倒是我为列位作家所编辑的书。上有著者题写一两句铭感、鸣谢之类的客气话。有诸多的文学前贤,还有几位百龄人瑞。如今物是人非,有不少前辈已作天国之旅,每读遗泽历现斯人斯景,百感系之,故自恃为重耳。

辛巳重阳时分,幸获“茱萸的孩子”余光中(1928～　)先生的签字本,非属

余光中　张昌华　摄

上类，但我之宝爱绝不在前述之下。一是余光中先生诗文名重天下，得之不易；二因先生偏寓海峡那边，可遇不可求；更重要的是先生的题辞叫人一唱三叹。

菊秋，余先生应邀回桑梓采风，在凤凰台“开有益斋”举办的小型座谈会上我慕名识荆。我请先生在他的一套三卷本的自选集上题墨，为便于先生签名，我把一叶标明“文学编辑”的名片与书一同置于先生案首，侍身侧立。先生信手翻开文论集《连环妙计》，大概见我的名字，与他的名字有“连环”之妙，不事犹豫便写到“二名对仗，不可沦为虚名。”我生本愚钝，一时没有读懂。先生写完看看我，见我有点窘态，用手指指他与我的名字。我茅塞顿开。原来两人的名字中恰有“中华”两个字，而名字中间的“光”和“昌”均可作动词解。余先生自谦，将己身与我一介芸芸小人物并提，令我受宠莫名有无地自容的尴尬，只好红着脸一个劲地说：“惭愧！惭愧！”细细咀嚼，先生于平和谦逊之中，更多的是出于对我的勖勉与策励，不要枉做一个龙的传人吧。第二本是散文小品《满亭星月》，他信手即题“请上吾亭”，是希望我读他“亭”上的灿星明月。先生随语成韵，随韵成趣，趣藏大义，怎不令人拍案叫绝。在签诗歌集《与海为邻》时，他写的是“海可为邻，亦可为师”。这马上令人想到：海内存知己、四海之内皆兄弟和海本龙故乡之类的名言；海是人类的摇篮，海的博大与精深，海的包孕与净化万物之美，当然“亦足为师”了……海的天空太广阔了，一任仁者、智者们的思想，由此在海上翔舞。

“晴空一鹤排云上，便引诗情到碧霄。”

余光中先生的题辞，都在一两分钟一挥而就，先生的人品与文品、睿智和才华毕现并凝铸其间！

我的朋友陈小滢

这个标题有点“我的朋友胡适之”之嫌，好在陈小滢只是胡适之的朋友陈西滢（陈源）的女儿，并非大名人；小滢亦觉此称亲切自然，我也心安了。

我与小滢相识已近二十年了，最初是萧乾和舒乙先生介绍的；而我后来结识的苏雪林、袁昌英之女杨静远、赵元任之女赵新娜、梅贻琦之女梅祖彤，以及夏志清都是小滢牵线搭桥的。

从一九九五年清明，小滢、秦乃瑞（John chinnery 1924～2010）夫妇回无锡为其父母扫墓，约我前往晤聚，至今我们音问从未间断，仅文字信函有六七十通之多。她留给我的第一印象是热情、率真和厚道，有其父侠义之风。其母凌叔

陈小滢、秦乃瑞伉俪与作者　斯人　摄

华与袁昌英、苏雪林，当年有“珞珈三女杰”之誉。小滢与苏雪林有长时间交往，我早想挖掘这一出版富矿。记得苏州南园饭店那次，她与乃瑞先生请我吃饭，席间我说我想为苏雪林出本书。她马上说“那太好了”。我请她提供苏先生的一些情况，她滔滔不绝向我讲述苏先生抗战捐金以及与她母亲凌叔华和杨静远友谊的往事，饭后还示我他离英前刚收到苏雪林的七页长函，殊不知那信中还有苏先生对其母凌叔华的误解甚而批评，她也不忌讳。回英后，小滢居然将那信影印和她与苏雪林在英国剑桥大学合影的老照片寄我。

十多年来，我为陈西滢、凌叔华编选或组织出版的小说、散文有五种。做为作者（家属）与出版者在文稿处理上的矛盾是难免的。在最初编选陈、凌散文合集时，出版社拟定书名为《爱山庐梦影》。小滢认为不妥，直言相告：“这确是我母亲的一本散文集名，但这本书是在新加坡写的，而我父亲只去过新加坡一次……因此书名与我父亲毫无关系……总之，我希望你们把书名换掉，因为我父亲的文章并不比我母亲差，更况当年是我父亲在北大任教时，我母亲还是燕大的学生，去追我父亲的。我万不情愿我父亲是‘夫为妻贵’，我父亲之名誉决不是靠我母亲‘吹’出来的。如用，《爱山庐梦影》我绝不答应！”（1995.8.22 致笔者函）。鉴于小滢说得有道理，后来我采用她的建议，以陈、凌居武汉大学珞珈寓所的“双佳楼”为卖点，书名易为《双佳楼梦影》。由此事，我隐约察觉父母在小滢内心天平的不同分量。后来我写《闲话西滢》一文，小滢给我极大的支持，提供许多港台报刊上相关文字，甚而把夏志清写给她的关于谈其母当年那段不堪回首情感往事的信，也复印供我参考，其率直与真诚令我感动。当我在文中引用台湾记者郑丽园对凌叔华访谈中的一些对话时，小滢颇不以为然。她认为母亲与记者的谈话，有些是值得商磋的。对《古韵》一书有些人认为是凌叔华的“自传”，小滢绝不认同。她对我说：“其实《古韵》不是自传，而是自传体小说，比如书中的‘她’（指作者，笔者）说她是最小的孩子，但我十四姨（凌淑浩，笔者）还健在，现居美国旧金山，是同父同母的亲妹妹。”……小滢对我的答疑帮我解决了不少疑难，也纠正了学界一些以讹传讹的“传说”。我写的《闲话西滢》刊出后，小滢十分高兴，来信鸣谢，说她父亲在九泉之下如有知，应该是高兴的。

小滢是位十分通达的女性。她尊重历史，但绝不容人歪曲历史。旅英作家虹影的小说《k》在台湾出版，该书影射凌叔华与朱利安的婚外情，某些情节描写“黄得不能再黄”，“整本书卑鄙下流得要命”。小滢对我说：“凌叔华与朱利安有短暂的婚外情，但两人通讯甚为纯洁，并无淫词浪语。”此书在大陆亦有多家报刊转载，在瑞典、荷兰和法国以不同的语言出版。更有借此炒作者，影响十分恶劣。远在伦敦的小滢，托友人寄我一册台版《k》，让我评判并谋求对策。之后，在忍无可忍的情况下，陈小滢拍案而起，以损害父母名誉为由，将虹影和相关报刊告上法庭，耗费大量的精力和不菲的金钱，最终胜诉，维护了其父母正当的权益。

小滢在与我谈到她父亲时，总很动情，在多封信中有过详尽细致的叙述：“我的父亲在十五岁就到英国读书，我的感受是，我父亲在青少年时代就受到西方文化的影响，但还保留了中国传统的‘仁、爱、礼、信、义’的美德”、“我父亲是一位慈父，又是严父”，他在信中常说“他常常得罪人，而自己不知道，也劝我做事说话不要不经过大脑”，还告诫小滢说他每每逢到大事，优柔寡断，希望我不要像他那样。小滢还告诉我，父亲留给她的珍贵遗物是一尊伏尔泰的雕塑头像，说她父亲十分推崇伏尔泰的一句名言：“我虽然和你意见不同，但我宁可牺牲我的生命，也要维护你发言的权利。”(大意)。我们在论及他父亲与鲁迅的关系时，小滢说：“当年台湾出版社要重版我父亲的《西滢闲话》时，梁实秋先生向我父亲建议，把他和鲁迅及周作人的辩论文章放入再版，我父亲坚决不同意这件事，因为他认为周氏兄弟已经去世了，何必再把当时和他们的争论再提起呢。说来也有趣，虽然鲁迅当年把我父亲骂得狗血喷头，可是我父亲在写评论时，却把鲁迅的《阿Q正传》列为是中国十大不朽的名著之一，这就是我父亲的宽宏大量而客观的地方。”小滢认为：“父亲是位很有骨气且又很讲义气的人。”(2009.9.19致笔者函)我问她你的名字有时写成“莹”有时写成“滢”，究竟有何讲究呢？小滢说：“我上小学时，父亲给我取名小滢，我小时候较任性，认为自己的名字干吗要和父亲的一样，自作主张去掉三点水，改成‘莹’，后来长大了，挺崇拜父亲的，又把三点水加上了。”说到这儿她自己也笑了。我社出版的《西滢闲话》，我请她写了篇“后记”。说来也巧，由于年轻的责编粗疏，成书时“后记”竟忘了署陈小滢的名字，变成一段莫名其妙的文字。我代责编向她致歉，小滢听后并没有多责怪，只淡淡地说：“再版时别忘记补上去就是了。”真像其父一样宽容。

令我特别高兴的是，小滢拿我一点也不见外。一九九六年，她还委托我当她定居美国时年九十五岁叔叔陈洪（次仲）先生的“陪聊”。她来信说，她叔叔九十多岁了，喜欢文学，儿孙们都是学工的，交流少。他很孤独、无聊，希望我常寄点文艺书给他，与他通信，陪他聊天，排遣他的寂寞。这个差事我干了一年多，直至陈洪先生去世。

陈小滢与丈夫秦乃瑞都是热衷中英文化交流的名士。乃瑞先生是著名的汉学家，研究鲁迅和戏剧，英爱丁堡大学中文系主任，生前曾任苏格兰中国友好协会主席和会长多年。小滢早年在英国 BBC 工作多年，上世纪八十年代初曾在北大教过英语，亦在英文版的《中国日报》工作过。他们给独子（Colin chinnery）取名秦思源，饮水思源，不忘中华，也有纪念他的外祖父陈源之意。思源伦敦大学毕业后，在大英图书馆研究敦煌，继而任英驻华使馆教育艺术项目总监，近年任尤伦斯当代艺术中心（UCCA）副馆长兼首席策展人等。业界称

陈小滢与儿子思源（右二）、儿媳梁伟作客南京　蔡晓妮　摄

他:“他比中国人更了解世界,比外国人深谙中国文化,是个终日为艺术奔走的人。”他娶了位中国画家做妻子,现长居北京,云游世界。

小滢自乃瑞先生逝世后,移居京华,与儿子思源、梁伟一家共同生活,安度晚年。去年出版了回忆录《乐山纪念册》(商务印书馆),还向正在筹建的陈源、凌叔华纪念馆捐赠了一批文物。

速写石楠

扫视当代中国名人传记的天宇，无论从作品的质量、数量还是从影响来说，叶永烈是当之无愧的一颗明星；能与其比肩者大概就数石楠了。真是阴阳巧合，一男一女平分秋色。所不同的是叶氏出生在上海，毕业于“北大”，出道早。作品的传主是与共和国的命运息息相关的“领”们、“袖”们，多为雄性世界的“伟人”们。石楠呢，安徽大别山里的初中生，四十五岁才发表成名作，写的多为“三寸金莲”的女性，裙钗荆衣的弱女子们，十九都是被侮辱、被损害、被误读、被珠埋的女性。石楠曾戏对一位书法家好友说，她的墓志请他写：“这里埋着一位为入地狱者立传的人。”

一九八二年，石楠（1938～　）以她的处女作《画魂——潘玉良传》，一举暴名天下。《画魂》迄今已有多家出版社出了十三种版本，且被介绍到海外；曾被五个剧种移植上舞台，由数十家电台联播，特别是电影《画魂》问世后，潘玉良一时成为家喻户晓的闻人。石楠继而又出版了：柳如是、陈圆圆、舒绣文、梁谷音、苏雪林、刘苇、杨光素、谢冰莹等十五部名人传记、小说。授人玫瑰，手有余香。石楠也成为名人：时下她是中国作协名誉委员、安徽省作协名誉副主席、省政协七、八、九三届常务委员。而世人鲜知，在卸去这些光环之后，石楠本人也是一位地道的“苦难者”。

石楠，皖人。一九三八年出生在太湖笔架山山麓一个小山村。她是行五的假老大。那时，日本帝国主义的铁蹄蹂躏着中国，为避战火，石楠母亲怀着她颠沛流离。她是父母的第五个女儿，说起来令人心碎，因家贫如洗，加之族人的封建思想，石楠前头的四个姐姐都送给了人家。父亲伺准邻村右舍谁家没有孩

石 楠

子，夜间悄悄将女婴放在那人家门口，为引起主家注意，躲到屋角，点燃一挂鞭炮，引起村犬汪汪、婴儿啼哭，不至于冻馁无辜的小生命。作孽的是，被送出去的四个姐姐，日后有两个被活活饿死。石楠生不逢时，她的第一声啼哭，竟伴着日人的枪声。逃难途中家人见又是一个女孩，仍准备送人。母亲跪倒在祖父膝下求饶："饶了这条苦命吧。"祖母也帮着说情："就让伢留下吧，也许能带来个弟弟。"祖父、父亲心软了，石楠被留下了，祖父给起了个谱名：石纯男。小名男伢。上天怜悯，石楠终于带来了个弟弟。

令石楠想不到的是穷得"风扫地，月点灯"的她，一夜间竟成了地主的女儿！

命运的造化、传奇，让人哭笑不得。石楠祖上世代目不识丁。祖父是个铁匠，父亲是个脸朝黄土背朝天的农民。一九四七年家乡解放前夕，因兵荒马乱，财大气粗的地主们纷纷贱卖土地携款逃亡，"想田都想黄了脸"的祖父，见到几乎等于半卖半送的便宜田，用他那"打一锤，哼一声"赚来的那点钱，一下买了三十亩地。可怜的祖父自觉拣了便宜，竟在过度兴奋中得脑溢血猝死。"人家牵牛他拔桩"的祖父，给父亲留下的是他用血汗和命换来的一顶地主帽子，石楠也"名正言顺"地成为地主的女儿。沉重的"异类"的十字架，逼着石楠大半辈子夹着尾巴做人。屋漏偏逢连夜雨，母亲又接二连三地给她带来了七个弟妹，一张张小嘴等着饭吃，一个个弟妹要人带，哪儿有钱供她上学？

石楠，这颗天生读书的种子，偏偏被命运抛撒在五谷不生的荒漠、杂草难长的巉岩隙缝。石楠，这棵石头夹缝中冒出的小草，顶着毒阳，披风沥雨，倔强地向命运抗争。

每当看到同龄小伙伴背着书包上学堂的时候，石楠的心痒得像猫抓，她只能无奈地躲在墙角抹眼泪。手中是父亲塞给她的长长的放牛绳和亮亮的砍柴刀。每天放完牛回来，不是带弟妹、喂猪，就是上山砍柴。十岁那年，石楠发现邻村的田畈里有座简陋的小学，她每天早早地上山，早早地下山，为的是不让父母和学校的人发现，她悄悄地把柴捆藏在河边，然后偷偷地跑到小学校的窗边去偷听一堂课。一段时日后，她的“旁听”终于被父亲发现，劈头就给她一巴掌。当父亲抡手要再打的时候，被学校的工友拦住。自愧的父亲痛苦地说：“你还想吃天鹅肉？你念书，家里的事哪个做？你弟弟妹妹那个带？”骂完后沮丧又愤懑地说：“女孩念书有屁用，死回家去！”

石楠“旁听生”的资格就这样被父亲取消了。

石楠像爷爷渴望土地那样渴望读书，“脸都想黄了”。直到十三岁那年，她才进了村里办的扫盲学校，识了几百个字。

命运终于有了转机。小学校的老师被石楠的好学而感动，便三次到石家，动员父亲让她上学。母亲在一旁说情。父亲总算勉强同意了，但说没钱交学

刘海粟与石楠(1994)

费。来动员的老师当即表示“减免”。几个好心的老师还凑钱给石楠买了一床苏联大花布被套(山区小学五年级开始住校),就这样,十七岁的大姑娘石楠,第一次正式走进校门,成了五年级的插班生。人家还以为她是新来的老师呢。

石楠珍惜这个来之不易的读书机会,她知道勤能补拙的道理。熄灯后同学们都入睡了,她躲到女厕,借路灯看书。冬天没有棉衣裤,只有一件花夹袄,两腿冻得直打哆嗦,她仍立在路灯下坚持着……

石楠假期里回到家,帮家里做事,格外卖力,希望得到父母的欢心。但她做事时总不忘读书,帮母亲烧锅做饭,还手捧着书,以至燃烧的柴火掉下也不知,差点酿成火灾;母亲要她带妹妹,她看书看入了神,妹妹乱跑,差点掉进天井里,幸亏家里养的小狗帮了忙,妹妹才获救;帮父亲放牛时,她从老师处借来《水浒》看得入了魔,牛跑到别人家田里吃稻子,她浑然不觉,免不了又遭父亲一顿责骂。

一九五五年夏,石楠以全区第一名、全县第二名的优异成绩,考取了太湖中学。任教的班主任是一位新来的大学刚毕业的青年,正直、敢言、善良,他见石楠学习刻苦,是可造之才,在评定助学金时,多次仗义执言,帮她这个“地主的女儿”说话,争取到每月三元钱助学金。出入无完裙的石楠,终于结结巴巴地读完了初中。令石楠感愧终生的是,在一九五七年“反右”中,那位帮她说话的老师被打成“右派”。学校不能再给她助学金了。加之初中毕业时她父亲患肺结核(50岁时病逝),母亲双目失明,家中一溜串弟妹生活的重担便落在石楠的肩上。她无奈地中止了学业。那位因她遭难的老师,仍热情地鼓励她:“不能升学,就坚持自学,条条大路通罗马。”老师的一番话,点亮了石楠心头那盏求知的灯。

石楠到安庆一家小厂当了学徒,每月十二元生活费,雷打不动地寄五元贴补家用。五分钱的萝卜角当菜,要吃一个礼拜……在安庆的第一个春节,为多省点钱寄回去,春节也舍不得回家。年除夕晚她去食堂打饭,才发现食堂落了锁,手中的粮票全买了饭票,她只能手捧空碗怅然而归,泪水涟涟的她,饿着肚子捧着《约翰·克利斯朵夫》过年。她懂得,能忍人所不能忍,才能为人所不能为。艰苦的生活,并没有泯灭她的求知欲。石楠阅读一切能借到手的书。安庆图书馆是她常常眷顾的地方。她作读书笔记的小本子,足足一麻布口袋!后来她上函授，读夜大，任何一种学习的机会，一个也不放过。

石楠先后在三家作坊式的小工厂工作，一呆就是二十年！韶华逝去，她由少女变为母亲，而地主女儿的帽子一年四季牢牢地戴着。在那唯成分论的年代，她饱受了冷漠和歧视，每遇运动一来，如履薄冰，惶惶不可终日……祸兮福所依，她把压力变成了动力，把全副精力都用在读书上，在书里寻找自己的快乐。她成了县里有名的“书虫”。乡下人说，驴粪蛋还有发烧的日子，石楠希望自己这颗不合时宜的读书种子，在读了一堆又一堆书后，能够有发芽的一天。

俗言云：“自古英雄多磨难。”

一九七六年，石楠患了场大病，做了次大手术，差点丢掉小命。所幸的是孱弱的病体倒成全了她，成了她调动工作的资本。经历数番“求爷爷”、“拜奶奶”之后，加之好人的襄助，石楠于一九七八年调入安庆市图书馆当图书管理员。石楠晚年不胜感慨地说：“这一调动，改变了我命运的轨迹，使我有机缘登上了文学的殿堂。”她说安庆图书馆是她的“文学之母”，是她追求文学梦的“桨和帆”。

“四人帮”倒台后，石楠在图书馆如鱼得水，对她洞开的不仅是中华民族的灿烂的典籍，还有通向中外古今世界的文学名著。她在做好本职工作之余，以沐手焚香之诚博览群书。她说在书海游弋求知，就像海水煮盐，知识如积淀在锅底的盐层，日积月累渐积渐多起来。知识之舟，载运她看到天宇星汉。她自知文化底子薄，不怕人讥笑，把阅读中的疑难记在小本子上，逢人求教。石楠在广泛阅读时，发现一个奇异的现象，本对人类做出巨大贡献的女性，在历史的星空中是那样的稀疏黯淡，或被扭曲，或被掩埋。她认为这是历史的不公，遂萌生为苦难的女性立传的念想。石楠很有人缘，她的谦虚和善良使她结交了不少饱学之士。她至今仍感谢一位叫李帆群的老读者，为她指点迷津，“要写就写潘玉良”；并热情地带她去拜访潘玉良在皖的遗迹和相关的知情人。通过史料、画册的阅读和对现实的调查，潘玉良的形象轮廓清晰了，一个生活在社会最底层的女性，受命运的机缘巧合，通过自己不懈的抗争与努力，最后升华到大学教授，立足世界艺术之都，成为巴黎的名画家。潘玉良对命运的抗争精神对世人多有启迪，石楠觉得她是个值得一写的女性。但要能写好又谈何容易，潘玉良生活的年代及异域的文化背景以及历史的、文学的、艺术的、民俗的种种知识，对石楠来说都力所难及。石楠无条件做远足采访，她只能沿着潘玉良的人生足迹到书海中去求索：研读史志、翻检游记，了解民俗，从国内到海外。巴黎的艺术，里昂的丝织业，罗马的颓垣残柱……现存史料中的每一笔，她都要到书海中求得脚注，以“还原”历史。须知那时石楠已四十有三，为人妇、为人母了。她已是三个孩子的母亲，不仅要躬操五口之家生活的坛坛罐罐，更痛苦的是她眼睛发生了陈旧性病变，不能正常地阅读、写字。有时眼睛痉挛无法控制，她只能做做按摩后再继续工作。而所有的一切，又只能在工作之余和晚上进行。夜间在灯下坐到十一二点，直熬到眼睛睁不开，什么都看不见为止，而每日四点强迫自己起床笔耕……石楠就是在常人难以承受的困境下，日以继夜，焚膏继晷，惨淡经营了三年。睁眼是潘玉良，闭眼也是潘玉良。吃饭、走路、说话都是潘玉良。潘玉良的画魂，激励着石楠的笔魂。石楠的笔魂，终于传神地描摹出潘玉良的画魂。石楠终于大器晚成了！

一九八二年，是石楠终生难忘的一年。双喜临门。她的处女作《画魂》与她的外孙陈章同年问世。当年的石纯男毅然在文稿上署名石楠。楠，良木也，与男同音，不仅富有须眉气，还有一种雅韵。有趣的是女儿程竹，为自己的儿子取名为“章”，纪念母亲的文学生涯。

石楠晚年在追述自己创作生涯时自谦地说：“《画魂——潘玉良传》中歌唱的主旋律，尽管我的歌喉不够柔美，有些沙哑，缺乏艺术魅力，但这支主题歌却得到广大读者的应和，形成了股股潘玉良热。”最令她感奋的是，《画魂》出版后她收到读者来信达三千封之多，整整一麻袋。有的读者为她这位苦难的女人，为另一位伟大的苦难的女人立传而感动，给她汇款做“慰问费”，甚有千里迢迢到安庆造访者。石楠认为在《画魂》所获的奖项中，读者对她的理解是最令她动容的奖赏。

《画魂》的创作充满艰辛，《画魂》的出版、播映前后同样充满苦难。上世纪八十年代初，虽然已改革开放了，但开的门仅是一条缝而已，更不说权势者后面隐匿的复杂的人际关系。

《画魂》书稿在人民文学出版社送审时，有关部门负责人对该书稿作了两次批示。石楠遵命做了修改。改毕再送审时，半路上又杀出个程咬金，企图封杀。《画魂》的命运多舛，书稿清样已出，纸型打好，《文汇报》已经发表了石楠写的《画魂》后记，由于半个世纪的画界系派之争，使《画魂》的出版遭遇尴尬境地。有人以电话采访形式写“内参”，大肆攻击说，“潘玉良没有回国就是不爱国”，说歌颂潘玉良就会让人家笑话中国画坛无人……上边电话也来了：“出书暂停。”当时出版社已收到二十五万份订单，周达宝奔走呼号，找上面的上面的领导沟通，据理力争，最终在出版社的多方努力下，《画魂》得以问世，得到社会各界广泛的关注和好评。继而，石楠的创作一发而不可收，她用勤奋的汗水，催开了一支支被珠埋的苦难女性之花。

从某种角度说，作家要得到社会的认可，本身做人比作文更难更重要。石楠是位传统又豁达，智慧又善良的女性。人生是一部书，婚姻和家庭是书中的核心篇章。石楠在她自已“婚恋”一章中，有失败的痛苦，有成功的欢乐，更多的则是一个大写的爱和母性的伟大。

石楠有过两次婚史。第一次是二十二岁那年，她说：“那次婚姻就像夏日的一场阵雨，来去匆匆。”前后只有两年。留给她的除了初尝人生的苦涩、享受人生的体验外，还有一个刚刚出生的儿子。

人说婚姻是缘，不无道理。姑娘时代的石楠，从本埠报纸获悉一则新闻：有位画家当他发现妻子移情别恋后，他不能容忍妻子的背叛，决定协议离婚；但他很大度，家里的物件任妻子挑，他只要了一双儿女。他认为妻子还年轻，不会带孩子，而她以后还要成家，孩子对她是个累赘。石楠觉得此人“才是真正男子汉大丈夫”，“像他这样的男人，值得信赖。”

戏剧性的是，石楠离异五年后，文友们给她介绍的对象，正是那位画家。（市话剧团的舞美设计师）他叫程必。两人接触一段时日后，石楠为他纯朴、善良所感，毫不犹豫地决定嫁给他。

石楠这一想法，在朋友中掀起波澜，纷纷前来劝阻。理由很简单，程必大她八岁，不是问题，程必穷，也不是障碍，关键是“后妈难当”，而且对方是一儿一女。而石楠自己还有一个儿子(暂寄居他处)。朋友们戏说:“这种联合国式的家庭,要派多少维和部队怕也‘和’不了。”石楠感谢朋友们的善意,但她是一位外弱内刚有主见的女性。她坚信“爱能征服一切”,“只要我真心爱他们,我会得到回报的”。日后的事实证明了她的预见。

说起结婚那天,那真是小说中才有的故事。

石楠与前夫离异后,一直住厂里的集体宿舍。过门的那天,新郎程必与八岁的女儿两人拖着一辆平板车到新娘的家(集体宿舍)来迎娶。一床被子,一只枕头和一包袱皮衣服,仅占板车的一小角,而满满一车的都是石楠看过、收藏的旧报刊。简直像孔夫子搬家。这就是石楠全部陪嫁,知识陪嫁。没有鞭炮,没有仪仗,没有亲友的祝福。程必在前面拉,石楠与女儿在后面推。三脚两步就到了,就像屁股挪个窝那么简单、利索。

说起洞房,那更有趣。没有红烛,没有喜字。屋,就是程必父女原住的那间小屋,婚床,就是他们父女同榻的那张,奇特的是只有三条腿!缺腿的那方是用矮凳加砖块撑起的。新房唯一的新气象,就是墙壁靠着一块牌楼坊,那是剧团舞台的道具,程必借来准备给孩子当床板用的。

一到程家,石楠主动提出,把程必暂寄人家的儿子程岗接回来。程必说:“孩子小,不懂事,我们都要上班,还是等他上学再接吧。”这本是婚前商定好的,石楠知道老程在体贴自己。她不能食言:“有男无女不成家。现在你有家了,孩子再托人家养,说不过去,接回来吧。”程必很感动,去了。他前脚一走,石楠便给女儿洗澡、剪发。母爱让女儿很快接纳了她。儿子是接回来了,他内向,不爱说话。石楠总想接近他,他远远地躲着,像老鼠见到猫,从不叫妈。石楠不计较,坚持为他做母亲应做的一切,她懂得爱的炭火能融化坚冰。一次,石楠为儿子洗完澡,又替他剪去像野人一样长的脚趾甲时,四岁的儿子第一次开口了:“他们骗人,说你不给我饭吃,不给我洗脚洗澡!”石楠激动得一把搂住了他:“儿子,我的好儿子,妈妈天天给你洗脚洗澡,做饭!”儿子哭了,叫了一声“妈!”石楠醉得心都要快碎了。石楠厂里发点零食,她带回家,首先是分给老程的两个孩子,最后才摊到自己的孩子。邻居们见到都说石楠太委屈自己的孩子了。她抱愧，但不悔。小时候，石楠见小程岗在水泥地上画画挺有样子的，觉得他有绘画的天赋，就要老程教他。那时正是“文革”期间，知识和艺术都受到歧视。老程说学美术在小地方无用，没学头。不肯教。石楠就凭着自己一点有限的美术知识教他。甚而逼着他学。当时石楠因剖腹取胎扎管而遗下子宫内膜异位症，经常腹痛难忍。在孩子学速写时，石楠给他当模特儿，睡着、坐着、站着，逼他画。“文革”后期，孩子终于考上戏校舞美专业。他现在已成为安庆舞美设计和装饰设计方面的第一人，也是全家最忙的一个。程岗也懂得感恩，对石楠很孝顺。他从内心里感激石楠：“不是亲娘，胜似亲娘。”

新婚燕尔。程必提出想要一个他们自己的孩子。（那时未提倡计划生育）石楠说“我们已经有了三个，如果再生一个，势必要分去对他们的爱。即使我们不偏爱自己的孩子，但他在哥哥姐姐面前会有优越感。那样就伤了他们，对他们的成长不利。”程必觉得有道理。婚后的第三个月，石楠怀孕了，她毅然去医院打了胎，并作了绝育手术。她的这一反常做法，让朋友们很不理解，还以为她

石楠、程必与儿子程岗

哪根筋搭错了呢！

程必对石楠的文学创作给予全力支持。为她搜集资料，抄写稿件，不遗余力。他费时一年，用蝇头小楷把三十万言的《画魂》誊抄在宣纸上，扬州广陵古籍刻印社出版的宣纸手抄本《画魂》，就是一阕妇唱夫随的恋歌。

现在，他们的三个孩子都已成家，事业有成。石楠继续在升华她的文学梦。他们的和谐家庭被世人传为佳话。在一九九二年全国第二届“美好家庭”（裕华杯）评选活动的榜上，赫然写着石楠、程必。

石楠现在是名作家，但她始终是围着锅台转的家庭妇女。特别是一九八四年老伴程必因车祸留下癫痫病的后遗症，一月数次发作。二十多年了，石楠如一日，精心伺候老程。特别是冬天，天寒地冻，老程一夜往往发作二三次。石楠都要起来，给他换湿了的被子和衣裤，自己冻得直发抖。老程醒来后，发现自己的衣裤换了还不知怎么回事，石楠为了不刺激他，怕他自卑，只说是他自己记错了。水龙头漏水，电灯不亮，煤气不着火……家里所有的事几乎都是石楠一人担着。平日里她督促老伴与自己一块锻炼身体，注意科学饮食，带他去旅游，让他身心愉悦。石楠说：“我给我们定的第一个目标是金婚。”老伴发病，石楠一般不告诉儿女们，怕他们分心耽误工作。凡能自己承担的，她都揽下了。儿、孙们喜欢吃什么，她都知道。哪一个回来，她就看人买菜。她很喜欢孙子，她说：“我不遗余力地去讨好孙子。孙子给我一个吻，我能快活好几天。”甚至乐意给孙子当坐骑，让他骑着满屋子爬。“只要孙子快活，我都干！”

石楠是一位很懂得感恩的人。对父母，对师友，凡给她滴水之恩的，她都要以一种恰当的方式，涌泉相报。

一九五九年春节，是她与父母、弟妹一起过的最后一个春节。她平时省吃俭用，用食堂发给的定量饭票兑换了两斤杂有稗子、沙粒和糠壳的米，用配给糕点票买了半斤粗饼干。那是她见亲人的全部礼品。除夕一大早，她乘车赶到县城，下午步行三个小时到家，一路雨雪，到家天已黑乎乎的了。五十岁的父亲拄着拐棍一摇一晃，见女儿回来，叫“男伢妈”，可母亲歪在墙角的火桶里，饿得连头也抬不起来……虽然只有二斤糙米，半斤饼干，那也是她从牙缝里抠出来的呀！

石楠对曾经给她热情嘉许、鼓励的冰心老人，为《画魂》提供素材、题签的刘海粟，为《画魂》作序的公刘，为《画魂》作责编周达宝……她一个都没有忘记："没有他们的鼓励、提携和帮助，就没有我的今天。我永远感谢他们。"石楠如是说。

石楠是一个不懈追求的女性。时年七十的她，仍勤奋笔耕，窗前她那坐忘的身影，令子女们心疼不已。自《画魂》后，几乎每一两年她都有一部长篇人物传记问世。二〇〇八年新面市的《中国第一女兵谢冰莹全传》一上市，即受到读者的热烈欢迎。

二〇〇五年，石楠荣膺全国"十大传记文学作家"光荣称号。

石楠，一位苦难造就的女性，毕生为苦难的女性写传。

石楠，巾帼不让须眉；后母不逊亲娘。

（感谢石楠女士提供文字资料及图片）

“文坛刀客”张香华

诗人张香华(1939～　)温文尔雅，即令谈文论道，也是轻声慢语；举手投足风度卓然，颇得江南女子矜持婉约之风。殊不知她也是个外柔内刚的女性。当年她与蹲了九年余大牢、出狱后借汽车壳栖身的政治犯柏杨相恋时，台湾当局无中生有找茬横刀拦路。张香华眉不皱心不跳，毅然与长她二十岁的“老、丑、穷”俱全的柏杨牵手步上红地毯，教世人刮目。她的心志镌刻在《单程票》的诗行中：“到碧天的高处，到黄泉的幽冥，请不要遗漏我。”同时还为来生预定了“单程票”。那气魄不让须眉。

挥手间，三十年光阴从指缝间流逝，柏杨已化云鹤，张香华也白雪盈首，不变的是仍葆有一颗诗人的心。

张香华　张昌华　摄

愤怒出诗人。不久前，台湾友人告诉我，老外婆张香华成了“文坛刀客”。我愕然，问剑指何人？友人笑曰：太岁头上动土！

陈文郁是台湾农学家，农友种苗公司创始人，他被誉为“西瓜大王”，以培育新品种果蔬名扬海内外。他培育的无籽西瓜、圣女小番茄和新世纪哈密瓜等七百余品种传播世界；全球有四分之一的西瓜种籽来自“农友”。陈文郁的科研成果嘉惠台湾，造福全球。事业成功后，他创办“农友社会发展基金会”，不仅济助台湾农民、贫困学生，还到缅甸设立公益医院，免费为异国穷苦大众服务……二〇一二年岁末，陈文郁享米寿后溘然辞世。台湾众多社团向老先生致哀告别，印度、缅甸、泰国、越南、马来西亚及日本等国人士前往吊唁；而台湾只有一个“农委会主任”，“总统府”仅送挽联，未派员致祭。对当局此举，张香华拍案而起，对报界发表谈话，指责马英九无知，对“国宝”根本没有认识，淡视知识分子，慨然直言：“马‘总统’及其幕僚太冷淡无知和失礼了！”此言一出，报纸以《西瓜大王告别式，马未致祭，柏杨遗孀批太冷淡》为题显赫报端，社会舆论大哗。“总统府”被迫回应表示：“陈文郁先生辞世是我‘国’农业界的损失，但府内官员当日因有要公未能到场”云云，平复民议。

我从友人处获悉此事后，向张香华求证，她未予否认。她只对我说，她与马英九没有过节，柏杨生病住院期间，马英九还去探视慰问，后来还颁了褒扬状。她又坦言，她与陈文郁先生是诗友，私交不错。陈先生不但能诗还擅漫画，有丰子恺之风，有一种糅和了泥土、阳光和水气的清新自然。张香华说无论从哪个角度，陈先生都应受到马英九的尊重。她是不平则鸣的。

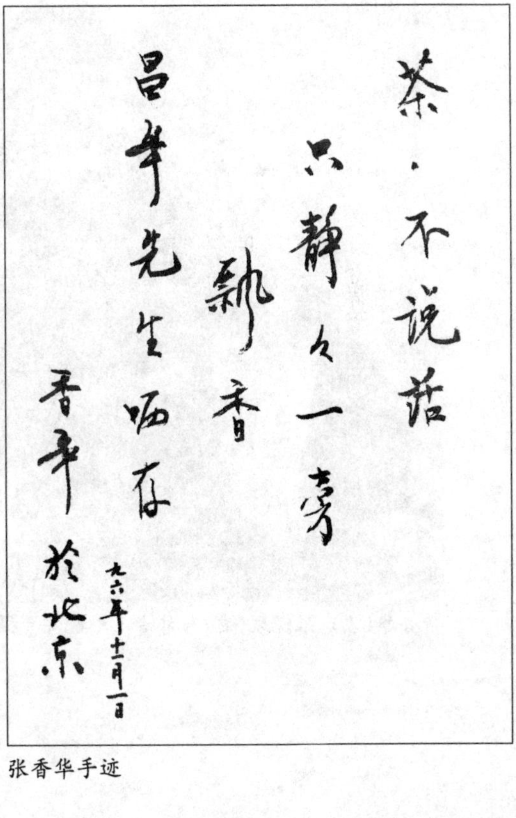

张香华手迹

日前，张香华快递一套刚出版的《阿英漫画》（陈文郁笔名）

送我。序言是张香华作的。我忙发电邮鸣谢。没想到，她随复信发来台湾报纸一则消息。标题是《西瓜大王辞世二个月 马颁褒扬令》，副题为“迟来的褒扬”。文云“农委会主任”代表“总统”马英九，南下高雄农友种苗公司致送褒扬令给去年十二月辞世的“西瓜大王”陈文郁……文末重述因果，云：“名作家柏杨遗孀张香华直言批评‘总统’马英九‘冷漠’，‘农委会主任’并对迟到的褒扬原因作了‘澄清’。”……

读罢报道，我与张香华通话，我笑她哪来的胆子指名道姓批评“马总统”？香华一本正经地说：“民主无罪呀。”继而又补了一句“我也相信马英九有雅量，知错即改”。

好一个文坛刀客张香华，竟敢拔剑问青天！

张香华(左)、张晓风(右)与作者 蔡晓妮 摄

董桥二题

一、我读董桥

缘于怀旧

董桥(1942～　)总喜欢说自己是旧派的人，自称是“文化遗民”。“窗竹摇影，野泉滴砚的少年光景挥之不去，电脑键盘敲打文学的年代来了，心中向往的竟还是青帘沽酒，红日赏花的幽情。”乍一听，好像他是不食人间烟火的天外来客。非也。那不过是他欲将几十年来满腹心事(我看是世事)七分化作云烟，三分凝成文字的一种心境写照罢了。他以文人的胸怀，学人的博识，书人的雅致和闲人的雍容，在胸中养起“长剑一杯酒，高楼万里心”的一缕乾坤清气。他的散文典雅、潇洒、敛蓄，有人说有吊书袋之嫌，我想将其归之为智慧的结晶更为妥帖。董桥最讲究的是品位，胸中骀荡的是“一丝傲慢的轻愁”，这几近从他每篇文字的字里行

董　桥

间都可得到印证。或许也正是读者欣赏的亮点。

他的散文中的中外典故，信手拈来，相杂以生，调和鼎鼐，既得学者之趣，又得诗人之风。柳苏先生才倡导大家“你一定要读董桥”。

我与董桥的相识，以至后来的相交，都有点戏剧性：缘于怀旧。

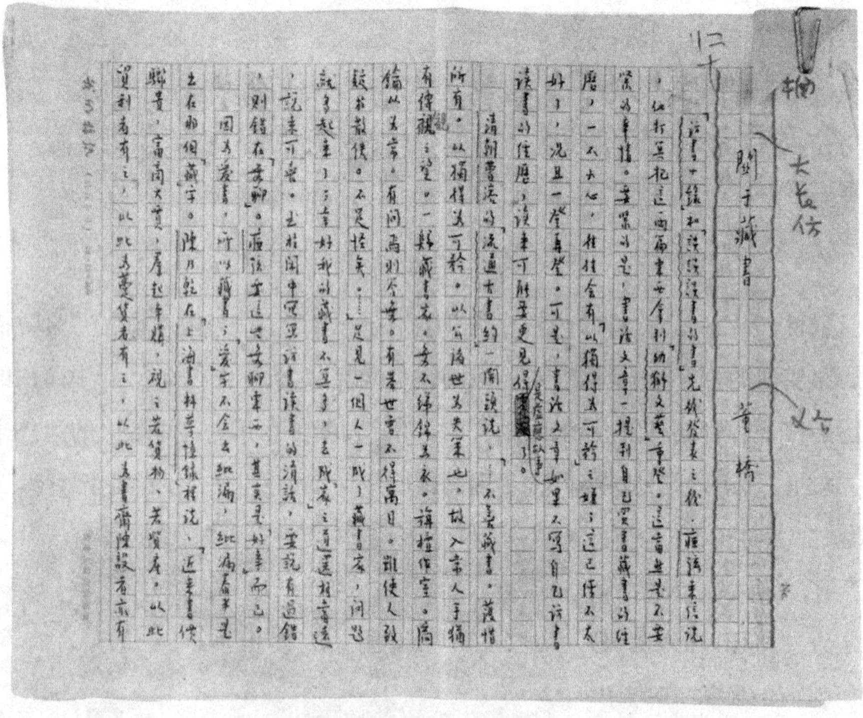
關于藏書

董橋

董桥手稿

我也是个喜欢恋旧的人。因为世事之沧桑，有太多的旧值得我们去怀；我更喜欢钩沉那些渐为人世淡忘而又值得一怀的人。上个世纪九十年代，我一度把出版选题的目标锁定在“遗老”的层面上，缘此结识了一大批七老八十、八老九十、九老百龄的文学前辈。一九九四年，我从故纸堆中“发现”了苏雪林先生（中国现代文学史似未齿及）。老太太在成功大学退休时，搬迁工人将她的一块抹布扔去，她拾进网兜，说带回家好擦皮鞋，而在抗战岁月，她毅然将自己陪嫁的首饰、版税和全部积蓄兑换成五十二两黄金，捐给国家“小助抗战”！鉴此，我觉得她是个值得关注的人物。我搜罗她的资料，拟为她出一本《自传》。文稿堆在案头，一位大学中文系毕业年轻的同人瞟了一眼:“苏雪林，又是哪个省冒出来的新作家?”感慨之余，我为《大公报》写了篇《百岁人瑞苏雪林》，介绍“化外之民”苏雪林的百年人生。俄尔，《大公报》编辑温海先生给我寄来一页剪报，那是董桥读后写的《苏雪林是谁?》，他说我的文章“长而有趣”，那是客气话，只不过是勾起他对苏雪林的怀念。苏雪林是他成功大学时的老师，他曾沐先生的教泽，浴先生的慈怀。苏雪林又题赠他《绿天》、《棘心》、《楚骚新诂》、《屈赋论丛》和《眼泪的海》等多部著作，他自当铭感，才“觉得很高兴”，也为有苏雪林这样一位老师“觉得很骄傲”。

全缘苏雪林，得以结识董桥。我们有着共同的话题，自然有了书信的往返。我知道董桥是位大忙人，早年在港某大学执教席，旋做《读者文摘》中文版主编，后任某报总编辑。日理万字，席不暇暖，不敢多叨扰。最初通信，多为礼节性问候，不期待回复，而董桥总是每信必复，给我留下亲切、平易、温文的印象。

旧 时 月 色

文化遗民董桥，伏案耕耘之余，在自家精神的后花园里，亮起了收藏这盏灯。他收藏少时的乡愁、先人的遗物，亦是收藏历史。他把玩小古董，集赏藏书票，品评古字画，沉湎于“鲁迅的小楷，知堂的诗笺，胡适的少作，直至郁达夫的残酒，林语堂的烟丝，徐志摩的围巾，梁实秋的眼镜，张爱玲的发夹”之类一堆故纸旧物中，以冀从一轮旧月的清辉中“悟出的是别有会心的新意”。

真是天下何其之大，又何其之小了。我们又曾为一件共同感兴趣的藏品，“照”了一次面。

新千年，我从南京古玩市场淘得一件胡适写给傅汉思、张充和伉俪的一首元曲。后来始知，我得的是件赝品。真迹由主人张充和于一九八七年转赠给黄裳先生。黄先生后来又匀给了收藏家潘亦浮。潘氏又用此跟许礼平易书画。许先生后来经不住董桥的苦缠，又割爱给了他。董桥兴奋地告诉我，那幅胡适的手迹，“现已挂在我的书房里”，并制作成“小风景”的插图面世，还寄来剪报，大概是让我分享他的快乐。说实在的，快乐之余，有点眼红，眼红董桥福分大，与胡适有缘。同时令我感兴趣的是，一次他在来信上钤了一方“董桥依恋旧时月色”的闲章，活现出一个老遗民的童趣之心。

我自感是个有点心计的人。自结识董桥，职业的本能驱使我把他作为“俘获”的目标，希望他给我一部书稿。当我提起此事，孰料董桥婉言谢绝。他说“我不想在国内乱出太多的书，败了读者的口味”。他是一位珍惜自己羽毛的人。又过了两年，我行将退休。复又旧事重提，戏说此举将作为我告别编辑舞台的谢幕作品，又云“权用它作为我们友谊的一种纪念”。盛情之下，董桥难以谢却，于是有了《旧时月色》。

照出版社的原意，《旧时月色》拟纳入一套丛书，丛书要求作者提供些许照片，以便图文并茂易于发行。我将此事告诉董桥。董桥表示抱歉：“照片是不能从命的。”又说他平时讨厌拍照，也没有什么生活照。同时表示“如果出版社不能破格不登照片，此书可以不出版，或不列入该书系出版。”他不无风趣地说“人生已经充满了妥协，这个小原则我想守住……六十一岁的人应该有资格提出这样的要求。”这就是董桥，一个不事张扬、有韧性、绅士风度的董桥。

因工作关系，我集藏了一批作家的信，我告诉他，将来打算将这些书信遴选成册时，他十分赞同。当我委婉提请他屈驾作序时，一贯儒雅的董桥直言相劝：“我一向不主张出书找人写序，这样会显得出个性。既是人家给你的信，你应该好好写篇前言、楔子之类，回忆旧时交往，写得感性些无妨”。董桥是一位诤友。

色 彩 斑 斓

《旧时月色》，色彩斑斓；月色依旧，新意撩人。

《旧时月色》，远别于董桥散文的其他选本，不仅收纳了作者近年新作，而且以南洋、台湾、伦敦、香港董桥的人生之旅的行迹为经，将“旧时”不同历史时段、区域结交的人作纬，编织一幅董氏人生“月色”图画。

童年花瓣散落在南洋的椰林深处。他幼承庭训，读国文，习诗词，浸润书香。先生教他百读的《博物要览》，使他学会用简洁的笔触描摹眼前的景物，方磨砺成日后的神来之笔。

“雨冷、酒暖、书香、人多情”的台湾成大校园，他勤奋又不乏浪漫，是成功大学成功地铸就了他成功的阶梯。

“壁炉里没有炉火，黄昏的灯下有深秋的凉意”，凝重古老的英国文化陶冶了他的贵族清气，养蓄了他绅士的风度。在英国圆了“美满的婚姻把两个不同情节的故事编进一个小说里融成一个结局”的梦。

涉足冒险家乐土的香港，他最先把自己圈在逼仄的方寸天地间，终于凭借自己的实力，在这方文化沙漠上培植、拓展了自己生活和生存的绿洲……

书的内容丰富、多彩。我请董桥专为该书作篇自序。董桥故意不以“自序”为题，而用“为一轮老月亮写序”，突出“旧月”。他的思维与大众不同，序文智慧地借一些大陆电影、电视连续剧和一些演员的琐事，阐释他对月色的依恋。他的高明之处是用琐琐碎碎的随笔，来营造他自己独特的散文风格。已被媒体追捧为“大家”的董桥，还在信中慨叹：“写文章实难……过了花甲还在摸索。”

我们的合作总体是愉快的，但不谐的小插曲总随左右。

由于内地、香港文化背景不一样，初选篇目被“我”删去了七篇，我示董桥过目。他很爽气地表示“都没问题，我只要求要删的最好全篇删去不用，千万不要删文中字句而若无其事地照登文章”。他“烦”我代他注意。在最终送审定稿时，我“注意”了这一点，又删去若干篇。但恕我坦言，“注意”得不彻底。对我特喜欢的文章不忍割爱，我不想愧对读者和自己，不得不对文中个别字句作了“技术处理”，只能愧对董桥先生了。

《旧时月色》问世了，读者反映相当热烈，一个月后再版，便是明证。

收到《旧时月色》的样书后，董桥来信说：“旧时月色印得好不好，都要谢谢你。”董桥说得很策略，他不说“编”，而说“印”，不说“不好”，而说“好不好”。不过，我相信他说谢谢我这句话还是出自真心的。可不，在《旧时月色》所附夹的那枚小书签上，他写了一句“谢谢昌华先生退休前给我编这本书”。而我想说的是：谢谢董桥先生的理解和宽容——我允诺不加照片，最后还是加了五帧风景照片做装饰，而且删节了他的序言。

二、我所知道的董桥的粉丝们

这个标题有点“雷人”，有点“八卦”，但有根有据。

影视明星们各有大把的“粉丝”，煮字的作家们亦不乏追慕者。当年柳苏的

董桥与粉丝　杜鹏飞　提供

《你一定要读董桥》像一幅广告或一帖催化剂，把董桥催成“董糖”。读者想品，出版商更乐于做。十多年来，董桥在大陆三联、辽宁教育、广西师大和江苏文艺等陆续出版了文集、选集、文存和单行本约三四十册之多。

二〇〇四年，我做了一味名为《旧时月色》（胡洪侠编，江苏文艺版）的“董糖”。“人间万事消磨尽，唯有清香似旧时”，旧月太迷人，逗起一拨董迷们的兴趣，他们很想得到董桥的签名本。董桥远在香江，深居简出或不得出，不能实地签售。董迷们便按图（版权页）索骥，纷纷找上我的门，索董的联络方式或代求签名，逼得我充当董府看大门的角色，挺狼狈。

我为友人“断过桥”。

南京。我的一位二十多年的老友，受一所名牌中学的委托，央我请董桥为他们学校题几个字。碍于老友的面子，我答应“试试”。

北京。一位有恩于我的大姐，说她一亲戚的孩子报考香港中文大学，考分高人一筹，但须一位香港文化名人推荐信，嘱我请董桥出一纸八行书。这种铁关系，又是面对面，我难以一口回绝，云“试试”。

恕我滑头，我答应的两个“试试”，都没试，董桥至今也不知道。对前一位，倒不是我感于董桥“字不好”(自谦)，而是我了解他的为人历来低调、不事张扬，喜雅不爱俗；后一位，要董桥在不看孩子的相关资料，不辨孩子真实水平的情况下，就做“命题作文”，信手写八行书，绝不可能。因我知道董桥受的是英式教育，是一位讲理性有绅士风度的自由知识分子，是一个极为爱惜羽毛的人。于是我苦思冥想，找了两个“真假各半”的借口搪塞了。感谢两位师友理解宽容了我“美丽的谎言”。每思及此，总有一种未尽“忠人之事”愧对故人的不安。其实，我与董桥只有一点文字交往，迄今(2012 年)连面都未照过，只是一般编辑与作者的关系，平淡得不能再平淡。出于尊重，我不想为难他；出于私心，我不愿委屈自己，避免了可能产生的尴尬。不过，我也心安的是，我的孩子赴港央我介绍董桥，我也回他:“免了吧!”

我为友人也“搭过桥”。

董桥七十岁，一位楹联家撰了一副寿联，“董理华章思汇海，涵凝墨韵艺为桥”，请台湾百岁老书家赵松泉先生书写，托我转交。他本无求，只表一个读者对作者的钦敬罢了。我感于他们的盛情，当了“二传手”。董桥礼数极周，给两位先生各写一函致谢并签赠新著一册。另一件是，一个同业晚辈又是十多年门对门邻居小 C，她到香港开会，想拜访董桥央我介绍。我实在难以辞绝即告董桥。董桥说好啊，又云:正好某日他请客，让小 C 顺便也来坐坐。小 C 回来后向我炫耀:董老师请她在陆羽茶室吃饭，包间里挂的字画竟然是名人真迹……我问请了哪几位？她说只有董老师夫妇和我呀。原来他是专门请小 C 的。听罢，我再也不敢“多事”了。

江西某县中教历史的Z女士，是个董迷，家境不裕，平时节俭得很。但遍搜董氏著作，不计书值，直购牛津版：《董桥小品》、《一纸平安》等，还预订海豚版《英华沉浮录》毛边本种种。《董桥七十》在孔网拍卖那会，她瞒着她的先生，居然舍得花五百元购一册编号本。她写信对我说："董桥的书，多半买牛津版，因为封面好看。认真读，单就作文而言，其实能学到不少东西，我便喜欢他文章里的句句之间、段落之间的行云流水，曲折流转的韵味。""得到一枚董桥签名的藏书票，虽说是印刷品，也喜欢。"又说虽有董氏签名，终觉不满足，总觉得那是用孔方兄换来的，缺少一种手温。我感于她对董桥的仰慕，遂将董桥签赠给我的《清白家风》转送于她，顺赠一枚董桥致我的信封。

我发现在董迷群中，女性多于男性。女性又以中年知识女士为最。

广西一大学女教师T女士，在读了《旧时月色》后，"转了十八道弯"终于找到了我。电话中她坦然向我索董桥的信址与电话。我说如有信函，我可代转。她说想与董老师直接通信。我坚拒，说我与董先生有约在先，不便破例。她求我"网开一面"。我问为何非要"面对面"？她说看了董老师《湖蓝绸缎》后，一时兴起上街买了一段湖蓝绸料子，做了一件旗袍，她要穿着这旗袍照张相……我听罢不禁失笑。T女士说正常也正常，远不及明星的粉丝们疯狂。时过五年，这位T女士又找到我，旧话重提云：她的先生经营一家品牌衣饰公司，产品质量奇好，想送董老师一件。如此盛情，我不能贪污，只能说我可将此意转达董桥，悉听他便。董桥回复的内容自然在我意料之中，但在信中

《董桥七十》书影

嘱我转达对T女士表示谢意。我将此信相关部分复印给T，她在复我信时说：“董老师的婉拒我能理解，恕我唐突了。”二〇一三年末，这位T女士告诉我一件趣事，她常去香港，知道董桥常在陆羽茶室招待客人，她每次去港，都要到陆羽茶室去吃点心，希望能有次意外地邂逅。没有奇迹。某次，她带的行李多，想寄存茶室，服务员说他们没有寄存业务，后来她说了句我是董桥老师的学生，服务员欣然同意了。

我将这事告诉我太太，她调侃说这叫“魂断董桥”。